MARKETING

Herausgegeben von Prof. Dr. Heribert Gierl, Augsburg, Prof. Dr. Roland Helm, Jena, Prof. Dr. Frank Huber, Mainz, und Prof. Dr. Henrik Sattler, Hamburg

Band 45
Frank Huber, Stefanie Regier und Patrick Kissel
Kunden zu Fans machen – Markenloyalität in virtuellen Brand Communities
Lohmar – Köln 2009 ♦ 176 S. ♦ € 48,- (D) ♦ ISBN 978-3-89936-852-9

Band 46
Frank Huber, Johannes Vogel, Frederik Meyer und Bernd Binar
Marken mit In-Game Advertising emotionalisieren – Eine empirische Analyse des Shootingstars der Werbebranche
Lohmar – Köln 2009 ♦ 152 S. ♦ € 43,- (D) ♦ ISBN 978-3-89936-853-6

Band 47
Nadine Andratschke, Stefanie Regier und Frank Huber
Employer Branding als Erfolgsfaktor – Eine conjoint-analytische Untersuchung
Lohmar – Köln 2009 ♦ 180 S. ♦ € 48,- (D) ♦ ISBN 978-3-89936-859-8

Band 48
Frank Huber, Frederik Meyer, Sabine Wilhelmi und Marc Schäfer
Phänomen Markenarchitektur – Eine empirische Studie zur Stärkung von Produktmarken im Konsumgüterbereich
Lohmar – Köln 2009 ♦ 152 S. ♦ € 47,- (D) ♦ ISBN 978-3-89936-875-8

Band 49
Frank Huber, Katharina Riewe, Isabel Matthes und Johannes Vogel
Markenexpansionen erfolgreich gestalten – Ein empirischer Vergleich von Markenlizenzierung und Co-Branding am Beispiel einer Modemarke
Lohmar – Köln 2010 ♦ 164 S. ♦ € 47,- (D) ♦ ISBN 978-3-89936-893-2

Band 50
Dhwani Lalwani, Frank Huber, Frederik Meyer und Stefan Vollmann
Mobile Marketing durch Markenallianzen stärken – Eine empirische Studie zur Identifikation von Erfolgsdeterminanten
Lohmar – Köln 2010 ♦ 172 S. ♦ € 48,- (D) ♦ ISBN 978-3-89936-896-3

JOSEF EUL VERLAG

Reihe: Marketing · Band 50

Herausgegeben von Prof. Dr. Heribert Gierl, Augsburg, Prof. Dr. Roland Helm, Jena, Prof. Dr. Frank Huber, Mainz, und Prof. Dr. Henrik Sattler, Hamburg

Dhwani Lalwani
Prof. Dr. Frank Huber
Frederik Meyer
Stefan Vollmann

Mobile Marketing durch Markenallianzen stärken

Eine empirische Studie zur Identifikation von Erfolgsdeterminanten

Bibliografische Information der Deutschen Nationalbibliothek

Die Deutsche Nationalbibliothek verzeichnet diese Publikation in der Deutschen Nationalbibliografie; detaillierte bibliografische Daten sind im Internet über <http://dnb.d-nb.de> abrufbar.

ISBN 978-3-89936-896-3
1. Auflage Februar 2010

© JOSEF EUL VERLAG GmbH, Lohmar – Köln, 2010
Alle Rechte vorbehalten

JOSEF EUL VERLAG GmbH
Brandsberg 6
53797 Lohmar
Tel.: 0 22 05 / 90 10 6-6
Fax: 0 22 05 / 90 10 6-88
E-Mail: info@eul-verlag.de
http://www.eul-verlag.de

Bei der Herstellung unserer Bücher möchten wir die Umwelt schonen. Dieses Buch ist daher auf säurefreiem, 100% chlorfrei gebleichtem, alterungsbeständigem Papier nach DIN 6738 gedruckt.

Vorwort

Die rasante Entwicklung von Informations- und Kommunikationssystemen in den vergangenen Jahrzehnten prägen unseren Alltag so stark wie nie zuvor. Neben dem Internet ist vor allem das Mobiltelefon als Ausdruck von Lifestyle und Mobilität nicht mehr aus unserem Leben wegzudenken. Es hat sich dadurch vom Prestigeobjekt zum allgegenwärtigen Wegbegleiter der breiten Masse gewandelt. Für das Marketing hat sich somit ein neues Medium zum Erreichen der mobilen Informationsgesellschaft ergeben, denn das sogenannte Mobile Marketing avanciert zu einem bedeutsamen Instrument für werbetreibende Unternehmen: Der Kunde ist orts- und zeitunabhängig direkt und persönlich stets erreichbar. Dies birgt vor allem in Zeiten zunehmenden Wettbewerbs, schrumpfender Marketingbudgets sowie anspruchsvollen Kunden ein immenses Potenzial.

Während Mobile Marketing nicht allzu häufig das Objekt empirischer Untersuchungen ist, kann dem Phänomen Markenallianz in der Forschung großes Interesse zugesprochen werden. In der Praxis sind Markenallianzen vor allem in Bezug auf offerierte Leistungen zu beobachten. Einige prominente Beispiele für erfolgreiche Markenallianzen haben unter anderem *McDonalds* und *Smarties* (McFlurry-Eis) sowie *BMW* und *Nike* (High-Tech-Laufschuh) unter Beweis gestellt. Die Anwendung von Markenkooperationsstrategien in der Kommunikationspolitik ist zwar bekannt, jedoch bisher nicht allzu ausführlich untersucht worden. Dies trifft vor allem auf das Mobile Marketing zu, wo sich dieser Trend insbesondere bei mobilen Gewinnspielen zur Generierung von Benutzerdaten und zum Auf- und Ausbau von Kundenbeziehungen zeigt.

Daher hat die vorliegende empirische Analyse die Verknüpfung der beiden Phänomene Mobile Marketing und Markenallianz zum Ziel. Die Autoren beschäftigten sich konkret mit der Frage, inwiefern die konsumentenseitige Akzeptanz von Mobile Marketing-Kampagnen von der Beurteilung der beiden betreibenden Marken abhängt. Basierend auf eigenen empirischen Untersuchungen geben die Autoren dem Leser konkrete Handlungsempfehlungen zur Ausgestaltung und Steuerung von Mobile Marketing-Aktionen. Das Buch wendet sich sowohl an Marketer in der Praxis als auch an Marketingforscher.

Mainz, im Januar 2010

Dhwani Lalwani
Frank Huber
Frederik Meyer
Stefan Vollmann

Inhaltsverzeichnis

Tabellenverzeichnis XI
Abkürzungsverzeichnis XIII
1 Zur Relevanz von Markenallianzen für die Akzeptanz von Mobile Marketing 1
2 Konzeptionelle Grundlagen zu Markenallianzen und Mobile Marketing 5
    2.1 Grundlagen zur Marke als konstituierender Bestandteil des Phänomens Markenallianz 5
        2.1.1 Einige Ausführungen zum Begriff Marke 5
        2.1.2 Funktionen von Marken für Konsument und Unternehmen 9
        2.1.3 Erscheinungsformen von Marken 11
    2.2 Markenallianz als Ausprägungsform der Kombination von Marken 14
        2.2.1 Definition des Begriffs Markenallianz 14
        2.2.2 Spielformen von Markenallianzen 17
        2.2.3 Ziele und Gefahren von Markenallianzen 23
    2.3 Mobile Marketing als Teil des Beziehungsmarketing 27
        2.3.1 Begriffsabgrenzung, Definition und Modelle des Mobile Marketing 27
        2.3.2 Mobile Dienste als Grundlage von Mobile Marketing 31
        2.3.3 Erscheinungsformen und Instrumente des Mobile Marketing 33
        2.3.4 Besonderheiten und Hemmnisse des Mobile Marketing 38
3 Konzeption eines Untersuchungsmodells zur Bedeutung von Markenallianzen für die Akzeptanz von Mobile Marketing 43
    3.1 Relevante Theorien zur Erklärung der Wirkungszusammenhänge im Untersuchungsmodell zum Phänomen Markenallianz 43
        3.1.1 Informations-Integrations-Theorie 43
        3.1.2 Schematheorie 46
    3.2 Determinanten und deren Wirkung auf die Akzeptanz von Mobile Marketing 53
        3.2.1 Einfluss der Einstellung gegenüber den Partnermarken 53
        3.2.2 Einfluss des Fit zwischen den beteiligten Marken 57
        3.2.3 Einfluss des Werbestilfit 60
        3.2.4 Einfluss des Communication Channel Fit 62
        3.2.5 Einfluss des Partner Purpose Fit 64
        3.2.6 Einfluss der Einstellung gegenüber der Mobile Marketing-Kampagne auf die Interaktionsabsicht 68
    3.3 Involvement mit dem Produkt als moderierende Variable 70

	3.4	Konzeptualisiertes Hypothesenmodell im Überblick	72
4		Empirische Überprüfung des Modells zur Bedeutung von Markenallianzen für die Akzeptanz von Mobile Marketing	75
	4.1	PLS als geeignetes Verfahren zur Überprüfung des postulierten Wirkgefüges	75
		4.1.1 Auswahl eines problemadäquaten Schätzverfahrens	75
		4.1.2 Kausalanalyse und der PLS-Ansatz	78
		4.1.3 Unterscheidung formativer und reflektiver Messmodelle	82
		4.1.4 Gütekriterien zur Beurteilung von PLS-Modellen	84
		4.1.5 Berücksichtigung moderierender Effekte in Kausalmodellen	87
	4.2	Konzeption der empirischen Studie und deskriptive Auswertung	88
		4.2.1 Auswahl eines Untersuchungsobjekts	88
		4.2.2 Datenerhebung mittels Online Befragung	89
		4.2.3 Aufbau des Fragebogens	90
	4.3	Operationalisierung der Modellkonstrukte	94
		4.3.1 Vorgehensweise bei der Operationalisierung der Modellkonstrukte	94
		4.3.2 Operationalisierung der Markeneinstellung	94
		4.3.3 Operationalisierung der Einstellung gegenüber der Mobile Marketing Kampagne	96
		4.3.4 Operationalisierung des Markenfit	97
		4.3.5 Operationalisierung des Werbestilfit	98
		4.3.6 Operationalisierung des Communication Channel Fit	100
		4.3.7 Operationalisierung des Partner Purpose Fit	102
		4.3.8 Operationalisierung der Interaktionsabsicht	103
		4.3.9 Operationalisierung des Involvement mit Mobiltelefonen	104
	4.4	Darstellung der Ergebnisse der Strukturmodellschätzung	105
		4.4.1 Schätzung des Kausalmodells mit der gesamten Stichprobe	105
		4.4.2 Schätzung des Kausalmodells für den moderierenden Effekt des Involvement	114
	4.5	Interpretation der Ergebnisse	118
	4.6	Implikationen für die Marketingpraxis	129
	4.7	Implikationen für die Marketingforschung	134
5		Schlussbetrachtung	137
Literaturverzeichnis			139

Abbildungsverzeichnis

Abbildung 1: Übersicht des theoretischen und empirischen Aufbaus der Studie 4
Abbildung 2: Ziele der Markenallianzen 25
Abbildung 3: Pull- und Push-Modell im Mobile Marketing 30
Abbildung 4: Mobile Marketing Kampagnen 37
Abbildung 5: Adding- und Averaging Modelle des Informations- Integrations- Ansatzes 44
Abbildung 6: Schemakongruenz-Beurteilungs-Modell nach *Mandler* (1982) 49
Abbildung 7: Das Mobile Marketing Markenallianz-Modell (MMM-Modell) 73
Abbildung 8: Reflektives und formatives Messmodell 82
Abbildung 9: Aufbau des Fragebogens 92
Abbildung 10: Ergebnisse der PLS-Schätzung auf Strukturmodellebene für die gesamte Stichprobe 106

Tabellenverzeichnis

Tabelle 1: Überblick zu den Ansätzen des Markenverständnisses 8
Tabelle 2: Erscheinungsformen von Marken 14
Tabelle 3: Spielformen von Markenallianzen 19
Tabelle 4: Ziele und Gefahren von Markenallianzen 26
Tabelle 5: Gegenüberstellung Klassisches, Direkt- und Mobile Marketing 29
Tabelle 6: Die Hypothesen im Überblick 72
Tabelle 7: Kriterien für die Auswahl des geeigneten Analyseverfahrens 76
Tabelle 8: Vollständiges Kausalmodell 79
Tabelle 9: Vergleich zwischen PLS und LISREL 80
Tabelle 10: Kriterienkatalog zur Identifikation des Messmodells 82
Tabelle 11: Prüfkriterien für reflektive Messmodelle in PLS 85
Tabelle 12: Prüfkriterien für das Strukturmodell in PLS 86
Tabelle 13: Soziodemographische Kenngrößen der Auskunftspersonen der *McDonalds-Samsung*-Umfrage 93
Tabelle 14: Operationalisierung der Markeneinstellung *McDonalds* 95
Tabelle 15: Operationalisierung der Markeneinstellung *Samsung* 95
Tabelle 16: Gütekriterien der Operationalisierung der Markeneinstellung *McDonalds* und *Samsung* 96
Tabelle 17: Operationalisierung der Einstellung zur MMK 96
Tabelle 18: Gütekriterien der Operationalisierung der Einstellung zur MMK 97
Tabelle 19: Operationalisierung des Markenfit 98
Tabelle 20: Operationalisierung des Werbestilfit 99
Tabelle 21: Gütekriterien der Operationalisierung des Werbestilfit 99
Tabelle 22: Operationalisierung des Communication Channel fit der Marke *McDonalds* 100
Tabelle 23: Operationalisierung des Communication Channel fit der Marke *Samsung* 101
Tabelle 24: Gütekriterien der Operationalisierung des Communication Channel fit von *McDonalds/Samsung* 101
Tabelle 25: Operationalisierung des Partner Purpose fit 103
Tabelle 26: Gütekriterien der Operationalisierung des Partner Purpose fit 103
Tabelle 27: Operationalisierung der Interaktionsabsicht 104
Tabelle 28: Gütekriterien der Operationalisierung der Interaktionsabsicht 104

Tabelle 29: Operationalisierung des Involvement mit Mobiltelefonen 105
Tabelle 30: Ergebnisse der Hypothesenüberprüfung 109
Tabelle 31: Gütekriterien der Strukturmodellschätzung 110
Tabelle 32: Gesamteffekt der Determinanten auf das erste Zielkonstrukt Einstellung zur MMK 112
Tabelle 33: Gesamteffekt der Determinanten auf das zweite Zielkonstrukt Interaktionsabsicht 113
Tabelle 34: Durchschnittswerte aller Variablen im Modell 114
Tabelle 35: Ergebnis für die Gruppe mit hohem Involvement mit Mobiltelefonen 115
Tabelle 36: Ergebnis für die Gruppe mit niedrigem Involvement mit Mobiltelefonen 116
Tabelle 37: Gütekriterien für die Teilpopulationen des Gruppenvergleichs 117
Tabelle 38: Ergebnis des Gruppenvergleichs 118
Tabelle 39: Das Ergebnis der getesteten Hypothesen für die gesamte Stichprobe 119
Tabelle 40: Konstellation der Einstellung zur MMK mittels der Averaging-Regel 127

Abkürzungsverzeichnis

bzw.	beziehungsweise
COO	Cell of Origin
DEV	durchschnittlich erfasste Varianz
DFB	Deutscher Fußball Bund
d. h.	das heißt
et al.	et alli (und andere)
etc.	et cetera
f.	folgende Seite
ff.	fortfolgende Seiten
G	Generation
GPS	Global Positioning System
GPRS	General Packet Radio System
GSM	Global System for Mobile Communications
Hrsg.	Herausgeber
Jg.	Jahrgang
LBS	Location Based Services
LISREL	Linear Structural Relationship
M-Business	Mobile-Business
M-Commerce	Mobile-Commerce
M-CRM	Mobile Customer Relationship Management
M-Marketing	Mobile-Marketing
MMM-Modell	Mobile Marketing Markenallianz-Modell
MMK	Mobile Marketing Kampagne
MMS	Multimedia Message Service
Nr.	Nummer (Ausgabe)
o.V.	ohne Verfasser
Pfadk.	Pfadkoeffizienten

PLS	Partial Least Squares
S.	Seite
SMS	Short Message Service/ Short Messaging Service
SPSS	Superior Performing Software System
UMTS	Universal Mobile Telecommunications System
USP	Unique Selling Proposition
u. a.	unter anderem
vgl.	vergleiche
Vol.	Volume
WAP	Wireless Application Protocol
WWW	World Wide Web
ZFB	Zeitschrift für betriebswirtschaftliche Forschung
z. B.	zum Beispiel

1 Zur Relevanz von Markenallianzen für die Akzeptanz von Mobile Marketing

Die rasante Entwicklung von Informations- und Kommunikationssystemen in den letzten Jahrzehnten prägen heute unseren Alltag so stark wie nie zuvor. Neben dem Internet ist vor allem das über alle Maßen favorisierte Mobiltelefon als Ausdruck von Lifestyle und Mobilität nicht mehr aus unserem Leben wegzudenken. Seit der Einführung des Mobiltelefons im Jahre 1983 hat sich dessen Bedeutung vom Prestigeobjekt zum allgegenwärtigen Wegbegleiter der breiten Masse gewandelt.[1] Bereits innerhalb von nur sieben Jahren konnten die ersten 50 Millionen Menschen in Deutschland mit Mobiltelefonen gezählt werden. Damit übertrifft das Mobiltelefon selbst die Verbreitungsgeschwindigkeit des Internets, bei dem diese Marke erst nach 15 Jahren erreicht wurde.[2] Die Anzahl der Mobiltelefonbesitzer in Deutschland liegt zum heutigen Zeitpunkt bei über 91 Millionen und übersteigt damit eine Marktpenetration von 100 Prozent.[3] Dies ist vor allem auf die schnelle technologische Entwicklung der mobilen Geräte und der stetigen Optimierung der Übertragungstechnologien zurückzuführen. Auf die anfänglich nur auf Sprachfunktionen begrenzten Endgeräte der ersten Generation (1G), folgten die leistungsfähigeren Mobiltelefone mit Datentransferfunktion der zweiten Generation (2G). Mit der Mobilfunktechnologie Global System for Mobile Communications (GSM) wurde damit erstmals das Versenden von Kurznachrichten (SMS) möglich, was eine weltweite Euphorie hinsichtlich der Nutzung mobiler Dienste auslöste.[4] Das einschneidendste Ereignis für den explosionsartigen Erfolg der Mobiltelefondienste in Deutschland war jedoch die Versteigerung der UMTS-Lizenzen im Jahr 2000.[5] Mit UMTS (Universal Mobile Telecommunications System) steht heute ein leistungsfähiger Übertragungsstandard der dritten Generation (3G) zur Verfügung, der das GSM-Netzwerk mit einem schnelleren Datentransfers sowie der Bereitstellung multimedialer Dienste übertrifft. Somit dient das multifunktional ausgestattete Mobiltelefon heute als permanenter Kanal für Unterhaltung und Kommunikation.[6]

Damit hat sich vor allem für das Marketing ein neues Medium zum Erreichen der mobilen Informationsgesellschaft ergeben. Das Marketing über Mobiltelefone – Mobile Marketing –

---

[1] Vgl. Holland/Bammel (2006), S. 1.
[2] Vgl. Zobel (2001), S. 16.
[3] Vgl. Bundesnetzagentur (2007a).
[4] Vgl. Borowicz/Scherm (2002), S. 59 f.
[5] Vgl. Bundesagentur (2007a).
[6] Vgl. Juhasz (2007).

hat sich zu einem bedeutsamen Instrument für werbetreibende Unternehmen entwickelt. Da „Handys" permanent vom Nutzer mitgetragen und selten verliehen werden, kann der Kunde orts- und zeitunabhängig immer direkt und persönlich erreicht werden; dies ist durch kein anderes Kommunikationsmedium gegeben.[7] Spätestens bei der Fußball-WM in 2006 zeigte sich der steigende Trend zum Mobile Marketing, bei dem verschiedene bekannte Markenunternehmen wie z. B. *Coca-Cola, Lufthansa, McDonalds* und *Nike* mit Mobile Marketing-Kampagnen um den ständigen Kundenkontakt warben.[8] In Zeiten einer hohen Anzahl von Konkurrenten, schrumpfenden Marketingbudgets sowie kritischen und anspruchsvollen Kunden prognostizieren Experten weiterhin ein großes Potenzial für Mobile Marketing.[9] Neben einem jährlichen Wachstum von 50 Prozent[10] soll nach einer Studie von *Gartner* in wenigen Jahren ein Massenmarkt für mobile Dienste entstehen – der Zugang zum mobilen E-Mail soll von heute 20 Millionen auf 350 Millionen Nutzern im Jahr 2010 steigen.[11] Indes zeigen Statistiken der M-CRM Studie von *ifmm (Institut für Mobile Marketing)* noch eine Zurückhaltung seitens der Konsumenten – nur 33,1 Prozent der Befragten möchten an Mobile Marketing-Aktionen teilnehmen.[12] Für den Erfolg jeder Neuheit ist die nachfrageseitige Akzeptanz eine zentrale Voraussetzung. Vor diesem Hintergrund erscheint die Suche nach Erfolgsfaktoren bzgl. dieses jungen Kundeninteraktionsmediums von besonderem Interesse für die Marketingforschung als auch der -praxis. Bis heute liegen nur wenige empirische Forschungsarbeiten auf diesem Gebiet vor. Unter diesen bildet die Studie von *Bauer et al.* (2005) den Kern der Mobile Marketing-Forschung. Als direkte Treiber der Akzeptanz von Mobile Marketing konnten sie folgende Faktoren feststellen: Einstellung zur Werbung, wahrgenommenes Risiko, wahrgenommener Nutzen, soziale Normen und vorhandenes Wissen zu mobiler Kommunikation.[13]

Zur Anreicherung der Forschung zu Mobile Marketing zielt die vorliegende Analyse auf die Untersuchung der konsumentenseitigen Akzeptanz von Mobile Marketing aus einer bisher nicht berücksichtigten Perspektive ab. Die von *Bauer et al.* (2005) aufgedeckten Einflussfaktoren wahrgenommener Nutzen und Risiko für den Erfolg von Mobile Marketing lassen auf eine große Bedeutung des Einsatzes von Marken in der Kommunikation schließen, da sie über

---

[7] Vgl. Ettelbrück/Ha (2003), S. 115.
[8] Vgl. Rösch (2006), S. 8.
[9] Vgl. Steinle (2007), S. 42.
[10] Vgl. Rösch (2006), S. 8.
[11] Vgl. o.V. (2007a), S. 49.
[12] Vgl. Schnake (2006), S. 32.
[13] Vgl. Bauer/Reichardt/Barnes/Neumann (2005), S. 186.

1 Zur Relevanz von Markenallianzen für die Akzeptanz von Mobile Marketing

ihre Vertrauensfunktion das Potenzial aufweisen, Risiko zu senken und gleichzeitig nutzenstiftend sind. Diesen Überlegungen zur Folge scheint der Einsatz mehrerer Partnermarken im Rahmen einer Mobile Marketing-Kampagne äußerst vielversprechend, so dass die Analyse der Bedeutung von Markenallianzen in diesem Zusammenhang im Mittelpunkt dieses Buches steht. Dies wird insbesondere bei der Erschließung eines neuen Marktes, sowie bei der Gewinnung neuer Zielgruppen im Rahmen einer Kampagne relevant, die sich der Allianzpartner für seine strategischen Überlegungen zu Nutzen macht.[14] Als Markenallianz wird die koordinierte Kooperation zwischen zwei oder mehreren wirtschaftlich selbstständigen Unternehmens- oder Geschäftsbereichen zur Erreichung ihrer gemeinsamen Ziele bezeichnet.[15] Seit einigen Jahren wird dieser Trend verstärkt im Rahmen der Markenpolitik diverser Unternehmen beobachtet.[16] Einige Beispiele für Markenallianzen sind die Folgenden:[17] *McDonalds* und *Smarties* (McFlurry-Eis), *Milka* und *Slimfast* (Schokoladen Diät-Getränk) sowie *BMW* und *Nike* (High-Tech-Laufschuh). Im Rahmen des Mobile Marketing zeigt sich dieser Trend insbesondere bei mobilen Gewinnspielen beispielsweise von *Douglas* und *T-Mobile* oder *McDonalds* und *Samsung*.[18] Der Grund für die Wahl dieser Markenstrategie ergibt sich aus ihren vielen Vorteilen. Neben der Möglichkeit von Kostenersparnis und Einstellungstransfer bietet diese Option – vor allem in Zeiten verstärkten Wettbewerbs – eine Differenzierungsmöglichkeit für das Markenunternehmen im betreffenden Markt. Zugleich entsteht durch die neue gemeinschaftliche Leistung ein Mehrwert für den Kunden.[19]

Die vorliegende empirische Analyse hat mit der Verknüpfung der beiden Phänomene Mobile Marketing und Markenallianz für die Marketingforschung und -praxis zwei zentrale Ziele: Zum einen wird aufgrund der bisher niedrigen Akzeptanz des Mobile Marketing analysiert[20], inwieweit sich Marken als dessen potenzielle Treiber erweisen, um letztendlich Implikationen für den Einsatz dieses Instrumentes für die Unternehmenspraxis herzuleiten. Zum anderen soll ein Beitrag zur Markenallianz-Forschung geleistet werden. Zwar liegen aufgrund der hohen Relevanz von Markenallianzen im Marketing bereits zahlreiche empirische Studien zu diversen Arten von Kooperationsformen vor,[21] doch ist die Wirkung von Allianzen bei einem

---

[14] Vgl. hierzu Kapitel 2.2.3.
[15] Vgl. Huber (2004), S. 55.
[16] Vgl. Baumgarth (2004), S. 239.
[17] Vgl. Baumgarth (2003), S. 357 f.
[18] Vgl. Holland/Bammel (2006), S. 85/88.
[19] Vgl. Kiesow (2006), S. 75 ff.
[20] Vgl. Rösch (2006), S. 10.
[21] Für eine Übersicht von Studien zu Markenallianzen siehe Baumgarth (2003), S. 147 f.

Direktmarketing-Instrument wie dem Mobile Marketing noch nicht Gegenstand einer Untersuchung gewesen.

Das vorliegende Buch gliedert sich insgesamt in fünf Kapiteln. Nachdem in der Einleitung die Relevanz des Themas erläutert wurde, erfolgt im zweiten Kapitel die Darstellung der begrifflichen und konzeptionellen Grundlagen der Untersuchungsgegenstände. Dabei wird zunächst das Thema Marke behandelt, bevor näher auf Markenallianzen eingegangen wird. Anschließend werden die theoretischen Grundlagen zu Mobile Marketing vorgestellt. Im dritten Kapitel werden relevante Theorien im Kontext von Markenallianzen vorgestellt, danach erfolgt die Postulierung eines Wirkgefüges zur Erklärung der Akzeptanz von Mobile Marketing. Das vierte Kapitel beschäftigt sich mit der empirischen Überprüfung des Untersuchungsmodells. Nach Darstellung und Interpretation der Ergebnisse werden darauf basierend Implikationen für die Marketingtheorie und -praxis abgeleitet. Den Abschluss der Studie bildet die Zusammenfassung der zentralen Erkenntnisse dieser Analyse im fünften Kapitel. Einen Überblick über das der Untersuchung zugrunde liegende Konzept vermittelt Abbildung 1.

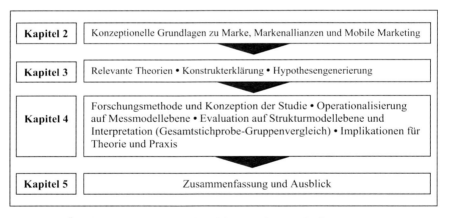

Abbildung 1: Übersicht des theoretischen und empirischen Aufbaus der Studie

2 Konzeptionelle Grundlagen zu Markenallianzen und Mobile Marketing

2.1 Grundlagen zur Marke als konstituierender Bestandteil des Phänomens Markenallianz

2.1.1 Einige Ausführungen zum Begriff Marke

Die etymologische Herkunft des Wortes Marke ist in dem französischen Begriff „marque" zu finden. Die deutsche Übersetzung dafür lautet „Kennzeichnen". Der französische Ausdruck entstammt seinerseits wiederum aus dem germanischen „Markan", welches für „Zeichen" steht. [22] Synonym zu Marke werden heute auch die Begriffe Markenartikel, Markenware und markierte Ware verwendet.[23] Als Reaktion auf die große Bedeutung von Marken für die Unternehmenspraxis kann das Markengesetz angesehen werden, das Marken im juristischen Sinne (§3 des Markengesetzes) als „(…) alle Zeichen, insbesondere Wörter einschließlich Personennamen, Abbildungen, Buchstaben, Zahlen, Hörzeichen, dreidimensionale Gestaltungen einschließlich der Form einer Ware oder ihrer Verpackung sowie sorgfältiger Aufmachung einschließlich Farben und Farbzusammenstellungen geschützt werden, die geeignet sind, Waren oder Dienstleistungen eines Unternehmens von denjenigen anderer Unternehmen zu unterscheiden" definiert.[24]

Das Markenverständnis hat von seinen Anfängen bis heute aufgrund tiefgreifender Veränderungen der Markt- und Umweltbedingungen einen evolutionären Wandel vollzogen.[25] Sowohl der Begriff der Marke als auch die Anzahl der Ansätze der Markenführung sind mittlerweile vielfältig.[26] Blickt man in die Geschichte zurück, so gab es die Markierung bereits im Altertum. Die Markierung von Keramik und Silber mit Zeichen und Punzen fungierte seinerseits schon als Signatur des Schöpfers und diente zu dessen Identifikation.[27] Im Mittelalter sorgten bereits Kontrollorgane, die sogenannten Zünfte, für die Sicherstellung einer möglichst hohen Warenqualität im Sinne des Verbrauchers.[28]

---

[22] Vgl. Seebold (2002), S. 599.
[23] Vgl. Gabler (2001), S. 393; Kelz (1988), S. 44; Riedel (1996), S. 6.
[24] Ingerl/Rohnke (1998), S. 34.
[25] Vgl. Meffert/Burmann (1996), S. 373.
[26] Vgl. Meffert/Burmann/Koers (2002), S. 6; Kotler/Bliemel (2001), S. 736; Meffert (2000), S. 846; Berekoven (1978), S. 35 ff.; Schönborn/Molthan (2001), S. 2; Kelz (1988), S.43 f.
[27] Vgl. Sommer (1998) S. 5.
[28] Vgl. Dichtl (1978), S. 17 ff.; Leitherer (1956).

Der entscheidende Einschnitt für die Entwicklung des Markenwesens, wie wir es heute kennen, vollzog sich aber mit der Wandlung der Wirtschaft ab dem vorletzten Jahrhundert. *Meffert* und *Burmann* (1996) unterscheiden die Markenentwicklung seither grob in fünf Phasen.[29]

Ab der Mitte des 19. Jahrhunderts wandelte sich die traditionelle direkte Beziehung zwischen Hersteller und Verbraucher zunehmend zu einer indirekten. Die Anonymisierung der Herkunft des Produktes aufgrund der eingesetzten Industrialisierung und die damit einhergehende Massenproduktion verlangten vermehrt nach Sicherheit und Identifizierung des Herstellers.[30] Die Markierung der Waren wurde nötig. Sie sollte als Eigentumskennzeichnung und Herkunftsnachweis dienen. Ein betriebswirtschaftliches Konzept zum Markenmanagement existierte noch nicht. Vor dem Hintergrund dieser Umstände formulierte *Domizlaff* (1939) 22 „Grundgesetze der natürlichen Markenbildung"[31]. Für ihn lagen die Kennzeichen eines Markenartikel besonders in der hohen und konstanten Warenqualität, im Vertrieb in überregionalen Märkten, Gleichmäßigkeit der Beschaffenheit, Gleichförmigkeit der Aufmachung, Preisgleichheit sowie in der fortlaufenden Werbung der Ware.[32] Das Vorliegen dieser Merkmale der Marke sollte dem Produzenten wieder die Möglichkeit eines stärkeren Kundenkontaktes eröffnen, der vorherrschenden Anonymisierung entgegenwirken und folglich den Markterfolg sichern. Dieser als monoistisch bezeichnete Ansatz[33] differenzierte zwischen anonymer und markierter Ware allerdings nur in der Form, dass sobald ein Produkt mit Namen oder Zeichen markiert war, dieser automatisch als Markenartikel galt. Der absatzpolitische Erfolg – ein Wesensmerkmal des Markenartikels – konnte jedoch nicht bei allen in dieser Weise definierten Markenartikeln festgestellt werden.[34]

Ergänzend zu diesem klassischen Markenartikelkonzept[35] von *Domizlaff* (1939) entwickelte sich der merkmalsbezogene bzw. instrumentelle Ansatz.[36] Als Markenartikel galten hiernach nur diejenigen Leistungsangebote, die das Vorliegen bestimmter Merkmale bezeugen kon-

---

[29] Vgl. Meffert/Burmann (1996), S. 373.
[30] Vgl. Leitherrer (1955), S. 540.
[31] Vgl. Domizlaff (1951), S. 31 f.; Domizlaff (1992), S. 15.
[32] Vgl. Domizlaff (1992), S. 35 f.
[33] Vgl. Leitherrer (1955), S. 540.
[34] Vgl. Sander (1994), S. 35.
[35] Vgl. Meffert/Burmann, S. 373.
[36] Vgl. Meffert/Burmann, S. 373.

2 Konzeptionelle Grundlagen zu Markenallianzen und Mobile Marketing 7

nten. Ein bekannter Vertreter dieses Ansatzes war *Mellerowicz*[37]. Marken waren nach seinem Verständnis als „(…) für den privaten Bedarf geschaffene Fertigwaren, die in einem größeren Absatzraum unter einem besonderen, die Herkunft kennzeichnenden Merkmal (Marke) in einheitlicher Aufmachung, gleicher Menge sowie in gleichbleibender und verbesserter Güte erhältlich sind und sich dadurch sowie durch die für sie betriebene Werbung die Anerkennung der beteiligten Wirtschaftskreise (Verbraucher, Händler und Hersteller) erworben haben (Verkehrsgeltung) (…)"[38], zu verstehen. Im Zentrum des Interesses stand nun die Gestaltung der Markierung, Verpackung und der klassischen Werbung. Diese statische Definition der Marke mittels eines Merkmalkataloges beschränkte sich jedoch nur auf Fertigwaren und schloss somit Dienstleistungen, Investitionsgüter und Vorprodukte als Marken aus.[39] Die Tatsache, dass das Markenwesen immer neue Formen hervorbrachte und der Markenartikel durch einen klar abgegrenzten Merkmalskatalog diese Vielfalt nur noch ungenügend präzise definierte, entwickelte sich ein umfassenderes Verständnis der Marke.[40] Diese dritte Entwicklungsphase wurde von dem funktionsorientierten Ansatz der Markenführung dominiert und resultierte nicht zuletzt auch aus dem überhöhten Warenangebot und den gesamtwirtschaftlich rezessiven Tendenzen. Im Gegensatz zum instrumentellen Ansatz wurden hier die Funktionsbereiche Marktforschung, Produkt-, Preis-, und Distributionspolitik im Rahmen der Markenführung integriert. Damit einher ging das angebotsbezogene Markenverständnis.[41] Der Markenartikel war nicht mehr nur ein Merkmalsbündel, sondern stellte ein „geschlossenes Absatzsystem"[42] dar. Der Fokus lag nun auf innovativen Produktions- und Vertriebsmethoden, um eine größtmögliche Kundennähe zu erreichen.[43] Ab den 70er Jahren führten u. a. gesättigte Märkte zu einem wirkungsbezogenen Markenverständnis. Demnach waren primär all diejenigen Produkte und Dienstleistungen als Marke aufzufassen, welche bei dem Konsumenten, der nun im Mittelpunkt stand, als solche wirkten. Dieses Verständnis spiegelte sich im verhaltens- bzw. imageorientierten Ansatz der Markenführung wieder. Die Art der Ware sowie die Existenz der anderen bis dahin erforderlichen Merkmale zur Kennzeichnung eines Markenartikels spielten nunmehr eine untergeordnete Rolle.[44] Dem folgte in den näch-

---

[37] Für einen Überblick über weitere Vertreter des merkmalsorientierten Ansatzes vgl. Kelz (1989), S. 47.
[38] Vgl. Mellerowicz (1963), S. 39.
[39] Vgl. Meffert (2000), S. 846.
[40] Vgl. Berekoven (1978), S. 42 f.
[41] Vgl. Meffert/Burmann (2002), S. 22.
[42] Vgl. Alewell (1974), S. 1218 f.
[43] Vgl. Meffert/Burmann (1978), S. 22.
[44] Vgl. Berekoven (1978), S. 43. Parallel hierzu entwickelte sich der technokratischstrategieorientierte Ansatz, der dem Defizit des überbetonten Fokus des Imagekonstrukts entgegenwirken sollte. Der Fokus lag hier auf

sten Jahren ein „weicher" Führungsstil, der den emotionalen Aspekt der Marke, der in den vorangegangenen Ansätzen nur unzureichend vorhanden war, berücksichtigte. Für das heutige Markenverständnis entwickelten sich daraus zwei Ansätze der Markenführung.[45]

Tabelle 1 gibt einen zeitlichen Überblick über die oben dargestellten Ansätze.

Ansatz	Zeitbezug	Markenverständnis	Quelle
Klassisches Markenartikelkonzept	Mitte 19. bis Anfang 20. Jahrhundert	Markenartikel kennzeichnet konstante Warenqualität, gleichartige Beschaffenheit und Aufmachung, Vertrieb in überregionalen Markt, Preisgleichheit und fortlaufende Werbung.	Domizlaff (1939)
Merkmalsbezogener/ Instrumenteller Ansatz	bis Mitte der 60er Jahre	Markenbegriff definiert durch Merkmalskatalog (nur für physisch fassbare Konsumgüter).	Mellerowicz (1970)
Funktionsorientierter Ansatz	bis Mitte der 70er Jahre	Markenartikel ist angebotsorientiert definiert als ein geschlossenes Absatzsystem.	Hansen (1970)
Wirkungsbezogener Ansatz	bis Ende der 80er Jahre	Nachfrageorientierte, subjektive Begriffsauffassung: Marken sind diejenigen Dienstleistungen und Produkte, die von Konsumenten als solche wahrgenommen werden.	Berekoven (1978)
Fraktaler Ansatz	heute	Ein Mythos repräsentiert den Markenkern.	Gerken (1994)
Identitätsorientierter Ansatz	heute	Betrachtung der Marken v. a. unter sozialpsychologischen Aspekten.	Aaker (1996) Kapferer (1992)

Tabelle 1: Überblick zu den Ansätzen des Markenverständnisses
Quelle: eigene Darstellung in Anlehnung an Huber (2004), S. 49.

Der identitätsorientierte Ansatz betrachtet die Marke vor allem unter dem sozialpsychologischen Aspekt, wobei das Vertrauen und die Identifikation der Konsumenten mit der Marke

---

der Planung, Steuerung und Koordination aller Maßnahmen zur Markengestaltung auf dem Absatzmarkt (Unternehmensführungsebene) statt auf der Verhaltensebene (Meffert/Burmann (1996), S. 377).
[45] Vgl. Meffert/Burmann (1996), S. 378.

2 Konzeptionelle Grundlagen zu Markenallianzen und Mobile Marketing

die Grundlage bildet.[46] Der fraktale Ansatz fasst den Markenkern als einen Mythos auf.[47] Durch Werbung beispielsweise soll ein Mythos dauerhaft mit der Marke verbunden werden (Festigkeit). Auf der anderen Seite soll die Marke zusätzlich evolutionäre Dynamik besitzen, um mit der öffentlichen Entwicklung Schritt zu halten (Evolution).[48]

Eine aktuelle Definition der Marke im Marketing, die diesem Buch zugrunde gelegt wird, ist die folgende: „Als Marken werden Leistungen bezeichnet, die neben einer unterscheidungsfähigen Markierung durch ein systematisches Absatzkonzept im Markt ein Qualitätsversprechen geben, das eine dauerhaft werthaltige, nutzenstiftende Wirkung erzielt und bei der relevanten Zielgruppe in der Erfüllung der Kundenerwartungen einen nachhaltigen Erfolg im Markt realisiert bzw. realisieren kann."[49]

2.1.2 Funktionen von Marken für Konsument und Unternehmen

Nachdem die historische Entwicklung der Marke erläutert wurde, sollen im Folgenden die Funktionen der Marke aus Sicht der Konsumenten und Hersteller vorgestellt werden.

Wie *Ogilvy* (1955) postulierte, ist die Marke „the consumer's idea of a product".[50] Daher ist die Sicht der Konsumenten auf das Phänomen Marke für dessen Markterfolg von erheblicher Bedeutung. Mit dem wirkungsbezogenen Ansatz der Markenführung nahm der Konsument eine zentrale Rolle in der Markenforschung ein.[51] Diente die Marke infolge der Anonymisierung der gesellschaftlichen Strukturen zuvor als Erkennungszeichen und Qualitätssiegel, so wurde sie nun zunehmend zum Mittel zur Demonstration von Prestige und gesellschaftlichem Status. Der Preis und Wert des Markenproduktes spielten eine tragende Rolle. Das kollektive Verständnis der Marke trug zur Gruppierung der Person in der jeweiligen sozialen Schicht bei. Ein „Mercedes-Fahrer" zeigte zum Beispiel mit seinem Wagen – welches kollektiv als teuer und exklusiv empfunden wurde – seinen Wohlstand.[52]

Heute geht die Bedeutung der Marke für den Konsumenten über dessen Verständnis als ein Prestigesymbol hinaus. Nicht nur das kollektive Bewusstsein der Marke von außen, sondern

---

[46] Vgl. Kapferer (1992), S. 111 f.
[47] Vgl. Gerken (1994), S. 145.
[48] Vgl. Gerken (1994), S. 145-146/177.
[49] Vgl. Bruhn (2004), S. 21.
[50] Ogilvy (1955), zitiert nach Esch (2002), S. 22.
[51] Vgl. Esch (2002), S. 22.
[52] Vgl. Sommer (1998), S. 6

der subjektiv erlebte Wert der Marke für das Individuum bestimmt die Relevanz der Marke.[53] Die Marke hat sich zu einem nonverbalen Kommunikationsmittel entwickelt, welches der Umgebung – gewollt oder ungewollt – Auskunft über die Persönlichkeit des Verwenders gibt. Als Teil der Alltagskultur erfüllt die Marke heute idealerweise u. a. im Detail folgende Kommunikations- und Informationsfunktionen:[54]

- Identitätsfunktion (Übereinstimmung der Erlebniswelt und/oder der Produktleistung mit eigenen Vorstellungen und Erwartungen)
- Orientierungsfunktion (Entscheidungshilfe)
- Darstellungsfunktion (Selbstinszenierung)
- Zugehörigkeitsfunktion (soziale Gruppierung)
- Sicherheitsfunktion (Qualitätsindikator, Reduzierung des Beschaffungsrisikos)
- Immaterielle Wunschbefriedigung
- Wertorientierungsfunktion (Wiederfinden der persönlichen Wertvorstellungen)
- Mythos-, Ritualfunktion (Schaffung von Sinnzusammenhängen und Ritualsierung von Handlungsabläufen)

Für Unternehmen sind Marken die zentralen immateriellen Wertschöpfer. Der Grund hierfür liegt in dem höheren Wachstum von Markenartikelunternehmen im Vergleich zu Nichtmarkenartikelunternehmen.[55] Die enorm gestiegene Bedeutung von Marken zeigt sich in der Dokumentation vom Markenwert – im angel-sächsischen Raum Brand Equity/Value[56] genannt – gleich auf den ersten Seiten der Geschäftsberichte großer Unternehmen in den USA.[57] Die weltweit stärkste Marke *Coca-Cola* hatte 2006 einen Markenwert von beträchtlichen 67 Mrd. US $, welcher 61% seines Börsenwertes entsprach.[58] Marken besitzen für Unternehmen als finanzielle Werttreiber u. a. folgende Funktionen im Markt:

- Informationsfunktion (beispielsweise über Qualität des Angebotes)
- Kommunikations-, Kontaktfunktion (direkt zwischen Hersteller und Konsument)

---

[53] Vgl. Bauer/Huber (1997), S. 2 ff.
[54] Vgl. Riedel (1996), S. 10 ff.; Meffert (2000), S. 847 ff.; Sommer (1998), S. 79 ff.; Dichtl (1992), S. 21 f.; Schönborn/Molthan (2001), S.1 ff.; Kiesow (2006), S. 20 f.
[55] Im Nahrungsmittelbereich liegt die Umsatzrentabilität von markierten Produkten um 50% höher als bei nicht markierten. Vgl. Biel (2001), S. 64.
[56] Vgl. Kiesow (2006), S. 34.
[57] Vgl. Esch (2007), S. 4.
[58] Vgl. Interbrand (2006); Esch (2007), S. 5.

- Stabilisierungsfunktion (Entziehung vom Preiswettbewerb, wenn Präferenzposition bei Konsumenten)
- Erhöhte Absatzsicherheit (Sonderstellung macht weniger marktanfällig)
- Profilierungsfunktion (Präferenzbildung bei Konsumenten)
- Differenzierungsfunktion (Unterscheidung des eigenen Angebots vom Wettbewerb)
- Herkunftsfunktion
- Kundenbindungsfunktion (u. a. durch Zufriedenstellung der Kundenbedürfnisse und Erweckung von Loyalität gegenüber der Marke)[59]

2.1.3 Erscheinungsformen von Marken

Im folgenden Kapitel wird nun die bisher allgemeine und abstrakte Vorstellung des Begriffes Marke um ihre diversen Erscheinungsformen, wie sie in der Praxis zu finden sind, detailliert dargestellt. Die folgende Darstellung ist eine der möglichen Varianten zur Kategorisierung der Erscheinungsformen der Marke und soll nach diesen Kriterien erfolgen: institutionelle Stellung des Trägers, Zahl des markierten Produkte, Inhalt der Marke, bearbeitetes Marktsegment, geographische Reichweite und Art der Markierung.

Nach institutioneller Stellung des Trägers lassen sich die Hersteller-, Handels-, und Dienstleistungsmarken unterscheiden.[60] Die Herstellermarke entspricht dem ursprünglichen Markenartikel im klassischen Sinne[61], als dass sich der Hersteller als Produktverantwortlicher mittels seiner Firmenbezeichnung auf dem Produkt angibt und somit als Absender der ‚Markenbotschaft' erkennbar wird. Der Hersteller führt und vertreibt die Marke selbst.[62] Im Vergleich hierzu ist die Handelsmarke die Kennzeichnung für Waren, die von Handelsunternehmen selbst eingeführt werden und nur exklusiv durch ihre Filialen vertrieben werden.[63] Die üblichen Unterscheidungskriterien der Herstellermarke zu der Handelsmarke, wie die bessere Qualität, die Überall-Erhältlichkeit und die höhere Werbeanstrengungen, sind heute nicht mehr entscheidend. Laut der Bewertung von Stiftung Warentest wird die Qualität der Handelsmarken zunehmend vergleichbarer mit der der Herstellermarken. Die Hürde der Ubiquität ist mit steigender Anzahl der Einkaufsstätten der Handelsorganisation längst überschritten. So

---

[59] Vgl. Riedel (1996), S. 10 ff.; Esch (2007), S. 24; Meffert (2000), S. 848 ff.; Dichtl (1978), S. 28. Für Unterscheidung der Funktionen nach Hersteller- und Handelsmarke vgl. Bruhn (2004), S. 28-30.
[60] Vgl. Bruhn (2004), S. 34.
[61] Vgl. Kapitel 2.1.1; vgl. Pepels (2000), S. 102.
[62] Vgl. Dichtl (1992), S. 9, Lingenfelder et al. (2004), S. 51-74.
[63] Vgl. Riedel (1996), S. 16.

hat *ALDI* mit mehr als 3.200 Filialen in ganz Deutschland flächendeckende Präsenz.[64] Handelsmarken sind zudem etwa 20% bis 30% günstiger als Herstellermarken.[65] Nach *Esch* (2007) ist die Differenzierung zwischen diesen Markenformen heute demnach hauptsächlich am Eigentümer festzumachen. Handelsmarken sind somit „Marken, die sich im rechtlichen Eigentum einer Handlungsunternehmung (…)"[66] befinden. 1979 erklärte der Gesetzgeber auch Dienstleistungen rechtlich als markierungsfähig. Klassische Bereiche für Dienstleistungsmarken sind Banken, Versicherungen, Touristik- und Verkehrsbetriebe.[67]

Nach Zahl der markierten Produkte[68] wird zwischen Einzel-, Familien-, und Dachmarken differenziert. Die Einzelmarke (auch Produkt- oder Monomarke und Individual Brand Name[69] genannt) entspricht dem trivialen Prinzip: eine Marke = ein Produkt = ein Produktversprechen. Für jedes Produkt wird eine eigene Marke geschaffen und im Markt durchgesetzt und somit der höchste Individualisierungsgrad realisiert. Der Anbieter rückt dabei in den Hintergrund und kann den Kunden unter Umständen unbekannt bleiben.[70] Die Familienmarke (auch Produktgruppen-, Range-Marke und Product Line Name[71] genannt) umfasst mehrere Produkte unter einer Produktgruppe (Produktlinie), für die eine einheitliche Markierung gewählt wird. Diese Produkte sind meist durch einen gemeinsamen Nutzenanspruch miteinander verbunden. *Nivea* ist beispielsweise eine Familienmarke von der Firma Beiersdorf. Nivea-Line umfasst mehrere Produkte, wie unter anderem *Nivea Bath Care* und *Nivea Milk*, die alle zu der Produktgruppe Körperpflege gehören.[72] Die Übergänge zwischen dem Einzelmarken- und Familienmarkenkonzept weichen insofern voneinander ab, dass zu Einzelmarken wie *Coca-Cola* Erweiterungen wie „Light" beigefügt werden.[73] Dachmarken (auch Unternehmens-, Company-Marke und Corporate Brand Name genannt) zeichnen sich durch einheitliche Markierung aller Produkte einer Firma (Umbrella Branding) aus.[74]

---

[64] Vgl. Esch (2007), S. 495.
[65] Vgl. Becker (2006), S.223
[66] Vgl. Müller-Hagedorn (1998), S. 43.
[67] Vgl. Dichtl (1992), S. 11; Bruhn (2000), S. 213 f.
[68] Im Folgenden sollen unter Produkte Waren und Dienstleistungen verstanden werden.
[69] Vgl. Assael (1990), S. 405.
[70] Vgl. Becker (2005), S. 386.
[71] Vgl. Assael (1990), S. 407/408.
[72] Vgl. Esch (2007), S. 314.
[73] Vgl. Becker (2005), S. 388.
[74] Vgl. Becker (2005), S. 390; für Vor- und Nachteile der Einzel-, Familien-, und Dachmarke siehe S. 387-392. Für Kombination dieser Erscheinungsformen Vgl. Becker (2006), S. 201 f.

2 Konzeptionelle Grundlagen zu Markenallianzen und Mobile Marketing 13

Eine weitere Differenzierung kann nach dem Inhalt des Markennamens vorgenommen werden. Firmenmarken tragen den Namen der Firma als Marke. Regionenmarken beinhalten Bezüge auf geographische Gebiete, meistens beziehen sie sich auf die Herkunft der Marke. Bei Phantasiemarken ist kein originärer Zusammenhang zum Produkt oder Hersteller erkennbar.[75]

Ein weiteres Ordnungskriterium zur Systematisierung von Marken ist das bearbeitete Marktsegment, hauptsächlich kategorisiert nach Preislagen bzw. Qualität. Die Premium- oder Erstmarke bietet die höchste Leistungsklasse an und ist dementsprechend preislich auf der höchsten Stufe in der Markenhierarchie positioniert. Als Stammmarke bildet sie für das Unternehmen den Ausgangspunkt für die Markterschließung. Darunter werden die Zweitmarken und darunter die Drittmarken[76] etc. positioniert, die preislich attraktiver sind als die oberen Klassen und zusätzliche Käuferschichten ansprechen sollen.[77]

Nach der geographischen Reichweite lassen sich regionale, nationale, internationale und globale Marken (Weltmarke) unterscheiden. Bei regionalen Marken beschränkt sich die Bekanntheit und Erhältlichkeit auf ein eng begrenztes Gebiet, wobei nationale Marken innerhalb von Staatsgrenzen verbreitet sind. Marken, die über die Staatsgrenzen hinaus präsent sind, werden als internationale Marken bezeichnet. Die weltweite Vereinheitlichung des Erzeugnisses, Markenzeichens, Unternehmenskommunikation nach außen sowie globale Verkehrsgeltung führen zu einer globalen Marke.[78]

Im Rahmen der verwendeten Kommunikationsmittel zum Zweck der äußeren sinnlichen Wahrnehmung der Marke wird zwischen den optischen, akustischen, olfaktorischen und taktilen Markierungsmitteln differenziert. Die wohl am häufigsten anzutreffende Markierungsart ist die optische, die aus Worten, Buchstaben, Zahlen, Bilder und Farbstellungen besteht. Akustische, olfaktorische und taktile Marken betreffen jeweils den Gehör-, Geruchs-, und Tastsinn und sind vergleichsweise seltener.[79]

---

[75] Vgl. Bruhn (1994), S. 30; Bruhn (2001), S. 938.
[76] Bei Handelsmarken spricht man von niedrigpreisigen Gattungsmarken (no names), mittelpreisigen Eigenmarken (streben Qualitätsniveau der Herstellermarken an) und hochpreisigen Premiummarken. Vgl. Meffert (2000), S. 872-874.
[77] Vgl. Bruhn (2004), S. 36; Meffert/Burmann (2000), S. 180 ff.
[78] Vgl. Bruhn (2004), S. 34 ff.; Kelz (1989), S. 103 ff.; Sander (2000), S. 189 f.
[79] Vgl. Bruhn (2004), S. 36.

Einen zusammenfassenden Überblick der Erscheinungsformen von Marken mit gegenwärtigen Beispielen bietet die folgende Tabelle.

Merkmalskategorie	Erscheinungsformen	Beispiel
Institutionelle Stellung des Markenanbieters	Herstellermarke	*Samsung*
	Handelsmarke	*Tandil* von *ALDI*
	Dienstleistungsmarke	*Lufthansa*
Zahl der markierten Produkte	Einzelmarke	*Persil* von Firma *Henkel*
	Familienmarke	*Nivea*
	Dachmarke	*BMW*
Inhalt der Marke	Firmenmarken	*Haribo*
	Regionenmarke	*British Airways*
	Phantasiemarken	*Visteon*
Bearbeitetes Marktsegment	Premiummarke	*Baldessarini (von Hugo Boss)*
	Zweitmarke	*Boss (von Hugo Boss)*
Geographische Reichweite der Marke	Regionale Marke	*Südzucker*
	Nationale Marke	*Duden*
	Internationale Marke	*FedEx*
	Globale Marke (Weltmarke)	*McDonalds*
Verwendung wahrnehmungsbezogener Markierungsmittel	Optische Marke	*Lila Kuh von Milka (E-106)*
	Akustische Marke	*„Drumbone"* –Töne von *Intel*
	Olfaktorische Marke	*Chanel No.5*
	Taktile Marke	*Nylon*

Tabelle 2: Erscheinungsformen von Marken
Quelle: eigene Darstellung in Anlehnung an Huber (2004), S. 53.

2.2 Markenallianz als Ausprägungsform der Kombination von Marken

2.2.1 Definition des Begriffs Markenallianz

Nachdem nun der Begriff der Marke erläutert wurde, soll im nächsten Schritt das Konzept der Markenallianzen als zentrale Untersuchungsgröße dieser Studie beleuchtet werden. Synonym zum Begriff Markenallianzen wird in der gängigen Literatur sehr häufig der Begriff Co-Branding verwendet.[80] Dieser stellt jedoch eine spezielle Spielform des Oberbegriffs Markenallianzen dar und sollte ihn damit nicht allgemein auf das Vorliegen gewisser Tatbestände einschränken. Es ist zu betonen, dass Co-Branding durchaus eine Form der Markenallianz darstellt, aber eine Markenallianz muss nicht nur in Form des Co-Branding existieren, wie es

---

[80] Vgl. Esch/Redler/Winter (2005), S. 487; Decker/Stifler, S. 38; Keller (1998); S. 283; Washburn/Till/Priluck (2000), S. 591.

2 Konzeptionelle Grundlagen zu Markenallianzen und Mobile Marketing

nicht selten durch die synonyme Verwendung dieser Begriffe vermutet wird.[81] Zum Zwecke des eindeutigen Verständnisses soll der Begriff Markenallianz daher zunächst ganz allgemein abgeleitet und eine Definition für die weiteren Ausführungen formuliert werden. Im Anschluss daran erfolgt die Vorstellung und Abgrenzung der verschiedenen Spielformen von Markenallianzen.

Das Wort Allianz entstammt dem altfranzösischen Begriff ‚alier', was zu Deutsch „sich verbinden" bedeutet.[82] Eine Markenallianz ist demnach zunächst schlicht eine Verbindung oder Zusammenarbeit von Marken[83] bzw. Markenunternehmen. Hiervon abgeleitet kann die Markenallianz im weitesten Sinne, wie sie in der Literatur überwiegend definiert wird[84], als „(…) gemeinsamer Auftritt wenigstens zweier selbstständiger Marken bezeichnet werden."[85] Markenallianzen erlauben die Bündelung der Kräfte der beteiligten Marken und zielen auf einen höheren Nutzen der resultierenden gemeinsamen Anstrengungen, als wenn die Marken separat verwendet werden. Dabei können die Marken von einem oder unterschiedlichen Unternehmen stammen.[86] Beispiele für Markenallianzen sind die gemeinschaftliche Promotionskampagne von *Wasa* und *Bresso*[87] sowie der neu entwickelte Schuh von *Nike* in Zusammenarbeit mit *Apple*. Ein integrierter Sensor erlaubt durch eine kabellose Verbindung mit dem „iPOD" der Marke *Apple* neben weiteren Funktionen die Aufzeichnung der gelaufenen Kilometer mit diesem Schuh.[88] Diese Beispiele zeigen, dass die Intensität der Zusammenarbeit von der bloßen Nennung der Partnermarke(n) bis zur umfassenden gemeinsamen Produktentwicklung reichen kann. Somit ergibt sich unter dem Dach der Markenallianz im weitesten Sinne ein erheblicher Spielraum zur konkreten Ausgestaltungen nicht nur hinsichtlich der Intensität der Zusammenarbeit, sondern auch bezüglich weiterer Kriterien. Unter Markenallianzen im engeren Sinne wird die Kooperation von mindestens zwei etablierten Marken verschiedener Eigentümer verstanden, die durch eine langfristig angelegte Beziehung ein neues Angebot mit gemeinsamer Markierung auf den Markt bringen, wobei die Marken auch nach der Allianzbildung rechtlich und wirtschaftlich selbständig sind.[89] Hier liegen bereits Einschränkungen hinsichtlich der Differenzierung der Eigentümer, Dauer der

---

[81] Vgl. Baumgarth (2003), S. 37.
[82] Vgl. Seebold (2002), S. 32.
[83] Zur Definition von Marke vgl. Kapitel 2.1.1.
[84] Vgl. Esch/Redler/Winter (2005), S. 486.
[85] Esch/Redler/Winter (2005), S. 487.
[86] Vgl. Rao/Ruekert (1994).
[87] Vgl. Decker/Schiftler (2001), S. 40 .
[88] Vgl. Nike (2007).
[89] Vgl. Esch/Redler/Winter (2005), S. 487 f.

2 Konzeptionelle Grundlagen zu Markenallianzen und Mobile Marketing

Zusammenarbeit, Leistungsobjekt der Allianz sowie rechtlicher und wirtschaftlicher Status der Marken während und nach der Kooperation.

Für diese Studie wird von einer breit angelegten, aber dennoch aussagekräftigen Definition des Markenallianz-Begriffes ausgegangen, da konkrete Einschränkungen sich in diversen Spielformen der Markenallianzen, die es noch vorzustellen gilt, zeigen. Es wird die folgende verkürzte Definition von *Rao/Ruekert* (1994) und *Simonin/Ruth* (1998) übernommen:

> "*Brand alliances involve the short- or long term association or combination of two or more individual brands, products, and/or other distinctive proprietary assets. These brands or products can be represented physically (...) or symbolically (...) by the association of brand names, logos or other proprietary assets of the brand (...)*"[90]

Markenallianzen/Brand Alliances/Joint Branding können nach dieser Definition sowohl auf kurze als auch auf lange Zeiträume[91] ausgerichtet sein. Die Marken können physisch (im Sinne ihrer Leistungen, zum Beispiel gebündelte Angebote von mindestens zwei Marken) und/oder symbolisch (z. B. Werbung) mittels Markennamen/-logos und anderen Markenbestandteilen miteinander kombiniert und assoziiert werden.[92] Mit der Annahme von zwei und mehr selbstständigen Marken vor, während und nach dem Zusammenschluss erfolgt eine Trennung von der Strategie der Markenerweiterungen, die immer nur eine Marke zum Gegenstand hat. Hier wird entweder unter einer bereits eingeführten Marke ein neuer Markt mit einer bis dahin nicht geführten Produktkategorie betreten (Brand Extension) oder es werden unter ein und derselben Marke Varianten des bestehenden Produktes eingeführt (Line Extension).[93]

---

[90] Vgl. Simonin/Ruth (1998), S. 30 ff.; Rao/Ruekert (1994), S. 87 f.
[91] Bei längerfristigen Allianzen spricht man auch von strategischen und bei kurzfristigen von operativen Allianzen. Vgl. Töpfer (1992), S. 176 f.
[92] Vgl. Simonin/Ruth (1998), S. 30 f.
[93] Vgl. Reddy/Holak/Bhat (1994), S. 243; Smith/Park (1992), S. 296; Hadjicharalambous (2006) betrachtet abweichend davon mit eigens definierter Markenerweiterungstypologie Markenallianzen als eine Subform von Markenerweiterungen. Die in dieser Studie getroffene Trennung von Markenallianzen und -erweiterungen folgt dem klassischen Framework in der Markenführungsliteratur. Vgl. stellvertretend Simonin/Ruth (1998), S.32; Gleichwohl ist daraus nicht der Schluss zu ziehen, dass theoretische und methodologische Fundierungen aus Markenerweiterungslektüren auf die Analyse von Markenallianzen nicht zu übertragen sind.

2 Konzeptionelle Grundlagen zu Markenallianzen und Mobile Marketing

An dieser Stelle soll gleichwohl eine Abgrenzung zu den Synonymen Symbiotic Marketing und Co-Marketing[94] erfolgen, da diese nicht Spielformen von dem hier vorgestellten Verständnis der Markenallianzen darstellen, sondern eher mit diesem gleichgesetzt, wenn nicht sogar übergeordnet werden können.[95] *Adler* bezeichnet mit Symbiotic Marketing und Co-Marketing grob jede Art der Kooperation hinsichtlich der Ressourcen und Programmen zwischen zwei oder mehr unabhängigen Organisationen.[96] Die Wahrnehmung der Kooperation seitens Dritter – ein zentrales, konstituierendes Merkmal des Wesens der Markenallianz – wird bei beiden Kooperationsarten nicht vorausgesetzt. Gleichzeitig ist dieser Definition die Forderung nach der Existenz von Marken nicht zu entnehmen.

2.2.2 Spielformen von Markenallianzen

Die oben formulierte Definition zugrundegelegt, sollen nun die diversen Varianten der Markenallianz vorgestellt werden. Wie im vorangegangen Kapitel erwähnt wurde, können die Subformen anhand bestimmter Kriterien differenziert werden. Die im Folgenden herangezogenen Kriterien benutzt *Redler* (2003) zur Klassifizierung von Markenkombinationen. Unter Markenkombination ist der gemeinsame Auftritt mehrerer Marken bei der Markierung von Objekten zu verstehen.[97] Diese offene Begriffsbestimmung konvergiert mit der breit angelegten Definition der Markenallianz im Kapitel 2.2.1. Daher werden diese Kriterien logisch auf das Phänomen Markenallianz übertragen.

Das erste Kriterium betrifft das des rechtlichen Eigentums der beteiligten Marken. Sind die Allianzpartner im Besitz des gleichen Eigentümers, so liegt eine interne Markenallianz vor (Ein-Portfolio-Fall). Bei Zusammenschlüssen von Marken unterschiedlicher Eigentümer liegt eine unternehmensübergreifende Markenallianz vor (Mehr-Portfolio-Fall). Ein Beispiel für die interne Markenallianz ist die gemeinsame Werbekampagne von den Marken *Nescafé*, *Nesquik* und andere, deren Eigentümer *Nestlé* ist.[98]

Ferner können Allianzen nach Zeitdauer der Bindung in kurz- und langfristige Kooperationen unterschieden werden. Eine Grenze, ab wie vielen Jahren eine Allianz als langfristig gelten

---

[94] Zum Unterschied zwischen Symbiotic Marketing und Co-Marketing vgl. Bucklin/Sengupta (1993); Venkatesh/ Mahajan/Muller (2000)
[95] Vgl. Son/Hahn/Kang (2006), S. 1036.
[96] Vgl. Adler (1966), S. 60, Vardarajan/Rajaratnam (1986).
[97] Vgl. Redler (2003), S. 11 ff.
[98] Vgl. Kapferer (1997), S. 88.

soll, ist nicht fest definiert. Als Beispiel kann die Allianz zwischen *Fujitsu* und *Siemens* aufgeführt werden, die vermutlich auf einen längeren Zeitraum ausgerichtet ist als die zwischen *Langnese Cremissimo* & *Niederegger Marzipan*.[99]

Ein weiteres Kriterium stellt die Unterschiedlichkeit der Wertschöpfungsstufe der kombinierten Leistung dar. Ein Beispiel für eine Markenallianz auf der gleichen Wertschöpfungsstufe (horizontal) ist die Kombination *Lindt-Remy Martin*. Die Integration von *Intel* Mikroprozessoren beispielsweise in Rechnern der Marke *Dell* stellen eine Kombination zwischen Produkten unterschiedlicher Wertschöpfungsstufe (vertikal) dar. Die horizontalen/vertikalen Kooperationen sind hier nicht nur branchenintern zu verstehen.[100]

Zusätzlich zu diesen Kriterien von *Redler* (2003) erscheint ein weiterer Aspekt zur Unterscheidung der Spielformen der Markenallianz erheblich. Die Intensität der Zusammenarbeit kann hoch sein in Fällen, in denen ein (technisch) völlig neues Produkt aus der Allianz hervorgeht oder aber niedrig sein in Fällen, in denen lediglich die simultane Darbietung der Marken, z. B. für werbliche Zwecke erfolgt, ohne dass eine gemeinsame Leistung vorliegt.[101] Diese Kriterien zur Typologisierung der diversen Formen von Markenallianzen sind nicht als abschöpfend zu betrachten. Vielmehr wurden hier nur die als relevant erachteten Unterscheidungsmerkmale aufgeführt, die zudem nicht unabhängig voneinander sein müssen.

In der Literatur finden sich zu den im Folgenden darzustellenden Spielformen eine Reihe von verschiedenen, zum Teil auch abweichenden Definitionen, die hier nicht rezipiert werden sollen. Vielmehr wurden diejenigen Fassungen herangezogen, die sachlich ein möglichst eindeutiges Verständnis des jeweils angesprochenen Phänomens erlauben.[102] Tabelle 3 zeigt die Spielformen mit ihren Unterscheidungskriterien noch einmal im Überblick.[103]

---

[99] Vgl. Esch/Redler (2004), S. 171.
[100] Vgl. Esch/Redler/Winter (2005), S. 485.
[101] Blackett/Russell (1999), S. 7 ff.
[102] Für einen Überblick über die Definitionsvielfalt von Kooperationsarten vgl. Baumgarth (2003), S. 30 ff.
[103] Vgl. Baumgarth (2003), S. 30 ff.; Esch/Redler/Winter (2005), S. 487; Blackett/Russsel (1999), S. 7 ff.; Son/Hahn/Kang (2006), S. 1035 ff.; Freter/Baumgarth (2005), S. 457 ff.; Koncz (2005), S. 8 ff.; Redler (2003), S. 17 ff.

2 Konzeptionelle Grundlagen zu Markenallianzen und Mobile Marketing

Spielform	Rechtliches Eigentum	Zeitdauer der Bindung	Wertschöpfungsstufe	Intensität der Zusammenarbeit
Einprodukt-Allianzen				
Co-Branding (i.w.S.)	intern/ übergreifend	kurz- bis langfristig	vertikal/ horizontal	i.d.R. mittel bis hoch (je nach Erfordernis der Integration von Ressourcen)
Co-Branding (i.e.S.)[104]	unternehmensübergreifend	langfristig	horizontal	
Ingredient Branding	intern/ übergreifend	langfristig	vertikal	hoch
Joint Venture	intern/ übergreifend	kurz- bis langfrisitg	vertikal/ horizontal	sehr hoch (Verflechtung von Ressourcen)
Zweiprodukt-Allianzen				
Co-Promotion	intern/ übergreifend	kurzfristig	vertikal/ horizontal	Gering (keine Entwicklung einer gemeinsamen Leistung)
Co-Advertising	intern/ übergreifend	kurz- bis mittelfristig	vertikal/ horizontal	Gering (keine Entwicklung einer gemeinsamen Leistung)
Product Bundling	intern/ übergreifend	kurz- bis langfristig	vertikal/ horizontal	sehr gering
Sonderform				
Cause-Brand alliance	-	kurz- bis langfristig	-	i.d.R. gering (auf Transaktionsebene beschränkt)

Tabelle 3: Spielformen von Markenallianzen
Quelle: eigene Darstellung.

Im weiteren Sinne ist unter Co-Branding/Composite Brand Extension[105] eine kurz- bis langfristige Markenkombinationsstrategie zur Realisierung markenpolitischer Ziele zu verstehen, bei der mindestens zwei eigenständige Marken ein Produkt gemeinsam markieren, wobei die Kooperation sowohl zwischen horizontal als auch vertikal gelagerten Wirtschaftsstufen erfolgen kann.[106] Zentrales konstituierendes Merkmal für Co-Branding ist die Markierung

---

[104] Entspricht der Definition von Markenallianzen i.e.S. im Kapitel 2.1.1. Vgl. Esch/Redler/Winter (2005), S. 486 f.
[105] Vgl. Koncz (2005) S. 9; Park/Yun/Shocker (1996), S. 453 f.
[106] Vgl. Huber (2005), S. 22; Baumgarth (2003), S. 29 ff.; Ohlwein/Schiele (1994), S. 577; Esch/Redler/Winter (2005), S. 487.

eines gemeinsamen Neuproduktes, welches physisch nicht mehr trennbar ist sowie die Wahrnehmung dieser Markierung und der Kooperation seitens Dritter. Die beteiligten Marken sind sowohl vor als auch während und nach der Allianzbildung als rechtlich und wirtschaftlich selbstständig zu betrachten. Beispiele für Co-Branding sind die Eissorten von *Hägen-Daaz* mit *Baileys* Geschmack sowie die Zusammenarbeit zwischen *Smarties* und *Haribo*.[107]

Unter Ingredient Branding ist die Vermarktung investiver Verbrauchsgüter, d. h. von Produktionsgütern (Rohstoffe, Einsatzstoffe und Teile), zu verstehen, die aus Sicht der Abnehmer eine Marke verkörpern. Diese Bestandteile bzw. Vorprodukte (Ingredients) gehen unverändert oder verändert in die Markenprodukte des Abnehmerunternehmens ein. Ingredient Branding kombiniert also Marken aus unterschiedlichen Wertschöpfungsstufen, wobei alle involvierten Marken dem Endverbraucher kommuniziert werden. Bekannte Beispiele sind die Kooperation zwischen den Marken *Intel Inside* und *Dell* sowie *Naturasweet* und *Coca-Cola*. Von Co-Branding unterscheidet sich das Ingredient Branding in zwei Aspekten. Zum einen liegt die Markenkombination nur auf der vertikalen Ebene vor, was zu einem eng gefassten Begriff des Ingredient Branding führt. Des Weiteren ist diese Spielform der Markenallianz insofern ein umfassenderes Konzept, da es auch die isolierte Markenpolitik des „Ingredient-Herstellers" berücksichtigt. Die Zuliefermarke (Ingredient Brand) verfolgt vor allen das Ziel der eigenen Profilierung im Markt zur Reduzierung der Abhängigkeit von nachgelagerten Stufen und die Endproduktsthersteller einen positiven Imagetransfer durch den markierten Produktkern.[108]

Ferner bezeichnen *Blackett/Russell* (1999) auch Joint Venture als eine mögliche Form des hier entwickelten Verständnisses von Markenallianzen. Hinsichtlich der Intensität und zeitlichen Dauer der Zusammenarbeit bildet dies die stärkste Spielform der Markenallianz.[109] Bei einem Joint Venture gründen zwei oder mehr Marken ein gemeinschaftlich geführtes Unternehmen, in dem vor allen Kapital und Know-how von allen Seiten einfließt. Charakteristisch ist die vertragliche Bindung der Partner, die weiterhin ihre Unabhängigkeit nicht verlieren.[110] Ein Beispiel ist das von den Marken *Ericsson, Nokia, Motorola* und *Siemens* gegründete Joint

---

[107] Vgl. Huber (2005), S. 22; Park/Yun/Shocker (1996), S. 453; Levin (1996), S. 297.
[108] Vgl. Freter/Baumgarth (2005), S. 457 ff.; vgl. auch Smit (1999). Wählt ein Endprodukthersteller bewusst ein Produktionsgut zwecks der Aufwertung der eigenen Marke, so spricht man vom inversen Ingredient Branding.
[109] Vgl. Blackett/Russsel (1999), S. 7/16.
[110] Vgl. Pepels (2000), S. 1114 f.

2 Konzeptionelle Grundlagen zu Markenallianzen und Mobile Marketing 21

Venture Symbian, um zusammen einen neuen Datenübertragungsstandard für Mobiltelefone zu entwickeln.[111] Das Joint Venture *Smart* von den Marken Mercedes und Swatch ist allerdings nicht als eine Markenallianz, sondern mehr als eine Aktion des Symbiotic Marketing zu sehen, da zwar Marken beteiligt sind, aber das Auto Smart in keiner Form mit der Marke Mercedes sichtbar markiert ist.[112]

Diese soeben vorgestellten Spielformen werden auch als Einprodukt-Allianzen bezeichnet, da das Ergebnis der Zusammenarbeit ein integriertes Produkt ist, welches der Konsument nur als Ganzes bewerten und kaufen kann.[113]

Eine weitere Form der Kooperation ist die sogenannte Co-Promotion/Joint Sales Promotion. Darunter „(...) ist der demonstrativ gemeinsame Auftritt eigenständig profilierter Akteure bei der Durchführung eines Sub-Marketing-Mixes im Kontext ansonsten autonom durchgeführter Promotion (...)"[114] zu verstehen. Co-Promotionen sind meistens zeitlich befristete kommunikative Aktionen zur Absatzförderung der beworbenen Produkte (z. B. Coupons, Gutscheine, Gewinnspiele). Im Rahmen der kollektiven Darbietung der Marken liegt keine gemeinsame Leistung vor, vielmehr werden die jeweiligen Leistungen der beteiligten Marken in ihrer Ganzheit in die Promotion eingebracht.[115] Kennzeichnend für eine Co-Promotion ist die Erzielung der Aufmerksamkeitswirkung.[116] Als Beispiel kann die Vergabe von Tankgutscheinen von Aral im Wert von € 25,- bei der Eröffnung eines Kontos bei der *ING-DiBa* Bank genannt werden.[117] Derartige Co-Promotion lassen sich auch über Mobile Marketing Kampagnen steuern, mit denen Kandidaten, bspw. per SMS, zur Interaktion motiviert werden.[118]

Im kommunikationspolitischen Kontext steht zu dieser Option der gemeinsame werbliche Auftritt, genannt Co(operative) Advertising/Advertising Alliances/Werbeallianz (Beispiel: gemeinsame Nutzung der Marke *Kellog's* und *Tropicana* zum Frühstück im Werbefilm).[119] Der Unterschied zu Co- Promotion liegt in der allgemeinen Differenzierung zwischen Werbung und Promotionen. Zielt die Werbung in erster Linie auf die Bekanntmachung der Marke,

---

[111] Vgl. Esch/Redler/Winter (2005), S. 487.
[112] Vgl. Kapferer (1997), S. 89; Varadarajan/Rajaratnam (1986), S. 10.
[113] Vgl. Decker/Schlifter (2001), S. 40 ff.; Koncz (2005), S. 8.
[114] Palupski/Bohmann (1994), S. 260.
[115] Vgl. Varadarajan (1986), S. 17.
[116] Vgl. Palupski/Bohmann (1994), S. 259.
[117] Vgl. Koncz (2005), S. 9.
[118] Vgl. hierzu Kapitel 2.2.3.
[119] Samu/Krishnan/Smith (1999), S. 57. Für den Begriff der Werbeallianz vgl. Koncz (2005), S. 11.

so fokussiert eine Promotion auf die kurzfristige Absatzsteigerung.[120] Vergleichsweise ist Co-Advertising langfristiger angelegt als eine gemeinschaftlich geplante Absatzförderung.[121] Ein Beispiel ist der gemeinsame Werbeauftritt von *Kellog's* (Cornflakes) und *Tropicana* (Orangensaft).[122] In der Praxis sind allerdings die Konsumenten nicht in der Lage zwischen Werbung und Verkaufsförderung zu unterscheiden.[123]

Des Weiteren kann das Product Bundling im Sinne des „mixed bundlings" ebenfalls unter den Begriff der Markenallianz fallen, wenn Produkte von zwei oder mehreren Marken dem Kunden im Set zu einem Preis angeboten werden, wobei die Bündelbestandteile sowohl gemeinsam als auch einzeln erwerblich sind. Im Falle des „pure bundling" sind die Bündelelemente nicht getrennt erwerblich und daher nicht als Aktion in Form der Markenallianz zu bezeichnen.[124] In der Literatur zu Product Bundling liegt häufig der Fokus auf der optimalen Preisgestaltung des Bündels und weniger auf den Ausstrahlungseffekten der Bündelelemente. Ein Beispiel für ein mixed bundle ist das Angebot von *Barcardi* und *Coca-Cola* in einer Verpackung. Co-Promotion, Co-Advertising und Product Bundling sind Formen der Zweiprodukt-Allianzen[125], da die umworbenen Produkte der kooperierenden Unternehmen weiterhin separat am Markt erhältlich sind. Im Rahmen dieser Kooperationen werden sie nur zusammen vertrieben oder werben zusammen.

Streng genommen fallen die in den letzten Jahren erhöht eingesetzten Cause-brand alliances/ Cause Branding nicht in die Kategorie der Markenallianzen, da in diesem Fall üblicherweise nur eine Marke statt mindestens zwei mit einem Anliegen (cause) kombiniert wird bzw. mit Institutionen/Organisationen zusammenarbeitet. Diese Sonderform rückt aber zunehmend aus dem Bereich des Cause Related Marketing (CRM) in die Sphäre der Markenallianzen, da besonders Marken dem Konsumenten im Zusammenhang mit wohltätigen Zwecken in den Bereichen Umwelt, Gesundheit, Human Services etc. präsentiert werden. Daher erscheint eine Kategorisierung unter dem Dach der Markenallianzen sinnvoll. Bei dieser Form der Allianz

---

[120] Vgl. Schweiger/Schrattenecker (2001), S. 105 ff.
[121] Vgl. Baumgarth (2003), S. 33. In der deutschen Literatur wird nochmals zwischen Gruppen-, Sammel-, und Verbundwerbung unterschieden. Vgl. dazu Baumgarth (2003), S. 35.
[122] Vgl. Decker/Schlifter (2001), S. 39.
[123] Vgl. Percy/Rossiter/Elliott (2001), S. 108 ff./208 ff.
[124] Vgl. Priemer (2000), S. 42 ff.
[125] Dieser Begriff schließt die Beteiligung von mehr als zwei Unternehmen nicht aus. Vgl. Koncz (2005), S. 8.

arbeiten die Partner derart zusammen, dass ein bestimmter Teil jeder Transaktion des Kunden mit dem Markenunternehmen dem Allianzpartner als Spende zugute kommen soll.[126]

2.2.3 Ziele und Gefahren von Markenallianzen

Je nach Form der Markenallianz und Ausgangssituation der Markenunternehmen können unterschiedliche Motive und Ziele für die Eingehung von Markenallianzen vorliegen, die auch mit entsprechenden Nachteilen und Gefahren verbunden sein können. Zentrale Ziele von Markenallianzen sind der (gegenseitige) Imagetransfer sowie die Imagestärkung der beteiligten Marken.[127] Für eine Marke in ihrem bestehenden Markt, können Markenallianzen die Möglichkeit eröffnen, die Bekanntheit und das Image einer portfoliofremden Marke für die eigene Marke zu gebrauchen (Markenallianzen als Endorser). Auf der anderen Seite, kann für eine Marke der Eintritt in neuen Märkten durch eine Allianzbildung mit bekannten und etablierten Marken aus diesem Markt wesentlich erleichtert werden, da Konsumenten meistens, die mit der bekannten Marke verknüpften Assoziationen auf den Allianzpartner übertragen und zudem Markteintrittsbarrieren schnell überwunden werden können (Markenallianzen als Enabler).[128]

Vor diesem Hintergrund werden besonders bei Neuprodukteinführungen und zum Aufbau von Marken Allianzen mit bekannten Marken gebildet, um nicht zuletzt das Floprisiko zu reduzieren.[129] Des Weiteren kann eine Markenumpositionierung durch Kooperation mit Marken, die die angestrebte Soll-Positionierung besitzen, schneller erreicht werden als im Alleingang. Möchte man hingegen die bestehende Position stärken (Markenprofilierung), so kann die Zusammenarbeit mit einem Partner mit ähnlichem Image wesentlich dazu beitragen, da allseitige Kräfte gebündelt werden und so möglicherweise die Ausschaltung von Konkurrenten erreicht wird.[130] Nach *Rao/Ruekert* (1994) steckt hinter der Bildung von Markenallianzen besonders die Motivation, die im Markt unbekannte Qualität des eigenen Produktes mit Rückhalt einer qualitativ hochwertigen Marke zu signalisieren und somit die Unsicherheit des Konsumenten beim Kauf zu reduzieren. Sie argumentieren gleichzeitig, dass eine vor diesem Hintergrund eingegangene Markenallianz nur bei „Erfahrungsprodukten" (experience

---

[126] Vgl. Lafferty (2005), S. 447; Vgl.Hamlin/Wilson (2004), S. 663 ff.
[127] Vgl. Ohlwein/Schiele (1994); S. 577; Kapferer (1999), S. 87.
[128] Vgl. Redler (2003), S. 23; Esch/Redler/Winter (2005), S. 493 ff.; Burmann/Meffert (2005), S. 208.
[129] Vgl. Boad (1999a), S. 22/31; Decker/Schlifter (2002), S. 39; Washburn/Till/Priluck (2000), S. 591.
[130] Vgl. Esch/Redler/Winter (2005), S. 494 f.

products), bei welchen asymmetrische Informationen[131] (hinsichtlich der Qualität) vorliegen, zu vermuten sei. Ein Grund zur Kooperation zwischen Marken, deren Produktqualität vor dem Kauf observierbar ist (search products), könnte in der Steigerung der Produktattraktivität und in der Neuproduktentwicklung durch zusätzliche Einbindung der Kompetenz sowie produkttechnischen Wissens des Allianzpartners liegen. Solche Kooperationen sind meistens bei Marken zu sehen, die keinen Zugang zu bestimmten Ressourcen haben und diese durch Partner, die im Besitz dieser Ressourcen sind, zu erschließen versuchen. So ermöglichte z. B. erst die Allianz mit *Dolby* für *Sony*, seinen Kunden eine bessere Sound-Qualität anzubieten.[132]

Ferner kann ein weiteres Ziel von Markenallianzen die Erwirtschaftung von Lizenzeinnahmen sein. Vor allem für Premiummarken bildet diese Variante eine geeignete und günstige Einnahmequelle, da die Premiummarken „nur" für das Anbringen ihrer Marken auf die Partnerprodukte Geld erhalten.[133] Des Weiteren ermöglichen Allianzen die Vergrößerung des Zielmarktes und die systematische Erschließung des Kundenstammes des Partners auch über Landesgrenzen hinaus.[134] Markenallianzen bilden somit ein geeignetes Instrumentarium, nichtmonetäre Marktbarrieren zu überwinden. Durch gezielte Kommunikation des höheren Nutzens des gemeinsamen Produktes, lassen sich für Unternehmen ferner höhere Mengen- und Preisprämien realisieren.[135] Kosteneinsparungen (durch Splitting) und die Reduzierung der notwendigen Investitionen, besonders in den Bereichen Forschung und Entwicklung, Marketing und Vertrieb, bilden weitere zentrale Vorteile von Markenallianzen.[136] Hinter all diesen Zielen steckt das übergeordnete Ziel den Markenwert langfristig zu erhöhen und somit die Wettbewerbsfähigkeit gegenüber den Konkurrenten zu sichern.[137] Bezüglich der Relevanz der einzelnen Ziele für die Bildung von Markenallianzen wurden in einer Ad-hoc-Befragung von 25 führenden Markenherstellern folgende Präferenzen geäußert:

---

[131] Asymmetrische Informationen liegen dann vor, wenn Konsumenten nicht den gleichen Informationsinhalt und –umfang besitzen wie die Hersteller und vice versa. Die Konsequenz asymmetrischer Information für den Markt besonders im Hinblick auf die Produktqualität für Erfahrungsgüter zeigt George Akerlof in seinem Werk "The Market of Lemons". Die Marke als Signal für die Produktqualität kann die Wirkungen asymmetrischer Information reduzieren. Vgl. Rao/Ruekert (1994), S. 88 f.
[132] Vgl. Rao/Ruekert (1994), S. 89 f.
[133] Vgl. Boad (1999a), S. 23; Hill/Lederer (2001), S. 108.
[134] Vgl. Ohlwein/Schiele (1994), S. 577.
[135] Vgl. Boad (1999a), S. 23/28; Keller (2003), S. 361.
[136] Vgl. Lindemann (1999), S. 100.
[137] Vgl. Huber (2004), S. 54, Boad (1999a), S. 34.

2 Konzeptionelle Grundlagen zu Markenallianzen und Mobile Marketing 25

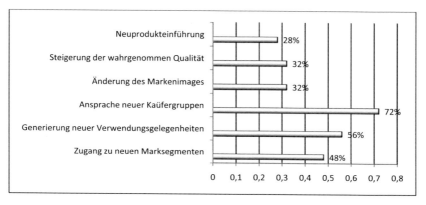

Abbildung 2: Ziele der Markenallianzen
Quelle: Decker/Schlifter (2001), S. 43.

Die Wirkungszusammenhänge einer Markenallianz sind meist komplexer Natur und bergen unter Umständen auch gewisse Gefahren und Risiken. Die Wahl eines geeigneten Partners ist eines der wichtigsten und schwierigsten Aufgaben bei der Bildung von Markenallianzen. Kann einerseits die richtige Partnerselektion die Bekanntheit und Akzeptanz der Partnermarke erhöhen, so können auf der anderen Seite Unterschiede in Unternehmensphilosophien und Wertesystemen rasch zu Interessen- und Zielkonflikten führen, die die Reputation sowie die gemeinsame Leistung der Beteiligten in Frage stellen können.[138] Ein besonders negativer Effekt tritt auf, wenn Krisen, Skandale, Katastrophen und andere unerwünschte Assoziationen verbunden mit einem Partner in Form von negativen Spill-Over-Effekten auf die eigene Marke niederschlagen.[139]

Aus Tabelle 4 lassen sich zudem die zentralen Ziele bei der Anwendung einer Markenallianz hinsichtlich Mobile Marketing-Kampagnen entnehmen: Diese werden insbesondere bei Neuprodukteinführungen, der Vermittlung einer doppelten Leistung, Gewinnung neuer Zielgruppen als auch beim Imagetransfer gesehen. Entsprechend der in Kapitel 2.1.2 dargestellt erfüllen Marken unter anderem eine Orientierungs- und Sicherheitsfunktion.

---

[138] Vgl. Baumgarth (2003), S. 109.
[139] Vgl. Simonin/Ruth (1998), S. 32.

Ziele	Gefahren
Neuproduktentwicklung/-einführung	**Fehlender Fit zwischen Leistung/Marken**
Wissensaustausch Senkung des Floprisikos verbesserte Akzeptanz und Beurteilung	Dissonanzeffekte Verwirrung beim Kunden Ablehnung des gemeinsamen Produktes Wegbleiben der erhofften Bekanntheits- und Imageeffekte
Vermittlung doppelter Leistung	**Negative Spill-Over-Effekte**
Zusatznutzen für den Abnehmer Steigerung der Produktattraktivität	durch Skandale, Krisen der Partnermarke durch Umpositionierung der Partnermarke durch andere negative Assoziationen mit der Partnermarke
Erschließung neuer Zielmärkte	
Erleichterter Markteintritt Umgehung von Markteintrittsbarrieren	
Image-/Markentransfer	**Unterschätzung des Aufwandes**
Markenallianzen als Enabler/Endorser Erleichterter Markenaufbau Schnellere Markenumpositionierung Stärkere Markenprofilierung	Hoher Koordinationsaufwand Hoher Organisationsaufwand Hoher Abstimmungsaufwand
Marktvergrößerung für eigene Marke	**Interessen- und Zielkonflikte**
Zugang zum Kundenstamm der Partner	Mangelhafte gemeinsame Leistung
Signalisierung von Qualität	**Rechtliche und vertragliche Einschränkungen**
Reduzierung der Unsicherheit beim Kauf	Wechsel des rechtlichen Eigentümers der Partnermarke(n) Einschränkung der Handlungsspielräume
Lizenzeinnahmen **Mengen-/Preisprämien**	**Markenverwässerung**
Größere Preisbereitschaft der Konsumenten **Erhöhung des Markenwerts**	Verlust der Markenidentität Verringerung der Markenklarheit Verlust der Exklusivität oder des Images Differenzierungsprobleme

Tabelle 4: Ziele und Gefahren von Markenallianzen
Quelle: eigene Darstellung.

2 Konzeptionelle Grundlagen zu Markenallianzen und Mobile Marketing

Ein zentrales Problem bildet die wahrgenommene fehlende Komplementarität (Fit) zwischen den Marken und zwischen ihren Leistungen. Ist dieser Fit nämlich nicht gegeben oder konnte er durch geeignete Kommunikationsmaßnahmen gegenüber den Konsumenten nicht vermittelt werden, führt dies zu Dissonanzeffekten bei Konsumenten und damit zur Verwirrung und sogar zu Ablehnung des gemeinsamen Produktes. Eine große Gefahr besteht für die beteiligten Marken, wenn es bedingt durch die Markenkoalition zur Verwässerung des ursprünglich klaren Markenimages der jeweiligen Marke kommt und diese ihre Exklusivität verliert.[140] Seitens der Partnermarke können aus dessen Umpositionierung und aus dem Wechsel des rechtlichen Eigentümers besonders bei Einprodukt-Allianzen Probleme erwachsen.[141] Weiterhin ist es möglich, dass die gemeinsame Leistung Mängel aufweist bzw. aufgrund der wegbleibenden Image- oder Bekanntheitseffekte die erhoffte Akzeptanz am Markt nicht eintritt. Dahinter können tatsächliche, objektive Mängel am Produkt stehen, aber auch die schlechte Kooperation zwischen den Managementteams, das Produkt am Markt glaubwürdig zu vermarkten. Ein Grund für o. g. Erschwernisse bei Markenallianzen kann im erhöhten Organisations-, Koordinations- und Abstimmungsaufwand auf sämtlichen Ebenen des Managements gesehen werden. Durch vertragliche Regelungen mit dem Partner werden zudem oft die Handlungsspielräume für die eigene Marke eingeschränkt.[142]

2.3 Mobile Marketing als Teil des Beziehungsmarketing
2.3.1 Begriffsabgrenzung, Definition und Modelle des Mobile Marketing

Parallel zur dynamischen Entwicklungen der Mobilfunkbranche und den kaum ersetzbaren persönlichen Wert des Mobiltelefons[143] für das Individuum des einundzwanzigsten Jahrhunderts hat sich vor sieben Jahren mit Mobile Marketing (M-Marketing) in der Werbebranche ein neuer mobiler, direkter Interaktionskanal etabliert.[144] Er beschreibt einen Teilaspekt des Mobile Business (M-Business) bzw. des Mobile Commerce (M-Commerce).[145] Für die Definition und Abgrenzung des Begriffes M-Marketing gilt es daher, im Folgenden zunächst die Phänomene M-Business und M-Commerce zu klären.

---

[140] Vgl. Levin et al. (1996), S. 297.
[141] Vgl. Boad (1999), S. 40 f.
[142] Vgl. Baumgarth (2003), S. 4; Sattler (2001), S. 107 f.
[143] Dazu gehören auch Smartphones und PDA's. Synonym wird ebenso der Begriff mobile Endgeräte verwendet.
[144] Vgl. Ettelbrück/Ha (2003), S. 115; Lippert (2002), S.136.
[145] Vgl. Link (2003), S. 5; Wamser (2003), S. 68.

Sowohl zu M-Business als auch zu M-Commerce existiert in der Literatur keine einheitliche Definition.[146] Für den Zweck dieser Studie sollen diejenigen Definitionen herangezogen werden, die eine genaue Abgrenzung dieser Begrifflichkeiten erlauben. Demnach ist unter M-Business „(...) die kommerzielle Nutzung von nicht drahtgebundenen Diensten zur Unterstützung von Geschäftsprozessen im Unternehmen, zwischen Unternehmen, zwischen Unternehmen und Kunden"[147] zu verstehen. Das M-Commerce hingegen „(...) bezeichnet jede Art von geschäftlicher Transaktion, bei der die Transaktionspartner im Rahmen von Leistungsanbahnung, Leistungsvereinbarung oder Leistungserbringung mobile elektronische Kommunikationstechniken (...) einsetzen"[148]. Der Unterschied zum M-Business zeigt sich darin, dass über mobile Technologie laufende unternehmensinterne Geschäftsprozesse nicht unter M-Commerce fallen. Das M-Commerce bildet somit eine Unterkategorie des M-Business.[149]

Als eine Ausprägung der beiden eben vorgestellten mobilen Interaktionsarten beschreiben *Möhlenbruch/Schmieder* (2002) M-Marketing als „(...) die Planung, Durchführung und Kontrolle von Marketingaktivitäten bei der Nutzung von Technologien zur kabellosen Übertragung auf mobile Endgeräte im Rahmen einer marktorientierten Unternehmensführung."[150] Im Vergleich zu M-Commerce steht hier nicht der Transaktionsprozess, sondern der Kommunikations- und Informationsprozess im Vordergrund. Folglich werden im Rahmen des M-Marketing die klassischen Maßnahmen des Marketing, wie die Förderung und Verbreitung von Ideen, Waren und Dienstleistungen, via mobile Endgeräte vollzogen.[151] Kennzeichen des M-Marketing sind die direkte und persönliche Ansprache.[152] Damit grenzt sich das M-Marketing von dem klassischen Massenmarketing ab, welches nach dem „Gießkannenprinzip" anonyme Personengruppen mittels Massenmedien anvisiert.[153] M-Marketing wird vielmehr als eine Form des Direktmarketing definiert.[154]

---

[146] Für einen Überblick vgl. Holland/Bammel (2006), S. 9 ff.
[147] Scheer/Feld/Göbl (2001), S. 30.
[148] Turowski/Pousttchi (2004), S. 1.
[149] Vgl. Reichwald/Meier/Fremuth (2006), S. 12. Für eine detaillierte Differenzierung und Umfang dieser Begriffe vgl. z. B. Möhlenbruch/Schmieder (2002), S. 79 f.
[150] Möhlenbruch/Schmieder (2002), S. 77.
[151] Vgl. Kotler/Biemel (2006), S. 25; Holland/Bammel (2006), S. 18.
[152] Vgl. Bauer/Reichardt/Neumann (2004a), S.34.
[153] Vgl. Schmich/Juszcyk (2001), S. 82.
[154] Vgl. Ettelbrück/Ha (2003), S. 115.

2 Konzeptionelle Grundlagen zu Markenallianzen und Mobile Marketing

Unter Direktmarketing[155] ist der „(...) Prozess der Anbahnung und Aufrechterhaltung einer direkten, personalisierten Interaktion mit dem Kunden unter der Zielsetzung, die Beziehung zum Kunden dauerhaft zu gestalten und den Kundenwert zu maximieren"[156] zu verstehen. Mit dem direkten, interaktiven Kundenkontakt, einer zielgenauen Gestaltung und aktuellem Inhalt der Botschaft, strebt dieses Konzept unter Einsatz von diversen Kommunikations- und Vertriebskanälen (Direct Mailing, Telefonmarketing, Onlinemarketing usw.) der abnehmenden Wirkung von Massenwerbung auf dem Konsumenten entgegenzuwirken.[157] Tabelle 5 zeigt die wesentlichen Aspekte des klassischen Marketing, Direktmarketing und Mobile Marketing.

	Klassisches Marketing	Direktmarketing	Mobile Marketing
Zielgruppe	Massenmarkt anonyme Personengruppen	individuell bekannte Zielperson	individuell bekannte/unbekannte, mobile Zielperson
Medien	Massenmedien ohne Responsemöglichkeit (TV, Anzeigen, Plakate,...)	Direktwerbemedien mit Responsemöglichkeit	Mobiltelefon, PDA, Smartphone
Kommunikationsfluss	einseitig	zweiseitig, Dialog	ein-, zwei-, vielseitig; Dialog
Paradigma/ Philosophie	Standardisierter Leistungsaustausch	Personalisierte Leistungsgenerierung	individualisierte mobile, flexible Mehrwertgenerierung für Kunden

Tabelle 5: Gegenüberstellung Klassisches, Direkt- und Mobile Marketing
Quelle: eigene Darstellung in Anlehnung an Holland/Bammel (2006), S. 19.

Im Spektrum der Instrumente des Direktmarketing ist mit M-Marketing sowohl die gleichzeitige Ansprache mehrerer Personen (One-to-Many-Marketing), weniger Personen (One-to-Few-Marketing) als auch eines Individuums (One-to-One-Marketing) möglich. Mit der letzten Option steht die Betrachtung der individuellen Bedürfnisse des Kunden im Mittelpunkt aller Marketingmaßnahmen. Somit ist mittels M-Marketing nicht nur die im Direktmarketing übliche personalisierte, sondern auch eine individualisierte Kundenansprache i. S. des Beziehungsmarketing möglich.[158]

---

[155] Synonym wird von Dialogmarketing oder Relationship-Marketing gesprochen. Vgl. Holland (2004), S. 6.
[156] Wirtz (2005), S. 14.
[157] Vgl. Kotler/Biemel (2006), S. 916.
[158] Vgl. Holland/Bammel (2006), S. 18.

Grundsätzlich wird im M-Marketing zwischen zwei Arten der Kommunikation unterschieden: Push- und Pull-Modell (vgl. Abbildung 3). Als klassische Variante der mobilen Kommunikation gilt der Pull-Service.[159] Hierbei fordert der Nutzer (i. S. des finalen Rezipienten) aktiv nach Informationen und sucht Angebote auf. Folglich wird die Kommunikation von dem Informationssuchenden angestoßen. Dies ist tendenziell die vorteilhaftere Form des M-Marketing, da der Nutzer eigens bestimmt, welche Informationen er zu welchem Zeitpunkt erhalten möchte.[160] Diese Variante kann jedoch zu erheblichen Kosten für den Nutzer führen, da die Premium-Raten für die spezifisch angeforderte Information über den normalen SMS-Tarifen liegen.[161]

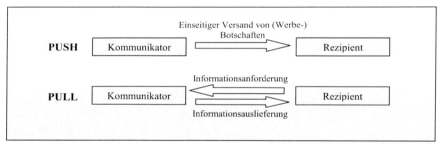

Abbildung 3: Pull- und Push-Modell im Mobile Marketing
Quelle: eigene Darstellung in Anlehnung an Dufft/Wichmann (2003), S. 16.

Günstiger ist hingegen das Push-Marketing.[162] Bei dieser Methode werden Informationen proaktiv seitens der Anbieter an die Rezipienten versandt, ohne dass diese von diesem aufgefordert werden. Diese einseitige und unter Umständen aufdringliche Form der Ansprache entspricht im Kern der Idee des klassischen Marketing.[163] Eine zwingende Voraussetzung für die die Anwendung des Push-Service im Rahmen des M-Marketing ist die Verfolgung des Permission Marketing Konzepts.[164] Hierbei erteilt der Nutzer einem Anbieter vorab die Erlaubnis für eine persönliche Ansprache (Opt-in) und schließt damit den Erhalt unerwünschter Botschaften explizit aus.[165] Ferner kann der Anbieter auch eine zweite

---

[159] Vgl. Zobel (2001), S. 223.
[160] Vgl. Turowski/Pousttchi (2004), S. 85.
[161] Vgl. Haig (2002), S. 33 f.
[162] Vgl. Haig (2002), S. 31.
[163] Vgl. Dufft/Wichmann (2003), S. 15 f.
[164] Vgl. Schwarz (2002), S. 290 f.
[165] Vgl. Bauer/Reichardt/Neumann (2004a), S. 35.

2 Konzeptionelle Grundlagen zu Markenallianzen und Mobile Marketing

Einverständniserklärung des Empfängers erfordern (Double-Opt-in). Die Registrierung kann beispielsweise auf Online-Portalen von Mobile Marketing Agenturen[166] vorgenommen werden, in denen für den Erhalt nur relevanter Angebote ein individuelles Interessenprofil hinterlegt werden kann. Zugleich behält sich der Nutzer das Recht vor, jeder Zeit seine Erlaubnis zurückzuziehen (Opt-out).[167]

2.3.2 Mobile Dienste als Grundlage von Mobile Marketing

Mit Mobiltelefonen verbindet man weitaus mehr als nur die Sprachtelefonie.[168] Mit einer Menge von über 20,1 Milliarden versendeten Kurznachrichten in 2006[169] stellt der Short Message Service[170] (SMS) einen zentralen Umsatzträger für die Mobilfunkindustrie dar.[171] Als SMS wird der Kurzmitteilungsdienst bezeichnet, welcher den Versand und Empfang von bis zu 160 alphanumerischen Zeichen von einem mobilen Endgerät auf ein anderes ermöglicht. Mittlerweile wird der seit 1992 eingeführte SMS-Versand auch über das World Wide Web angeboten.[172] Dieser mobile Dienst ist ein universeller Standard, da er mit allen am heutigen Markt erhältlichen mobilen Endgeräten kompatibel ist.[173]

Eine Erweiterung des SMS stellt das Multimedia Message Service (MMS) dar, welches aber über die Transporttechnologien GPRS und UMTS übertragen wird.[174] Neben dem Versand von bis zu 30 000 Zeichenketten[175], können mit MMS multimedialen Nachrichten wie Audiodateien, Bildern und kurze Videoclips per MMS-fähigen Endgeräten empfangen und auch an E-Mail-Adressen verschickt werden.[176] Mit MMS besteht beim Empfänger die Möglichkeit die Anzeige und den Ablauf des Inhaltes eigenständig festzulegen.[177] Weiterhin kann er die Behandlung eingehender Messages definieren, darunter z. B. die Umwandlung des Inhalts in

---

[166] Zum Beispiel auf www.misteradgood.com (Mindmatics) und www.yoc.de (Yoc).
[167] Vgl. Dufft/Wichmann (2003), S. 23. Für Details zur Rechtslage von M-Marketing siehe Dufft/Wichmann (2003), S. 22 ff.
[168] Vgl. Lippert (2002), S. 135.
[169] Vgl. Bundesnetzagentur (2007b).
[170] Auch Short Messaging Service.
[171] Vgl. Dufft/Weichmann (2003), S. 16.
[172] Vgl. Kuhn (2004), S. 34; Ettelbrück/Ha (2003), S. 119.
[173] Vgl. Holland/Bammel (2006), S. 27.
[174] Eine Zwischentechnologie zwischen SMS und MMS bildet das Enhanced Message Services (EMS), welches durch Verkettung mehrerer SMS ebenfalls den Versand multimedialer Nachrichten ermöglicht. Dieser Standard hat in Deutschland keine große Bedeutung. Vgl. Dufft/Weichmann (2003), S. 18.
[175] o.V. (2006).
[176] Vgl. Turowski/Pousttchi (2004), S. 88.
[177] Vgl. Dufft/Weichmann (2003), S. 18.

Fax oder E-Mail Format.[178] Die Übermittlung der Botschaft erfolgt wie bei SMS zunächst an die Schaltzentrale[179] des Mobilfunk-Operators, welcher die Nachricht dem Adressaten zustellt. Ist dieser nicht erreichbar, wird die Nachricht gespeichert und zu einem späteren Zeitpunkt verschickt.[180] Die zunehmende Akzeptanz des MMS-Standards zeigt sich an der gestiegenen Anzahl verschickter Einheiten von 88 Millionen in 2004 zu 148 Millionen in 2005.[181] Insgesamt eröffnet sich mit den multimedialen Komponenten des auf neue Technologiestandards basierenden MMS ein größeres Einsatzspektrum für das M-Marketing.[182]

Einen weiteren mobilen Dienst bezeichnet das Wireless Application Protocol (WAP). Es verkörpert das mobile Internet und stellt einen offenen Standard dar, welches ein Regelwerk für die mobile Datenübertragung beinhaltet. Diese Servicetechnologie liegt ferner den MMS-Diensten zugrunde.[183] Mittels der Seitenbeschreibungssprache WML (Wireless Markup Language) werden Internetinhalte komprimiert und schneller übertragen als mit dem HTTP-Protokoll. Aufgrund der fehlenden Netz-Infrastruktur war die Einführung von ersten WAP-fähigen Endgeräten ernüchternd.[184] Das in 1997 gegründete WAP-Forum zielt auf die Förderung dieses globalen Standards für die Kommunikation in drahtlosen Netzwerken ab.[185]

Abhängig von Aufenthaltsort einer Person können des Weiteren über mobile Endgeräte ortsbezogene Dienste, wie Verkehrsinformationen oder Zahl der Einzelhändler mit Sonderangeboten im Umkreis, angefordert werden. Diese Möglichkeit bieten die sogenannten Location Based Services (LBS), die als „(…) Network-based services that integrate a derives estimate of a mobile device's location or position with other information so as to provide added value to the user"[186] definiert werden. Dabei kann der Nutzer die Information zum Standort zum einen manuell per SMS, MMS oder WAP-Dialog an den Anbieter verschicken. Zum anderen kann bei terminalbasierter Ortung mittels Ortungssysteme wie GPS (Global Positioning System) der Aufenthaltsort automatisch und präziser anhand des mobilen Endgerätes lokalisiert werden, falls das Mobiltelefon mit einem GPS-Empfänger ausgerüstet ist. Der Nutzer leitet seinen Standort dann aktiv zum Dienstleister weiter. Daneben existiert zusätzlich die

---
[178] Vgl. Ettelbrück/Ha (2003), S. 120.
[179] Short Message Service Center (SMSC)/Multimedia Message Service Center (MMCS).
[180] Vgl. Clemens (2003), S. 38.
[181] Vgl. Hichert/Sydow/Weller (2007), S. 74.
[182] Vgl. Holland/Bammel (2006), S. 33.
[183] Vgl. Ettelbrück/Ha (2003), S. 120.
[184] Vgl. Reichwald/Meier (2002, S. 224.
[185] Vgl. Turowski/Pousttchi (2004), S. 90.
[186] Vgl. Kölmel (2003), S. 88 f.

2 Konzeptionelle Grundlagen zu Markenallianzen und Mobile Marketing

netzbasierte Ortung, die im Wesentlichen auf Basis der Zellidentifikation (COO = Cell of Origin) den Mobilfunkkunden ortet. Kostengünstig und mit handelsüblichen Mobiltelefonen kompatibel bietet diese Technik aber nur eine ungenaue Ortung.[187] Insgesamt lassen die Lokalisierungstechnologien großes Potenzial für das M-Marketing erkennen, denn der Kunde kann mit für ihn zeitlich und örtlich relevanter Information relativ schnell und flexibel versorgt werden.[188]

2.3.3 Erscheinungsformen und Instrumente des Mobile Marketing

Hinsichtlich der Kommunikationsart können innerhalb des M-Marketing drei Formen klassifiziert werden: inhaltsorientiertes, transaktionsorientiertes und responseorientiertes M-Marketing.[189]

Inhaltsorientiertes M-Marketing zielt primär auf die Übermittlung von Werbebotschaften zu Informationszwecken ab.[190] Beispiele dafür sind Information Channels, Wireless Sponsoring (bzw. Sponsored SMS) und Interstitials. Mit erstgenanntem bieten Werbetreibende für die Erzielung eines direkten Kundenkontakts einen besonderen Informationsservice an.[191] Synonym werden Information Channels als Commercial-SMS bezeichnet, bei denen die gesamte Textnachricht aus Werbeinhalten besteht. Bei Sponsored SMS wird für Interessierte ein kostenloser SMS-Versand von Internetportalen angeboten, wobei der eigentlichen Textnachricht Werbung des Sponsors angehängt wird. Interstitials kommen bei WAP-Diensten vor. Es handelt sich hierbei um Werbung, die kontextbezogen für eine kurze Zeit automatisch zwischen zwei WAP-Seiten eingeblendet wird.[192]

Transaktionsorientiertes M-Marketing fokussiert primär den Abverkauf (Transaktion) und enthält meist Standard-Produktangebote, Hinweise auf exklusive Discount, sowie mobile Gutscheine (Mobile Coupons). Mit dieser Marketingvariante können vor allem unter Einsatz von LBS zielgruppenspezifische, verkaufsfördernde Aktivitäten und Impulskäufe angetrieben werden.[193]

---

[187] Vgl. Turowski/Pousttchi (2004), S. 74 ff.
[188] Vgl. Kölmel (2003), S. 97.
[189] Vgl. Lippert (2002), S. 139.
[190] Vgl. Bauer/Reichardt/Neumann (2004b), S. 7.
[191] Vgl. Lippert (2002), S. 139.
[192] Vgl. Wohlfahrt (2002), S. 255 f.
[193] Vgl. Bauer/Reichardt/Neumann (2004b), S. 8.

Responseorientiertes M-Marketing verkörpert die gängigste Form der mobilen Werbung.[194] Es erlaubt eine direkte Interaktion zwischen Kommunikator und Rezipient, da dem Empfänger nach Erhalt einer Botschaft durch Angabe eines Rückkanals (z. B. SMS, Webseite, E-Mail oder Call Center) die Möglichkeit einer unmittelbaren Reaktion zur Verfügung gestellt wird.[195] Dabei können die Botschaften sowohl inhalts- als auch transaktionsorientiert sein.[196] Ferner erlaubt die Responsequote eine Aussage über die Effizienz und Effektivität der Mobile Marketing Kampagne (MMK).[197]

Aufgrund der ständigen Entwicklung neuer Technologien und leistungsfähigeren Endgeräte ist für das M-Marketing mittlerweile eine Vielzahl von Instrumenten entstanden, die vermehrt in der Praxis eingesetzt werden. Im Folgenden sollen diese im Einzelnen vorgestellt werden.[198]

> **Sponsored/Commercial SMS/MMS:** Diese sind die am stärksten verbreiteten Arten der mobilen Ansprache. Wie bereits oben erläutert, akzeptiert der Nutzer bei der Sponsored SMS/MMS als Gegenleistung für den kostenlosen Versand einer Botschaft, dass diese mit Werbung des Sponsors umgeben ist. Der Werbeumfang umfasst etwa 30 Zeichen vor und nach der eigentlichen Botschaft. Eine direkte Response des Empfängers ist in diesem Fall nicht möglich. Bei Rezipienten dieser Art von Botschaften handelt es sich zumeist um Kunden eines Unternehmens oder um Nutzer von Profilanbietern. Für den Erhalt von Werbebotschaften bestimmter Unternehmen oder Produkte müssen sich Interessierte zuvor bei diesem Dienstbetreiber registrieren. Bei der Commercial SMS steht dem Werbetreibenden die gesamte SMS/MMS für seine Werbeinhalte zur Verfügung. Ferner kann der Empfänger unmittelbar mit dem Werbetreibenden in Interaktion treten.

> **Mobile Newsletter:** Nutzer, die sich per SMS oder über die jeweilige Homepage des werbetreibenden Unternehmen registriert haben, erhalten in regelmäßigen Abständen Informationen beispielsweise zu Produkten, Diensten und Promotionsaktivitäten des Unternehmens. Idealerweise umfasst der Newsletter verschiedene Kategorien, von

---

[194] Vgl. Lippert (2002), S. 140.
[195] Vgl. Dufft/Weichmann (2003), S. 25/28; Lippert (2002), S. 140.
[196] Vgl. Lippert (2002), S. 140.
[197] Vgl. Holland/Bammel (2006), S. 73.
[198] Vgl. Holland/Bammel (2006), S. 76 ff.; Ettelbrück/Ha (2003), S. 124 ff.; Wohlfahrt (2002), S. 255 ff.; Dufft/Wichmann (2003), S. 25 ff. Höfner/Lippert/Malley/Rehfus (2002).

2 Konzeptionelle Grundlagen zu Markenallianzen und Mobile Marketing

denen der Empfänger, die für ihn relevanten aussuchen kann. Beispielsweise bietet der *DFB* kostenpflichtig News und Ergebnisse zu jedem Fußballspiel der Nationalmannschaft per SMS an.

- **Mobile Gewinnspiele:** Diese können durch die mobilen Dienste SMS, MMS und WAP realisiert werden. Oft erfolgt der Einsatz crossmedial, indem die Aktion über weitere Medien wie Fernsehen, Radio, Internet oder durch Werbung auf Produktverpackungen beworben wird und die Teilnahme über das Mobiltelefon als Response-Kanal erfolgt. Beispielsweise setzte *L'Oreal* in 2005 zur höheren Kundenbindung eine Kampagne mit reizvoll kreierten Gewinnspielen ein. Die Teilnahme erfolgte durch das Versenden einer SMS mit dem Kennwort „SMS" an die angegebene Nummer. Im Rahmen des M-Marketing ist das Mobile Gewinnspiel das am meisten eingesetzte Instrument.[199] Bei attraktiven Preisen sind der zeit- und ortsunabhängige Aufbau eines interaktiven Dialogs, die Sammlung von Nutzerdaten und die Werbung weiterer Dienste des Anbieters besondere Kriterien für den Einsatz dieses Instrumentes.

- **Mobile Games:** Werbetreibenden Unternehmen stellen diese visuell unterstützten Spiele entweder selbst zum Download bereit oder integrieren ihre Werbebotschaft in bereits bestehende Spiele (Sponsoring). Im Vergleich zu Gewinnspielen sind Mobile Games weniger kommerziell ausgerichtet und sollen vor allem der Unterhaltung dienen. Mobile Games stehen an dritter Stelle der am häufigsten eingesetzten Formen des M-Marketing. Die Palette von Mobile Gaming reicht mittlerweile von Spiele-Klassikern wie Tetris bis zu dreidimensionalen Actionspielen.[200]

- **Mobile Coupons:** Diese sind spezielle Angebote, Gutscheine oder Preisnachlässe in Form von verschlüsselten SMS, die als Legitimationsnachweis am Point of Sales einen vergünstigen Bezug von Dienstleistungen (z. B. Restaurantbesuch) oder Produkten erlauben. Mobile Coupons können an den Handynutzer verschickt oder von ihm über ein mehrstufiges Verfahren angefordert werden. Es wird zwischen Impuls- und Preselected Coupons unterschieden. Erstere sind zeitabhängige Coupons, die Impulskäufe auslösen sollen. Bei der zweiten Variante werden Coupons in Abhängigkeit der

---

[199] Vgl. Rösch (2006), S. 9.
[200] Vgl. Berg (2006).

Kundenpräferenzen vorab selektiert und verschickt. Ferner können Mobile Coupons ein Verfallsdatum enthalten, um Werbeaktionen zeitlich zu beschränken.

➢ **Mobile Tickets:** Mittels Messaging-Technologien werden Eintrittskarten auf mobile Geräte verschickt, die den Zutritt zu Konzerten oder anderen Events legitimieren. Sie können, z. B. im Rahmen von Promotionaktivitäten, von Unternehmen kostenlos oder käuflich erworben werden. Hiervon ist der mobile Ticketverkauf (z. B. mobile Bahntickets) zu trennen, bei dem die Transaktion im Vordergrund steht. Dieser fällt unter die Kategorie des M-Commerce.

➢ **Mobile Voice Cards:** Hier gehen Werbebotschaften in akustischer Form über Musik und Sprache als Anruf auf dem Mobiltelefon des Empfängers ein. In 2003 startete *McDonalds* eine SMS-Gruß-Promotion, bei der Nutzer per SMS den jeweiligen Code für einen konkreten Gruß in mexikanischer Sprache und die Handynummer des Empfängers verschicken konnten. Der Empfänger erhielt daraufhin einen Anruf mit der gewählten Soundbotschaft.

➢ **Mobile Voting und Mobile Betting:** Mit Mobile Voting können Abstimmungen und Ad-hoc–Umfragen via mobile Endgeräte durchgeführt werden. Dabei wird das Abstimmungsthema dem Interessenten meist über andere Medien (z. B. Fernsehen, Plakate) angetragen, in denen gleichzeitig für das mobile Voting eine Kurzwahlnummer eingeblendet wird. Interessenten können daraufhin ihre Meinung – häufig mit vorgegebenen Schlüsselwörtern wie „ja", „nein" – per SMS/MMS verschicken. Das Mobile Betting ist das Wetten über Mobiltelefone, welcher besonders bei großen Sportevents wie Weltmeisterschaften zum Einsatz kommen soll. Allerdings ist es erst dann unter M-Marketing zu kategorisieren, wenn innerhalb der mobilen Wette ein Sponsor platziert wird. Ansonsten zählt es zum Bereich des M-Commerce.

Abbildung 4 zeigt das Instrumentarium des Mobile Marketing im Überblick.

2 Konzeptionelle Grundlagen zu Markenallianzen und Mobile Marketing 37

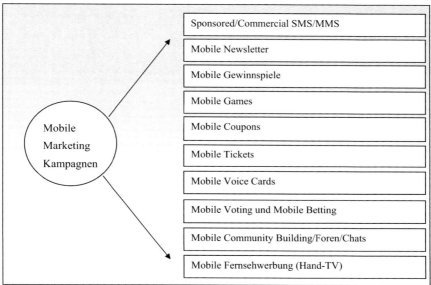

Abbildung 4: Mobile Marketing Kampagnen
Quelle: eigene Darstellung in Anlehnung an Holland/Bammel (2006), S. 76.

> **Mobile Community Building/Foren/Chats:** Durch gleiche Interessensfelder können Mobiltelefonnutzer via mobilen Foren und SMS-Chats jederzeit und überall interagieren. Im Vergleich zu virtuellen Communities können mobile Communities mit Hilfe der LBS-Technologie zusätzlich auch orts- und zeitgebunden Kontakt aufnehmen. Dies wird z. B. durch Integration von Funktionen wie der automatischen Anzeige von Community-Mitgliedern im nahen Umkreis ermöglicht. Ein Praxisbeispiel dafür ist der Buddy-Alert von *Mobiloco*. Im Vordergrund aller Mobile Community-Dienste stehen stets die Aktualität, Personalisierung und Kontextsensitivität. Das werbetreibende Unternehmen als Initiator dieser Plattform kann seine Werbebotschaften an passender Stelle zwischen den Nachrichten platzieren.

> **Mobile Fernsehwerbung (Handy-TV):** Das Fernsehen auf dem Handy bedeutet nicht etwa mobile Werbung (Mobile Advertising) vergleichbar mit TV-Spots – Da zumeist nur knappe Sportsequenzen oder kurze Musikclips anstelle von kompletten Spielfilmen abgespielt werden, ist das Sponsoring und Branding nur in Form von komprimierten Trailern möglich. Für das M-Marketing bietet sich mit dem Handy-TV

laut einer Studie von *Booz Allen Hamilton* dennoch ein stark nachgefragtes Kommunikationsmedium.[201]

2.3.4 Besonderheiten und Hemmnisse des Mobile Marketing

Das M-Marketing wird als Hoffnungsträger der Werbebranche tituliert. Nach dem E-Mail-Marketing ist es die neueste Erfindung im Rahmen des Dialogmarketing.[202] Mit dem Massenmedium Mobiltelefon ergeben sich eine Reihe von Besonderheiten hinsichtlich der Ansprache von Zielgruppen, die das M-Marketing zum einzigartigen und soliden Kommunikationsinstrument im Medienmix einer Marketingkonzeption aufsteigen lässt. Es verspricht zumindest theoretisch die Lösung des Grundproblems des Marketing: eine Minimierung der Streuverluste bei maximaler Reichweite.[203] Obgleich die technischen Beschränkungen heute seit dem ersten Einsatz des Mobile Marketing vor sieben Jahren gelockert sind, so bestehen weiterhin Akzeptanzprobleme und rechtliche Rahmenbedingungen, die es für einen erfolgreichen Response zu beachten gilt.[204] Das M-Marketing erfordert eine hohe Sensibilität im Umgang mit Kunden und eine zielgruppengerechte Planung bei dem Einsatz der Instrumente, da Chancen und Risiken eng beieinander stehen.[205] Nachfolgend soll näher auf die vorteilhaften Eigenschaften und Hemmnisse des M-Marketing eingegangen werden.

Jeder Mobilfunkteilnehmer ist durch seine Rufnummer und SIM-Karte (Subscriber Identification Modul) eindeutig identifiziert. Zudem stellt das Mobiltelefon einen persönlichen Gegenstand dar, welcher selten verliehen wird.[206] Im Vergleich zu klassischen Brief-Mailings oder auch E-Mails, bei denen sich durch die Filterfunktion Nachrichten aussortieren lassen, wird durch das Messaging auf mobile Endgeräte die Zielperson auf direktem Wege erreicht.[207] Somit ist eine Personalisierung von Marketingmaßnahmen möglich. Mit Hilfe von Kundendatenbanken des werbetreibenden Unternehmens oder den von spezialisierten Dienstleistern für Mobile Marketing erworbenen Profildaten[208], ist die Erstellung eines auf dem individuellen Kunden abgestimmten Werbeangebotes möglich, welches dem gesellschaftlichen Trend der Ich-Bezogenheit Rechnung trägt. Bei Kenntnis der Personaldaten führt

---

[201] Vgl. o.V. (2005).
[202] Vgl. Holland/Bammel (2006), S.14.
[203] Vgl. Dufft/Weichmann (2003), S. 11.
[204] Vgl. Schnake (2006), S. 32 ff.
[205] Vgl. Dufft/Weichmann (2003), S. 12 f.
[206] Vgl. Wohlfahrt (2002), S. 248.
[207] Vgl. Schwarz (2002), S. 291.
[208] Vgl. Dufft/Weichmann (2003), S. 47.

2 Konzeptionelle Grundlagen zu Markenallianzen und Mobile Marketing

die Individualisierung von Angeboten im Zuge des One-to-One-Marketing zur Minimierung von Streuverlusten und damit letztlich zur Steigerung der Werbeeffizienz.[209]

Da sich das mobile Endgerät permanent in der Hand des Nutzers befindet, ist eine echte Individualkommunikation zwischen Nutzer und Anbieter zu jeder Zeit und an jedem Ort möglich.[210] Mit der Einführung von GPRS ist das Handy vergleichbar mit der heutigen Standleitung „always-on".[211] Da das Mobiltelefon im Durchschnitt 14 Stunden eingeschaltet ist, ermöglicht es die allgegenwärtige Erreichbarkeit (Ubiquität) der Zielperson. Dadurch wird der zeit- und ortsunabhängige Erhalt und Versand von Incentives und Informationsdiensten ohne Zeitverzögerung möglich, sofern eine Netzverbindung besteht.[212] Dieses besondere Merkmal grenzt das M-Marketing von Werbung über TV oder Plakaten deutlich ab.[213] Indes ist hervorzuheben, dass M-Marketing nicht in der Lage ist, die klassischen Medien vollständig zu ersetzen. Es wird vielmehr im Medienmix der übergreifenden Marketingstrategie eingebunden, so dass klassische und mobile Medien als gegenseitige Verstärker wirken.[214]

Im Gegensatz zur ubiquitären (orts- und zeitunabhängige) Kundenansprache bietet das M-Marketing überdies genau das Gegenteil an. Durch den Einsatz von mobilen Technologien kann die ungefähre geographische Position des Nutzers bestimmt werden. Die Lokalisierbarkeit der Zielperson erlaubt die ortsabhängige Ausrichtung des Marketingimpulses.[215] Dienstleistungen, die in Abhängigkeit des Aufenthaltsorts und Situation des Nutzers angeboten werden, sind als Location Based Services (LBS) bzw. als kontextsensitive Dienste bekannt.[216] Mit diesem Service ist es möglich, einem Kunden am Point of Sales – z. B. einem Einkaufszentrum – ortsspezifische Informationen zukommen zu lassen und seine latenten Bedürfnisse zu aktivieren und letztendlich Impulskäufe zu generieren.[217] Häufigen Einsatz erfahren Pull-Dienste wie ortsbezogene Preisvergleiche, City-Navigator und Parkplatz-Finder, die

---

[209] Vgl. Holland/Bammel (2006), S. 65.
[210] Vgl. Wohlfahrt (2002), S. 248.
[211] Vgl. Turowski/Pousttchi (2004), S. 39.
[212] Vgl. Holland/Bammel (2006), S. 62.
[213] Vgl. Pousttchi/Wiedemann (2006), S. 2.
[214] Vgl. Dufft/Weichmann (2003), S. 44.
[215] Vgl. Holland/Bammel (2006), S. 62.
[216] Vgl. Reichwald/Fremeuth/Ney (2002), S. 528; vgl. auch Kapitel 2.3.2.
[217] Vgl. Wohlfahrt (2002), S. 249.

durch den Nutzer aktiv angefordert werden.[218] Durch den zeitgleichen, flexiblen Erhalt der benötigten Informationen wird dem Nutzer ein Mehrwert angeboten.[219]

Gemeinsam mit dem Internet ist dem Mobiltelefon besonders die Eigenschaft des interaktiven Dialogs beschieden. Interaktivität ist immer dann möglich, wenn bei der Ansprache der Zielgruppe ein Rückkanal in demselben Medium vorhanden ist. Im Vergleich zu einseitiger Kommunikation bei klassischen Medien, in der Botschaften nur vom Sender zum Empfänger verteilt werden, ist mit Mobiltelefonen eine unmittelbare Reaktion seitens des Rezipienten möglich („Pull-Effekt"). Durch den „always-on"-Modus ist zudem ein besseres Nutzungsumfeld des Mobiltelefons gegeben, da im Gegensatz zum Internet kein Rechner gestartet werden muss.[220] Durch die technische Gegebenheit eines Rückkanals wird der Aufbau eines sprach- oder textbasierten Dialogs zwischen den Kommunikationspartnern ermöglicht. Für Unternehmen sind somit eine schnellere Kommunikation und eine persönlichere Beziehung zum Kunden und die ständige Aktualität der Kundenpräferenzen erreichbar.[221]

Der interaktive Dialog hält sich allerdings nur aufrecht, wenn die Werbebotschaft inhaltlich spannend und emotional erregend ist. Die Existenz von Entertainment und Emotionalisierung wird für eine Response in allen Bereichen der Werbekommunikation und somit auch für Mobile Marketing Kampagnen vorausgesetzt. Denn erst wenn der unterhaltende Faktor mit einer emotionalen Verstärkung durch Sprache oder Musik kombiniert wird, schenkt der Rezipient der Werbebotschaft seine Aufmerksamkeit und schickt sie an Freunde weiter.[222] Das Weiterversenden von Botschaften – Virales Marketing – gestaltet sich durch das Mobiltelefon besonders schnell und steigert die Effizienz einer Kampagne um ein Vielfaches.[223] Denn die Akzeptanz von Werbebotschaften ist größer, wenn sie von bekannten Personen kommen. Schließlich führt der virale Effekt damit zu einer größeren Reichweite der Kampagne.[224]

All diese Besonderheiten bilden die USP (Unique Selling Proposition) des M-Marketing im Spektrum der Marketinginstrumente. Durch die Personalisierung und Individualisierung der Ansprache wird die Minimierung der Streuverluste und durch die Ubiquität, die Maximierung

---

[218] Vgl. Kölmel (2003),S. 94.
[219] Vgl. Kölmel (2003), S. 98.
[220] Vgl. Brand/Bonjer (2002), S. 292.
[221] Vgl. Holland/Bammel (2006), S. 65.
[222] Vgl. Brand/Bonjer (2002), S. 293 f.
[223] Vgl. Holland/Bammel (2006), S. 103 f.
[224] Vgl. Bauer/Lippert/Reichardt/Neumann (2005), S. 4.

2 Konzeptionelle Grundlagen zu Markenallianzen und Mobile Marketing 41

der Reichweite erreicht. So birgt jedoch auch diese Kommunikationsform, wie jede andere, bestimmte Probleme und Schwächen.

Das bedeutendste Merkmal des M-Marketing, nämlich die orts- und zeitunäbhängige Ansprache, ist zugleich ein Risikofaktor. Der Nutzer erwartet, dass er nur die für ihn relevanten Informationen erhält und diese im Besonderen zum richtigen Zeitpunkt. Werbebotschaften zu unerwünschten Zeitpunkten und Orten (Spam-SMS)[225] werden als Belästigung und Eingriff in die Privatsphäre empfunden. Dies ist laut einer Studie des Instituts für Mobile Marketing (ifmm) die größte nachfrageseitige Hemmnis bei der Akzeptanz von M-Marketing. Über 50 Prozent der Befragten empfinden zudem Unternehmen, die Push-Kampagnen durchführen, als aggressiv.[226] In der Praxis bedeutet dies, dass Unternehmen auf vorhandene Kundendaten nicht ohne Weiteres zugreifen können. Push-Dienste sollten nur bei einer zuvor erhaltenen Einverständniserklärung der Kunden in Frage kommen (Permission Marketing), sonst können schwerwiegende Imageschäden die Folge sein.[227] In diesem Zusammenhang ist der Erwerb von Profildaten von potenziellen Kunden durch externe Anbieter qualitativ kritisch anzusehen, da nicht nur detaillierte, sondern aktuelle Präferenzen der Zielpersonen benötigt werden.[228] Irrelevante Informationen können beim Empfänger, selbst wenn eine rechtliche Einwilligung vorliegt, zu Reaktanz und zur Auflösung des Verhältnisses mit dem Unternehmen führen.[229] Marken sind folglich aufgrund der unberechenbaren Folgen des M-Marketing sowie des Erfahrungsdefizits der Marketing-Verantwortlichen und Mediaplaner bei dem Einsatz dieses Instrumentes noch risikoscheu.[230]

Des Weiteren sind mit Mobiltelefonen immer noch technische Einschränkungen verbunden. Der fehlende Standard bei Endgeräten führt zu enormen Entwicklungsaufwänden für eine homogene Darstellung der Werbebotschaft bei verschiedenen Gerätetypen.[231] Hinzu kommt der zögerliche Aufbau von mobilen Portalen seitens der werbetreibenden Unternehmen und Inhalteanbietern.[232] Erst kürzlich veröffentlichte die *Marketing Mobile Association (MMA)* Richtlinien zur Anwendung von Mobile Advertising, die Unternehmen bei der Entwicklung

---

[225] Vgl. Holland/Bammel (2006), S. 70.
[226] Vgl. Schnake (2006), S. 33 f.
[227] Vgl. Schwarz (2002), S. 292; Dufft/Wichmann (2003), S. 12.
[228] Vgl. Dufft/Wichmann (2003), S. 47.
[229] Vgl. Wohlfahrt (2002), S. 254; Dufft/Weichmann (2003), S. 48.
[230] Vgl. Salzig (2007).
[231] Vgl. Prem (2007).
[232] Vgl. Salzig (2007).

von mobiler Werbung unterstützen und zugleich eine homogene Wahrnehmung der MMK auf der Mehrzahl der mobilen Endgeräten sicherstellen sollen.[233] Die Umsetzung der Richtlinien bleibt indes noch abzuwarten. Zwei weitere Probleme für die konsumentenseitige Zurückhaltung gegenüber M-Marketing bilden die Preisintransparenz bei den Datentarifen der Mobilfunkanbieter sowie der Datenmissbrauch.[234] Jedoch steht bei Berücksichtigung dieser Hemmnisse der Vorteil von Markenallianzen – bzw. von Marken im Allgemeinen – gegenüber und vermag dem Konsumenten, die nötige Vertrauensfunktion zu generieren und empfundenes Risiko zu mindern.[235]

---

[233] Vgl. o.V. (2007b)
[234] Vgl. Salzig (2007); Prem (2007).
[235] Vgl. hierzu Kapitel 2.1.2.

3 Konzeption eines Untersuchungsmodells zur Bedeutung von Markenallianzen für die Akzeptanz von Mobile Marketing

3.1 Relevante Theorien zur Erklärung der Wirkungszusammenhänge im Untersuchungsmodell zum Phänomen Markenallianz

3.1.1 Informations-Integrations-Theorie

Der Informations-Integrations-Ansatz von *Anderson* (1981) zählt zu den sogenannten attributbasierten Einstellungsmodellen.[236] Diese basieren auf der Grundidee, dass sich Einstellungen aus (mathematischen) Verknüpfungen von Eigenschaften des Einstellungsobjekts ergeben. *Eagly/Chaiken* (1993) bezeichnen diese als „Combinatorial Models", da hier der Fokus nicht auf dem Prozess der Einstellungsbildung liegt („Process Theories"), sondern auf der Art der berücksichtigten Eigenschaften sowie deren Verknüpfung zur Bildung eines Gesamturteils über das Einstellungsobjekt.[237] In Bezug auf die Anwendbarkeit der Theorie auf Markenallianzen im Rahmen von Mobile Marketing sind die Partnermarken der Kampagne als konstituierende Eigenschaften des Phänomens zu sehen, aus denen sich das Gesamturteil bezüglich der Kampagne zusammensetzt. Insofern fungiert der Informations-Integrations-Ansatz als theoretischer Bezugsrahmen bezüglich des untersuchten Phänomens.

Der Informations-Integrations-Ansatz beschreibt unter Einsatz von mathematischen Modellen den Prozess der Bildung von Einstellung, der durch die Interpretation neuer Informationen und Integration derselben mit bereits vorliegenden Einstellungen verläuft.[238] Dieser Einstellungsbildungsprozess kann konkret in zwei Phasen aufgeteilt werden:

1. Valuation-Phase: Bewertung der einzelnen Informationen nach ihrer Bedeutung (scale value) und Relevanz (weight)
2. Integration-Phase: Integrationen der bewerteten Informationen zu einem Globalurteil

In der ersten Phase erfolgt die Evaluierung der Informationen über die relevanten Attribute des Einstellungsobjekts in zweifacher Hinsicht. Zunächst findet eine Bewertung der erhaltenen Information auf einer Skala aufgrund einer selbst gewählten oder vom Untersuchungsleiter vorgegebenen Urteilsdimension statt. Diese Urteilsdimension könnte im Zusammenhang

---

[236] Vgl. Anderson (1981). Weitere attributbasierte Einstellungsmodelle sind Produktbeurteilungs-Modelle und Informationsökonomie. Vgl. dazu Baumgarth (2003)192 ff.
[237] Vgl. Eagly/Chaiken (1993), S. 257 ff.; Baumgarth (2003), S. 192.
[238] Vgl. Anderson (1981), S. 2 f.

mit dem Beurteilungsobjekt Markenallianz, eine optimistische bzw. pessimistische Haltung gegenüber den beteiligten Marken sein. Daraus ergibt sich ein Skalenwert (scale value) für jede relevante Information. Gleichzeitig beurteilt das Individuum die Stärke der Relevanz (weight/importance) dieser Information für seine Einstellungsbildung zu dem Einstellungsobjekt.[239] Die Relevanzeinschätzung hängt zum einen von den zu beurteilenden Reizen und zum anderen von individuellen Faktoren (z. B. Involvement) ab. Die Anzahl der einstellungsrelevanten Informationen/Eigenschaften ist hierbei meist beschränkt. Es wird unterstellt, dass das Individuum nur etwa fünf Eigenschaften zur Bewertung heranzieht.[240] Im nächsten Schritt werden die so entstandenen Teilurteile in Anbetracht bereits vorliegender Einstellungen mittels einer Integrationsfunktion zu einem Gesamturteil über das Einstellungsobjekt verknüpft. Daraufhin erfolgt eine Verhaltensreaktion. Zur Integration der Einzelurteile existiert eine Vielzahl mathematischer Funktionen. Die nach *Anderson* wichtigsten und bekanntesten sind die Integrationsregeln Adding und Averaging.[241] Abbildung 6 stellt diese formal dar.

Adding	Averaging
$E_{ij} = \sum_{k=0}^{n} w_{ijk} x b_{ijk}$	$E_{ij} = \frac{\sum_{k=0}^{n} w_{ijk} x b_{ijk}}{\sum_{k=0}^{n} w_{ijk}}$

Abbildung 5: Adding- und Averaging Modelle des Informations- Integrations- Ansatzes
Quelle: eigene Darstellung in Anlehnung an Baumgarth (2003), S. 197.

Die Beurteilung eines Objekts erfolgt im Rahmen des Adding-Modells durch die Addition der einzelnen bewerteten Informationen in der ersten Phase. Bei den Informationen repräsentiert der Fall k = 0 das bereits vorhandene Wissen oder die vorliegende Einstellung des Individuums zum Einstellungsobjekt vor der Konfrontation mit dem konkreten Stimuli.[242] Die Variablen s_0 und w_0 sind die zugehörigen scale values und weights. Im Adding-Modell führt jede zusätzlich bewertete Information mit dem gleichen Vorzeichen wie der Rest der bewerteten Informationen zu einer betragsmäßigen Aufwertung des Gesamturteils.[243] Wird beispielsweise bei der Beurteilung einer Markenallianz die Marke A positiv und die Marke B nur

---
[239] Vgl. Eagly/Chaiken (2003), S. 109.
[240] Vgl. Baumgarth (2003), S. 196 f.
[241] Vgl. Anderson (1981), S. 113 ff.
[242] Liegt ein fiktives Einstellungsobjekt vor, über das kein Wissen oder keine Einstellung existiert, so wird von einer neutralen Voreinstellung ausgegangen. Vgl. dazu Anderson (1981), S. 257 f.
[243] Vgl. Eagly/Chaiken (2003), S. 109 f.

3 Konzeption eines Untersuchungsmodells 45

mäßig positiv bewertet, so ist das Gesamturteil letztlich positiver als bei der alleinigen Bewertung der Marke A.

Beim Averaging-Modell erfolgt die Beurteilung eines Einstellungsobjekts durch Division der gewichteten Informationen durch die Summe der Gewichte (weights).[244] Jede zusätzlich bewertete Information mit gleichem Vorzeichen wie die vorangegangenen Informationen, führt hierbei jedoch nicht immer zu einer Verstärkung des Gesamturteils. Eine Besserbewertung des Einstellungsobjekts erfolgt nur, wenn die Beurteilung des weiteren Merkmals den bisherigen Informationen mindestens gleich ist.[245] Im Fall des obigen Beispiels wird deshalb die Markenallianz schlechter bewertet als die Marke A alleine. Von beiden Integrationsregeln hat sich in den damit primär untersuchten Forschungsgebieten der Persönlichkeitspsychologie und des Bundlings besonders das Averaging als die überlegene kognitive Algebra zur Integration behauptet.[246] Die Mittelwertbildung bei der Beurteilung von mehreren Objekten erscheint plausibel für eine praktische Entscheidung des Konsumenten im alltäglichen Leben. Im Fall der in dieser Analyse untersuchten Einstellung gegenüber der Markenallianz-Leistung wird daher ebenfalls das Averaging als Integrationsregel vermutet.[247]

Bei Anwendung des Averaging-Modells konnte *Anderson* (1981) in seinen Experimenten einen sogenannten Set-Size-Effekt ausmachen.[248] Dieser ergibt sich in Form einer extremeren Beurteilung, wenn eine größere statt einer geringen Anzahl gleich gut bewertete Informationen vorliegt. Auf den ersten Blick erscheint dieser logische Effekt nur für das Adding-Modell charakteristisch. So kommt er aber auch innerhalb des Averaging Modells durch die unterstellte Existenz eines internen Stimuli s_0 zum Tragen.[249] Beispielsweise wird nach dem Set-Size-Effekt eine Markenallianz mit zwei gleich gut bewerteten Marken oder Markenassoziationen besser beurteilt als eine einzelne Marke.[250]

Des Weiteren unterstellt der Informations-Integrations-Ansatz einen Primacy-Effekt. Dieser resultiert aus der Gewichtung der Informationen. Die Gewichtung ihrerseits hängt von der

---

[244] Die weights w_i in der Abbildung 5 sind absolute Werte.
[245] Vgl. Anderson (1981), S. 63; Anderson (1982), S. 85 ff.
[246] Vgl. Eagly/Chaiken (2003), S. 245; Anderson (1965); Gollob/Lugg (1973); Hamilton/Huffman (1971).
[247] Vgl. Baumgarth (2003), S. 199.
[248] Vgl. Anderson (1981), S. 130 f.
[249] Vgl. dazu Anderson (1981), S. 130 ff.
[250] Vgl. Baumgarth (2003), S. 199.

Reihenfolge der wahrgenommenen Informationsreize ab. Es wird angenommen, dass diejenige Information mit einer höheren Gewichtung in die Bewertung einfließt, die als erstes wahrgenommen wird. Werden mehrere oder alle Informationen gleichzeitig wahrgenommen, so wird die für das Individuum wichtigere Information stärker gewichtet (Wichtigkeitseffekt).[251]

Ein Nachteil der Informations-Integrations-Theorie liegt darin, dass die Bildung der Einzelurteile unabhängig voneinander stattfindet. Dies ist in der Realität aber nicht immer zutreffend. Es liegen oftmals einseitige bzw. wechselseitige Interaktionen zwischen den Urteilen vor, die in einem Zusatznutzen der gemeinsamen Leistung resultieren.[252] Die Generalisierbarkeit auf verschiedene Disziplinen und der flexible Einsatz der Informations-Integrations-Theorie auf unterschiedlichen Analyseebenen sprechen jedoch für die Anwendung dieses Ansatzes.[253]

3.1.2 Schematheorie

Die Schematheorie beschäftigt sich im Allgemeinen mit dem Einfluss von Wissensstrukturen (Schemata)[254] auf die Informationsverarbeitung.[255] Sie beschreibt generell, wie sprachliches und visuelles Wissen im Langzeitgedächtnis repräsentiert und verändert wird.[256] Da die Wahrnehmung der Markenallianz im Rahmen der Mobile Marketing-Kampagne auf bekannten Marken basiert und somit die entsprechenden Wissensstrukturen in die Bewertung einfließen, muss der Schematheorie an dieser Stelle ein großer Erklärungsbeitrag zugesprochen werden.

Der Begriff des Schemas ist ursprünglich dem Griechischen entnommen und hat die Bedeutung von Figur oder Gestalt.[257] Im Bereich der Philosophie verstand *Kant* (1781) unter Schema die Veranschaulichung von Inhalten abstrakter Begriffe durch stellvertretende Vorstellungen.[258] *Bartlett* (1932), der diesen Begriff erstmals in der Gedächtnis- und Kognitions-

---

[251] Vgl. Anderson (1981), S. 179 ff.
[252] Vgl. Priemer (2000), S. 206.
[253] Vgl. Eagly/Chaiken (1993), S. 252. Für Details zum Informations-Integrations-Ansatz vgl. Anderson (1981).
[254] Synonym wird oft von Kategorien/Konzepten/Frames/Script gesprochen. Zwar sind diese Begriffe inhaltlich nicht ganz gleich, aber für den Zweck dieser Studie ist der Gebrauch von Schema als Oberbegriff für diese inhaltlich ähnlichen Begriffe ausreichend. Vgl. dazu Koncz (2005), S. 43.
[255] Vgl. Rumelhart (1980), S. 34 f.
[256] Vgl. Jarz (1997), S. 75.
[257] Vgl. Seebold (2002), S. 798.
[258] Vgl. Waldmann (1990), S. 3.

3 Konzeption eines Untersuchungsmodells

psychologie einführte, definiert Schema als „(…) an active organisation of past reactions, or of past experiences, which must always be supposed to be operating in many well-adapted organic response."[259] Unter Schemata verstand er Einheiten im Gedächtnis eines Individuums, in denen Wissen aus gemachten Erfahrungen systematisch geordnet ist.[260] Seither wurde dieser Terminus mehrfach, besonders im Bereich der „Sozialen Kognition", durch verschiedene Wissenschaftler differenziert definiert und interpretiert.[261] Folglich kann in der Literatur auch nicht von einer einheitlichen Schematheorie gesprochen werden.[262] Eine verständliche, kompakte und dennoch fast umfassende Formulierung für Schemata liefert *Mäder* in Anlehnung an die Definition von *Esch* (2001)[263]. *Mäder* (2005) definiert Schemata als „(…) große, komplexe Wissensstrukturen, die charakteristische Eigenschaften, also quasifeste, standardisierte Vorstellungen und Erwartungen umfassen, die Individuen von bestimmten Objekten, Personen, Ereignissen und Situationen [aufgrund vergangener Erfahrungen gesammelt] haben."[264] Eine wesentliche Eigenschaft der Schemata, nämlich deren Bildung aufgrund von gesammelten Vorwissenserfahrungen eines Individuums über Objekte etc., wurde zur Vervollständigung der Arbeitsdefintion hinzugefügt.[265]

Schemata sind komplexer Natur, da sie zu einem Wissensgegenstand sowohl abstraktes als auch konkretes Wissen in Form von Attributen und ihrer Relationen auf verschiedenen Hierarchieebenen in einer Art Netzstruktur speichern.[266] Die hierarchische Organisation der Schemata weist auf der obersten Ebene den höchsten Abstraktionsgrad auf (Superschemata), die auf den nächst niedrigeren Hierarchieebenen durch Subschemata differenziert werden.[267] Das Superschema „Gesicht" kann z. B. durch das Subschema „Auge" und dieses wiederum durch die Subschemata „Pupille" und „Iris" konkretisiert werden. Die einzelnen Schemaattribute werden automatisch von der höheren auf die niedrigere Ebene übertragen und können auf verschiedene Art miteinander verschachtelt und vernetzt sein.[268] Des Weiteren sind Schemata insofern quasifeste Wissensstrukturen, da sie neben festen Strukturen auch über sogenannte

---

[259] Bartlett (1932), S. 201.
[260] Vgl. Brewer/Nakumara (1984), S. 122.
[261] Vgl. Seel (2003), S. 52 ff. Für einen Überblick der verschiedenen Definitionen für Schemata vgl. Koncz (2005), S. 44.
[262] Vgl. Alba/ Hasher (1983), S. 203. Für die Gemeinsamkeiten und Unterschiede zwischen den verschiedenen Theorien vgl. auch Koncz (2005), S. 49 ff.
[263] Vgl. Esch (2001), S. 610.
[264] Mäder (2005), S. 122.
[265] Vgl. Bartlett (1932), S. 201.
[266] Vgl. Nisbett/Ross (1980), S. 33.
[267] Vgl. Tergan (1986), S. 104.
[268] Vgl. Binsack (2003), S. 55; Kroeber-Riel/Weinberg (2003), S. 233.

"slots" verfügen. Slots sind Platzhalter oder Variablen, die vor dem Hintergrund des spezifischen Kontextes für die typischen Attribute des Wissensgegenstandes verschiedene Ausprägungen innerhalb eines Toleranzbereichs („variable constraints") annehmen können.[269] Wird beispielsweise das generische Schema „Schokolade" aktiviert, so können u. a. die möglichen Ausprägungen „süß", „bitter", „mild" für das typische Attribut Geschmack vermutet werden. Wird hingegen das spezifische Schema „Diätschokolade" aktiviert, so wird der Platzhalter mit einer konkreten aus den insgesamt möglichen Ausprägungen innerhalb des Toleranzbereichs besetzt.[270] Hierbei ist der Wertebereich allerdings nicht als obligatorisch zu verstehen, sondern eher als erfahrungsbedingte Wahrscheinlichkeit für das Auftreten einer Ausprägung.[271] So ist z. B. nicht auszuschließen, dass Schokoladen, die erfahrungsgemäß eher süß oder bitter sind, auch salzig schmecken können. Im Vergleich zu den variierenden Attributausprägungen sind die Beziehungen bzw. Strukturen zwischen den Attributen eher konstanter Natur. So wird jedes Schokoladenschema eine Beziehung zwischen Fett-, Kalorien- und Zuckeranteil auslösen, unabhängig von den einzelnen Ausprägungswerten.[272] Falls keine konkreten Instantiierungen (Belegung der Schemavariablen mit einem konkreten Wert) angegeben werden, so werden zunächst Standardwerte, d. h. wahrscheinliche Werte (Default Values), eingesetzt, die bei der Aufnahme neuer Informationen verändert werden.[273] Wird bspw. von „Schokolade" gesprochen ohne weitere Details zu kennen, kommt wahrscheinlich zuerst die Vorstellung von „süßem Geschmack" und „hohem Kaloriengehalt" auf.[274] Schemata besitzen darüberhinaus einen dynamischen Charakter. Da sie aus Lernprozessen und Erfahrungen konstruiert werden, resultieren ständig neue Strukturen und Relationen zu anderen Schemata im Netzwerk.[275]

Die Schematheorie beschreibt die Informationsverarbeitung als einen Top-Down-Prozess[276] (schemagesteuert).[277] Das Pendant hierzu ist der Bottom-Up-Prozess[278] (datengesteuert), bei dem der externe Stimulus den Verarbeitungsprozess dominiert. Alle Stimulusmerkmale werden attributweise evaluiert und anschließend zu einem Gesamteindruck aggregiert (vgl. Infor-

---

[269] Vgl. Brewer/Nakumara (1984), S. 141; Binsack (2003), S. 56.
[270] Vgl. Mäder (2005), S. 122.
[271] Vgl. Anderson (1996), S. 150.
[272] Vgl. Mäder (2005), S. 122.
[273] Vgl. Rumelhart/Ortony (1977), S. 105.
[274] Vgl. Mäder (2005), S. 122.
[275] Vgl. Tergan (1986), S. 104 f.
[276] Synonyme sind concept processing/category based processing. Vgl.Binsack (2003), S. 86.
[277] Vgl. Pavelchak (1989), S. 355.
[278] Synonyme sind piecemeal processing/stimulus-based processing. Vgl. Binsack (2003), S. 86.

3 Konzeption eines Untersuchungsmodells 49

mations-Integrations-Ansatz in Kapitel 3.1.1).[279] Dem entgegenstehend geht die Verarbeitung beim Top-Down-Prozess (schemagesteuert) vom Vorwissen (Schemata) des Individuums aus. Der Stimulus wird als Ganzes mit bestehenden Schemata abgeglichen. Die daraufhin aktivierten Schemata lösen dabei gewisse Erwartungen an die eingehenden Informationen aus und steuern die Verarbeitung weiterer Stimulusinformationen.[280] Beide Prozessarten kommen nach *Fiske/Taylor* (1991) in Kombination zum Einsatz, wobei der Mensch generell die schemagesteuerte Informationsverarbeitung aufgrund des geringeren kognitiven Aufwands im Vergleich zu einer datengesteuerten Verarbeitung bevorzugt.[281] Im Rahmen der Schematheorie führt jeder externe Stimulus zunächst zur Suche eines geeigneten Schemas (Top-Down-Prozess), welches diesen Stimulus erklären kann. Wird daraufhin ein existierendes Schema aktiviert, erfolgt ein Abgleich mit der eingegangenen Information (Schemaidentifikation).[282] Daraus können verschiedene Zustände resultieren, mit denen sich das empirisch mehrmals bestätigte Schemakongruenz-Beurteilungs-Modell von *Mandler* (1982) beschäftigt.[283] Abbildung 6 gibt diesen Ansatz graphisch wieder.

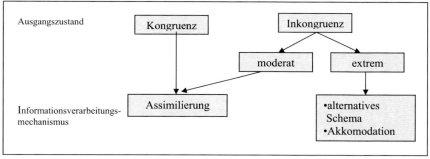

Abbildung 6: Schemakongruenz-Beurteilungs-Modell nach *Mandler* (1982)
Quelle: in Anlehnung an Mandler (1982), S. 22.

Wird die Information als eine mögliche Ausprägung des aktivierten Schemas betrachtet, so bezeichnet *Mandler* (1982) diesen Zustand als Schemakongruenz.[284] Der Grad der Schema-

---

[279] Vgl Pavelchak (1989), S. 355; Sujan (2001), S. 31.
[280] Vgl. Fiske/Pavelchak (1986), S. 168.
[281] Vgl. Fiske/Taylor (1991), S. 136.
[282] Vgl. Rumelhart/Ortony (1977), S. 111.
[283] Vgl. Meyers-Levy/Tybout (1989); Peracchio/Tybout (1996); Stayman/Alden/Smith (1992).
[284] Vgl. Mandler (1982), S. 22 ff.

kongruenz wird auf das Ähnlichkeitskonstrukt zurückgeführt.[285] Das heißt, je höher die wahrgenommene Ähnlichkeit des Stimulus mit den Attributen und Strukturen des assoziierten Schemas ist, desto höher ist die Übereinstimmung und desto leichter das Stimulusverständnis sowie dessen Interpretation.[286] Dabei kann die Ähnlichkeit auf verschiedene Arten verifiziert werden. Der attributbasierte bzw. ähnlichkeitsbasierte Ansatz führt die Ähnlichkeitsbeurteilung häufig auf physische Merkmale der Vergleichsgegenstände zurück (konkretattributbasierte Ähnlichkeit).[287] Dieser Ansatz entstammt der Kategorisierungstheorie, wonach Wissen in Form von Kategorien gespeichert wird. Die Zuordnung einer neuen Information zu einer bestehenden Kategorie erfolgt nach dem Prinzip der Ähnlichkeit der Informationen mit den Attributen der Mitglieder dieser Kategorie.[288] Nachteilig ist bei diesem Ansatz die alleinige Berücksichtigung der Attribute als Kategorisierungskriterium.[289] Hingegen bezieht sich die wissensbasierte Sichtweise bei der Ähnlichkeitsbeurteilung auf die kausalen Relationen oder die Theorie („explanatory links"), die den Zusammenhang der zu beurteilenden Phänomene erklärt.[290] Beispiele dafür sind die Ähnlichkeit in der Funktionen und der Handhabung zweier Produkte (abstrakt-objektbezogene Ähnlichkeit) oder die Ähnlichkeit von Markenimages (abstrakt-ganzheitliche Ähnlichkeit).[291] Die Schematheorie verbindet beide Ansätze insofern, als dass bei der Ähnlichkeitsbeurteilung sowohl die Attribute und Strukturen des Beurteilungsgegenstandes als auch der situative Kontext und das Vorwissen des Individuums Einflussfaktoren bilden.[292]

Den Umfang der Ähnlichkeit oder Kongruenz richten *Rumelhart/Ortony* (1977) an dem bereits oben beschriebenen Toleranzbereich aus. Sofern sich die Variablen des Stimulus innerhalb dieses Wertebereichs befinden, liegt kein Widerspruch zum aktivierten Schema vor. Wenn jedoch die neuen Informationen den vom aktivierten Schema ausgelösten Erwartungen oder Vorstellungen nicht standhalten können bzw. den entsprechenden Toleranzbereich über- oder unterschreiten wird von Schemainkongruenz gesprochen.[293] In diesem Fall sind Schema und Stimulus unähnlich oder widersprüchlich. *Mandler* (1982) unterscheidet weiter zwischen moderater und extremer Inkongruenz. Dabei ist im ersten Fall die Inkongruenz durch

---

[285] Vgl. Binsack (2003), S. 69.
[286] Vgl. Binsack (2003), S. 140.
[287] Vgl. Tversky (1977), S. 328 f.; Binsack (2003), S. 62 ff.
[288] Vgl. Rosch/Mervis (19759, S. 573 ff.
[289] Vgl. Murphy/Medin (1985), S. 294.
[290] Vgl. Murphy (1993), S. 177; Bridges (1992), S. 4.
[291] Vgl. Binsack (2003), S. 71 f.
[292] Vgl. Mandler (1982), S. 16/20; Binsack (2003), S. 69 ff.
[293] Vgl.Rumelhart/Ortony (1977), S. 122 ff.

3 Konzeption eines Untersuchungsmodells

geringen kognitiven Aufwand (Assimilierung) auflösbar; beim zweiten Fall hingegen nicht oder nur noch mit vergleichsweise hohem kognitiven Aufwand (alternatives Schema, Akkommodation).[294] Als Assimilierung wird die Anpassung der neuen Informationen an vorhandene Schemastrukturen bezeichnet.[295] Die nicht passenden Informationsbestandteile werden hierbei abgewertet oder ignoriert, um so die Wahrnehmung an die Erwartung anzugleichen. Die Grundstruktur des aktiven Schemas bleibt weitgehend erhalten; meist erfahren die Attributausprägungen eine Änderung.[296] Im Rahmen der Schemakongruenz-Theorie von *Mandler* führt dieser Assimilationsprozess zu einem kongruenten Zustand und letztlich zu einer positiven Beurteilung des Stimulus.[297] Der Assimilierungsprozess bei vollkommener Kongruenz findet in der Form statt, dass bestehende Schemata um die neue Information ergänzt werden – es kommt somit zu einem Wissenszuwachs.[298] Eine spezielle Form der Assimilierung stellt das Schema-plus-tag Modell dar. Die nicht kongruenten Informationen werden als „tags" mit dem aktivierten Schema verlinkt.[299]

Ist das Maß der Unähnlichkeit zwischen Stimulus und aktiviertem Schema unüberwindbar, so kann nach einem alternativen Schema gesucht werden, welches die Stimulusinformationen besser abbildet. Erweist sich die Suche als nicht erfolgreich, erfolgt zur Beseitigung der Dissonanz eine Schemamodifikation (Akkommodation).[300] Bei der Schemamodifikation bedarf es starker struktureller Veränderungen des aktivierten Schemas, was mit hohen kognitiven Anstrengungen verbunden ist. Gelingen die Veränderungen des Schemas nicht, so kommt es zu Frustration und Hilflosigkeit des Individuums, weshalb der Stimulus negativ beurteilt wird. Bei einer gelungenen Schemamodifikation ist der Grad der Schemaanpassung an die Stimulusinformation maßgebend für eine positive oder negative Evaluation. Ist die Anpassung zufriedenstellend und überlagert sie den dafür aufgebrachten kognitiven Aufwand, so vermutet *Mandler* eine positive, ansonsten eine negative Beurteilung. Da die Suche nach einem alternativen Schema weniger anstrengend ist als die Akkommodation, führt erstere zum Gefühl der Genugtuung, zu einem Erfolgserlebnis und damit zu einem positiven Response.[301] Als eine besondere Form der Akkommodation untersuchten *Sujan/Bettman* (1989) das

---

[294] Für Details siehe Mandler (1982), S. 20 ff.; Binsack (2003), S. 70.
[295] Vgl. Sujan/Bettman (1989), S. 455.
[296] Vgl. Maas (1996), S. 30.
[297] Vgl. Mandler (1982), S.22 f.
[298] Vgl. Mäder (2005), S. 128 f.
[299] Vgl. Sujan/Bettman (1989), S. 455.
[300] Vgl. Sujan/Bettman (1989), S. 455.
[301] Vgl. Mandler (1982), S. 22 ff.

Subtyping (Schemaneubildung). Aufgrund der wahrgenommenen hohen Inkongruenz wird in diesem Fall ein neues Subschema gebildet, während das ursprüngliche, übergeordnete Schema unverändert beibehalten wird. Hier wird die Information attributweise verarbeitet.[302]

Schemata können neben kognitiven Wissensstrukturen auch affektive Komponenten beinhalten. Nach dem Schema-triggered-Affect Modell von *Fiske* (1982) findet bei wahrgenommener Kongruenz ein Affekttransfer vom aktivierenden Schema zum beurteilenden Phänomen statt.[303] Besteht z. B. generell eine positive/negative Meinung über die Marke A, so wird dieser Affekt auf eine neue Dienstleistung, ein neues Produkt dieser Marke übertragen, ohne dass die Attribute der neuen Leistung im Einzelnen evaluiert werden.[304]

Entsprechend der obigen Ausführungen zur Schematheorie besteht eine starke Analogie zwischen Schemata und semantischen Netzwerken. Diese erklären das Zustandekommen und die Veränderung von Wissensstrukturen durch Netzwerkmodelle, die aus Knoten (einzelne Wissensinhalte) und Kanten (assoziative Verknüpfungen zwischen den Wissenseinheiten) bestehen.[305] Die Schematheorie kann als eine Weiterentwicklung des semantischen Netzwerkes angesehen werden.[306] Mit Wissensstrukturen beschäftigt sich auch die bereits oben erwähnte Kategorisierungstheorie, die sich parallel zur Schematheorie entwickelte.[307] Eine Kategorie ist definiert als eine Klasse von Stimuli (Objekte, Lebewesen oder Ereignisse), die alle auf die gleiche Weise behandelt werden. Als Kategorisierungskriterium gilt die Ähnlichkeit der Attribute der Kategorienmitglieder.[308] *Wessels* (1994) bezeichnet die Kategorisierung als ein essenzielles kognitives Instrument für die Informationsverarbeitung im menschlichen Gehirn, da ohne diese die Beantwortung alltäglicher Fragen nicht möglich wäre. Die Identifizierung z. B. eines Rotkehlchens als Vogel ist nur möglich, wenn zuvor die Kategorie Vogel gebildet wurde.[309] Die Schematheorie beinhaltet das kategoriale Wissen ebenso wie die Kategorisierungstheorie, allerdings erweist sich das Schemakonstrukt insofern als überlegen, als dass

---

[302] Vgl. Sujan/Bettman (1989), S. 456.
[303] Vgl. Fiske (1982), S. 61 f.
[304] Vgl. Binsack (2003), S. 102.
[305] Vgl. Kroeber-Riel/Weinberg (2003), S. 232.
[306] Vgl. Esch/Wicke (2001), S. 47 f.
[307] Vgl. Binsack (2003), S. 53.
[308] Vgl. Medin (1989), S. 1469.
[309] Vgl. Wessels (1994), S. 212 f.

3 Konzeption eines Untersuchungsmodells

es sowohl abstrakte und konkrete Attribute als auch komplexe Relationen beinhaltet. Kategorien können folglich als Subsysteme von Schemata interpretiert werden.[310]

Kritisch bei der Schematheorie ist u. a. anzumerken, dass keine empirischen Verfahren existieren, die die tatsächliche Änderung der Schemastruktur nachweisen.[311] Trotz einiger Nachteile ist die Schematheorie dennoch, wie oben illustriert, alternativen Theorien überlegen. Schemata bilden daher den geeigneten Rahmen für die Beurteilung von Objekten und Sachverhalten und somit auch für die dieser Studie zugrunde gelegten Fragestellung nach der Relevanz von Markenallianzen bei Mobile Marketing Aktionen. Denn die Besonderheit bei der gedanklichen Verarbeitung von Markenallianzen ergibt sich aus der gleichzeitigen Aktivierung zweier Markenschemata und der daraus resultierenden Notwendigkeit, die gespeicherten Informationen beider Schemata sinnvoll miteinander zu verknüpfen. Es wirken demnach die Wissensstrukturen der beiden eigenständigen Marken auf den Wahrnehmungs- und Beurteilungsprozess im Rahmen einer durchgeführten MMK. Somit kann die Schematheorie als geeignete Theorie zur Erklärung des Phänomens Markenallianzen im Rahmen von Mobile Marketing Aktionen herangezogen werden.

3.2 Determinanten und deren Wirkung auf die Akzeptanz von Mobile Marketing

3.2.1 Einfluss der Einstellung gegenüber den Partnermarken

Die Einstellung nimmt in der Konsumentenforschung eine dominierende Stellung unter den hypothetischen Konstrukten ein. Es ist „(…) das theoretisch und methodisch wohl am umfassendsten erforschte Konstrukt."[312] Das gründet auf der Annahme, dass generell eine starke Korrelation zwischen der Einstellung und dem tatsächlich beobachtbaren Kaufverhalten vermutet wird.[313] Zugleich existiert eine hohe Anzahl von Einstellungsdefinitionen in der Literatur.[314] Einigkeit besteht darin, dass unter Einstellung „(…) eine gelernte Reaktionsbereitschaft (Prädisposition) des Individuums zu verstehen ist, auf ein bestimmtes Objekt in konsistenter Weise entweder positiv oder negativ zu reagieren."[315] Sie kann durch Erfahrungen und Kommunikation erlernt werden.[316] Uneinigkeit besteht hinsichtlich der konstitutiven Elemente der Einstellung, also der Einstellungsstruktur. Große Beachtung findet in der Literatur das

---
[310] Vgl. Nisbett/Ross (1980), S. 33.
[311] Vgl Taylor/Crocker (1981), S. 125 f.
[312] Trommsdorff/Bleicker/Hildebrandt (1980), S. 273.
[313] Vgl. Hätty (1989), S. 69. Vgl. dazu Kapitel 3.2.6.
[314] Vgl. Six (1980), S. 56 f. Vgl. auch Magin (2004), S. 19 ff.
[315] Vgl. Hätty (1989), S. 71.
[316] Vgl. Kroeber-Riel/Weinbeg (2003), S. 177.

Dreikomponentenmodell von *Hovland/Rosenberg* (1960)[317] sowie der eindimensionale Ansatz von *Thurstone* (1928)[318]. Laut der Dreikomponententheorie setzen sich Einstellungen aus drei Komponenten zusammen. Die kognitive Komponente umfasst den subjektiven Wissens- und Informationsstand bezüglich des Einstellungsobjekts. Unter der affektiven Komponente wird die Bewertung des Einstellungsobjekts auf der Gefühlsebene subsumiert. Die konative Komponente drückt die dem Meinungsgegenstand gegenüber intendierte Handlungsbereitschaft aus. Sie bildet dabei nicht das tatsächliche Verhalten ab, sondern lediglich eine Verhaltenstendenz.[319] Neben *Hovland/Rosenberg* (1960) beschreiben auch *Eagly/Chaiken* (1993) Einstellung als eine Kombination aus Denken (Kognition), Fühlen (Affekt) und Handeln (Konation) und gehen dabei von einer Konsistenz dieser drei bedeutendsten Sphären der menschlichen Psyche gegenüber einem Meinungsobjekt aus.[320] Eine Änderung des Verhaltens gegenüber einem Meinungsobjekt würde demnach zu einer Modifikation der gefühlsmäßigen und kognitiven Haltung führen – vice versa.[321] Allerdings ist dieser Ansatz in der Literatur umstritten, da Einstellungen gegenüber Objekten bzw. Sachverhalten auch ohne Reaktion aller drei Komponenten zustande kommen können.[322] Es muss zudem nicht immer eine völlige Konsistenz der Komponenten vorliegen, da positive Emotionen nicht immer zu einer positiven Verhaltensabsicht führen. So könnte z. B. ein Individuum gegenüber der Marke Rolex positiv gestimmt sein, jedoch eine negative Verhaltensabsicht äußern, da die finanziellen Mittel zum Kauf des Produktes fehlen. Daher erscheint eine getrennte Betrachtung der konativen Komponente sinnvoll.[323] Den Hauptkritikpunkt an der Dreikomponententheorie sieht *Fishbein* (1967) vor allem in der unzureichenden Messung aller drei Komponenten in der Empirie. Zunehmend kommen Einstellungsmaße zum Einsatz, die lediglich eine einzige Komponente messen.[324]

Zahlreiche Autoren plädieren daher für die Ein-Komponenten-Auffassung der Einstellung.[325] Bei dieser eindimensionalen Konzeptualisierung besteht die Einstellung ausschließlich aus

---

[317] Vgl. Hovland/Rosenberg (1960), S. 198 ff.
[318] Vgl. Thurstone (1928), S. 529 ff.
[319] Vgl. Triandis (1975), S. 4 ff.
[320] Vgl. Eagly/Chaiken (1993), S. 10 ff.
[321] Vgl. Triandis (1975), S. 11, Bruhn/Homburg (2001), S. 171.
[322] Vgl. Franzoi (1996), S. 173.
[323] Vgl. Zimbardo (2004), S. 774; Fishbein (1967); S. 479; Koncz (2005), S. 146.
[324] Vgl. Fishbein (1967), S. 479.
[325] Vgl. stellvetrend Fishbein/Ajzen (1975); Petty/Cacioppo (1981), S. 7.

3 Konzeption eines Untersuchungsmodells

der affektiven (motivationalen und emotionalen) Bewertung des Meinungsobjekts.[326] Begründet wird dies damit, dass einem affektiven, bewertenden Urteil immer kognitive Vorstellungs- und Verknüpfungsleistungen vorausgehen, die in der endgültigen Bewertung implizit enthalten sind.[327] Neben dieser Auffassung erscheint, wie oben beschrieben, die getrennte Betrachtung der kognitiven Komponente als das Konstrukt Verhaltensabsicht ebenfalls sinnvoll.[328] Vor diesem Hintergrund wird in dieser Studie die Einstellung als ein eindimensionales Konstrukt aufgefasst, welches das andauernde positive oder negative Gefühl (Affekt) für eine Person, ein Objekt oder einen Sachverhalt beschreibt und im Langzeitgedächtnis verankert ist.[329]

Des Weiteren soll im Rahmen dieser Untersuchung keine Trennung zwischen dem Begriffspaar Einstellung und Image vorgenommen werden. Das Image „(...) gibt die subjektiven Ansichten und Vorstellungen von einem Gegenstand wieder."[330] Es ist ein Vorstellungsbild, welches ein Individuum über einen Gegenstand/Sachverhalt besitzt. Autoren wie *Kroeber-Riel* (2003)[331] und *Trommsdorff* (2002)[332] schreiben dem Image etwa die gleichen Merkmale wie der Einstellung zu und schlagen daher die synonyme Verwendung dieser Begriffe vor. Diesem soll hier gefolgt werden, zumal auch in der modernen Marktforschung keine Unterscheidung dieser Begriffe vorgenommen wird.[333]

Das Einstellungskonstrukt hat im Rahmen der Markentransfer- bzw. Markenallianz-Forschung einen hohen Stellenwert erlangt. So konnte in zahlreichen Studien ein direkter Einfluss der Voreinstellungen hinsichtlich der Ausgangsmarke(n) auf die Einstellung zur Transfer- oder Markenallianz-Leistung bestätigt werden.[334] Eine mögliche theoretische Fundierung für diese empirischen Ergebnisse liefert der in Kapitel 3.1.1 erklärte Informations-Integrations-Ansatz. Gemäß diesem Ansatz lassen sich Urteile über Einstellungsobjekte, hier Markenallianzen, im Analogieschluss durch die Bewertung der einzelnen relevanten Objektattribute und der bereits vorhandenen Einstellungen (Valuation) und ihrer anschließenden Ver-

---

[326] Modelle die kognitive und afffektive Komponente miteinander verknüpfen, werden als kognitive Strukturmodelle bezeichnet. Vgl. dazu Müller-Hagedorn/Schuckel (2003), S. 111.
[327] Vgl. Hätty (1989), S. 73.
[328] Vgl. Kapitel 3.2.6.
[329] Vgl. Braunstein (2001), S. 96.
[330] Kroeber-Riel/Weinberg (2003), S. 197.
[331] Vgl. Kroeber-Riel/Weinberg (2003), S. 197.
[332] Vgl. Trommsdorff (2002), S. 172 ff.
[333] Vgl. Koch (2004), S. 182.
[334] Vgl. Simonin/Ruth (1998); Aaker/Keller (1990); McCarthy/Norris (1999); Washburn/Till/Prilluck (2000); Baumgarth (2003).

knüpfung (Integration) ableiten. Im Kontext von Markenallianzen sind unabhängig von der konkreten gemeinsamen Leistung, die beteiligten Marken offensichtlich einer der Merkmale, die von den Konsumenten am stärksten wahrgenommen werden.[335] Betrachtet man die Bewertung der beteiligten Marken, so kann sie in der Valuationsphase generell auf zwei Wegen verlaufen. Existieren bereits Einstellungen zu den dargebotenen Marken, so können diese gespeicherten Einstellungen bei Konfrontation mit der Markenallianz-Leistung als umfassende Gesamturteile direkt abgerufen und anschließend integriert werden. Zum anderen können die relevanten Attribute bzw. Assoziationen der involvierten Marken einzeln entlang der Urteilsdimension bewertet und miteinander verknüpft werden.[336] Beide Wege erscheinen sinnvoll und gestalten sich bei Markenallianzen komplex, da zwei oder mehrere Marken integriert werden.[337] Sind die dargebotenen Marken in der Markenallianz bekannt und vom Konsumenten deutlich wahrzunehmen, so ist von einem automatischen Abruf der bereits gespeicherten Einstellung zu diesen Marken auszugehen. Diese werden mit den weiteren relevanten Attributen der konkreten Markenallianz-Leistung verflechtet und üben einen direkten Einfluss auf die Einstellung gegenüber der Markenallianz-Leistung aus. Folglich führen positive/negative Markeneinstellungen zu einer positiven/negativen Einstellung zur Markenallianz.[338]

Diese Vermutung kann ebenso im Rahmen des Schema-triggered-Affect-Modells von *Fiske* (1982) unter der Bedingung der Schemakongruenz hergeleitet werden. Demnach erfolgt ein Affekttransfer vom aktivierten Schema zum Zielobjekt.[339] Durch die Konfrontation mit der gemeinsamen Leistung von Markenallianzen aktiviert das Individuum die bereits im Gedächtnis vorhandenen Schemata. Welches Schema aktiviert wird, hängt u. a. von der Auffälligkeit der Reizkomponenten ab.[340] Die eindeutig wahrnehmbare Markierung der Markenallianz-Leistung mit den Markennamen der beteiligten Unternehmen ist definitorisch dem Begriff der Markenallianzen inhärent.[341] So ist davon auszugehen, dass als erstes die Markenschemata der beteiligten Marken aktiviert werden und mit dem Stimulus (Markenallianz-Leistung) abgeglichen werden. Wird eine Ähnlichkeit welcher Art auch immer zwischen Stimulus und bestehendem Schema wahrgenommen, so findet eine Übertragung der mit dem bestehenden

---

[335] Vgl. dazu die Bedeutung und Funktion der Marke für den heutigen Konsument in Kapitel 2.1.2.
[336] Vgl. Baumgarth (2003), S. 197; Priemer (2000), S. 199.
[337] Vgl. Baumgarth (2003), S. 197; James (2005), S. 15.
[338] Vgl. Simonin/Ruth (1998), S. 33.
[339] Vgl. Kapitel 3.1.2.
[340] Vgl. Koncz (2005), S. 55.
[341] Vgl. Kapitel 2.1.1.

3 Konzeption eines Untersuchungsmodells

Schema verbundenen affektiven Komponente (Einstellung) auf das Zielobjekt statt.[342] Einstellungen werden nämlich als Bestandteile von Wissensstrukturen dauerhaft gespeichert und können bei der Aktivierung eines Schemas direkt abgerufen werden.[343]

Das Modell von *Fiske* (1982) gilt bei Vorliegen von Schemakongruenz. Bei aber einer wahrgenommenen Schemadissonanz findet eine attributbasierte Informationsverarbeitung statt.[344] Unabhängig von dem konkreten Informationsverarbeitungsprozess erfolgt in jedem Fall ein Affekttransfer (Einstellungstransfer) der salienten Komponente Marke auf die Markenallianz-Leistung. In dieser Studie nimmt die Markenallianz die Gestalt einer gemeinschaftlichen Mobile Marketing Kampagne an, so dass für den Einstellungstransfer der Marken A und B auf die Markenallianz (Mobile Marketing Kampagne) die folgenden Hypothesen resultieren:

> H_1: Je positiver die Einstellung gegenüber Marke A, desto positiver ist die Einstellung gegenüber der Mobile Marketing Kampagne.

> H_2: Je positiver die Einstellung gegenüber Marke B, desto positiver ist die Einstellung gegenüber der Mobile Marketing Kampagne.

3.2.2 Einfluss des Fit zwischen den beteiligten Marken

Unter Fit[345] ist generell das Ergebnis eines Vergleichsprozesses zwischen Objekten, Ereignissen oder Situationen zu verstehen, bei dem der Beurteilende nach subjektiver Einschätzung bestimmt, inwiefern die Vergleichstatbestände zusammenpassen.[346] In der Markentransferforschung hat sich der Fit für die Beurteilung der Markentransfer-Leistung als ein hoch relevantes Konstrukt erwiesen.[347] Das Fit-Konstrukt wurde in der Markenallianz-Forschung übernommen und bildete das Fundament nahezu aller Untersuchungen zur Beurteilung von

---

[342] Vgl. Fiske/Pavelchak (1986), S. 171 ff.; Fiske (1982), S. 60 f.
[343] Vgl. Mäder (2005), S. 135.
[344] Zum Einstellungstransfer im Rahmen der Informations-Integrations-Theorie (attributbasiert) vgl. Kapitel 3.1.1.
[345] Ähnliche Begriffe für Fit sind Kongruenz, Kompatibilität, Similarity, Coherence und Match. Vgl. Meyers-Levie/Louie/Curren (1994), Herrmann (1999), S. 128 ff.; Hem/Lines/Gronhang (2000); Medin/Murphy (1985); vgl. hierzu auch Kapitel 3.1.2.
[346] Vgl. Baumgarth (2003), S. 225.
[347] Vgl. Aaker/Keller (1990); Boush/Loken (1991); Hätty (1989); Park/Milberg/Lawson (1991).

Markenallianz-Leistungen.[348] Der Fit oder die Ähnlichkeit kann auf verschiedenen Ebenen wahrgenommen bzw. angestrebt werden.[349]

Eine Fitbeurteilung auf der Markenebene wird als Markenfit (brand fit) bezeichnet.[350] „Er drückt die subjektive Beurteilung der Beziehung zwischen den beteiligten Marken aus."[351] Als eine globale, intangible Fitbasis bestimmt der Markenfit also inwieweit die in der Markenallianz beteiligten Marken zueinander passen.[352] Die Grundlage für die Wahrnehmung des Markenfit bilden die Images, die der Beurteilende über die beteiligten Marken besitzt.[353] Die Wichtigkeit des Markenfit-Konstrukts ergibt sich aus den Ergebnissen diverser empirischer Studien zu Markenallianzen, die belegen, dass der Markenfit ein signifikanter Einflussfaktor für den Erfolg der Markenallianzstrategie darstellt.[354] Theoretisch kann dieser Sachverhalt im Zuge der Schematheorie erklärt werden. Wie in Kapitel 3.1.2 erwähnt, können Schemata für die abstraktesten sowie konkretesten Sachverhalte existieren. Folglich bilden Individuen auch Schemata für Marken. Markenschemata sind komplexe Wissensstrukturen, die sich aus typischen Eigenschaften, Assoziationen und standardisierten Vorstellungen kognitiver und affektiver Art zusammensetzen, die ein Individuum einer Marke aufgrund vorausgegangener Erfahrungen zuschreibt.[355] Markenschemata werden als Subschemata von entsprechenden Produktschemata verstanden.[356] *Bridges* (1992) unterscheidet weiter zwischen produkt- und imageorientierten Markenschemata. Wie oben dargestellt, basiert der wahrgenommene Markenfit auf der Kompatibilität der betroffenen Markenimages. Folglich spielen bei der Markenfit-Beurteilung die imageorientierten Markenschemata eine übergeordnete Rolle.[357]

Im Rahmen des Schemakongruenz-Beurteilungs-Modells nach *Mandler* (1982) erfolgt die Beurteilung einer Markenallianz-Leistung in Form eines zweistufigen Prozesses. Zunächst werden aufgrund des mit Markennamen markierten Stimulus die jeweiligen Markenschemata aktiviert. Besteht eine Verbindung zwischen den aktivierten Markenschemata (Schemakon-

---

[348] Vgl. Baumgarth (2003), S. 149 ff.
[349] Einen Überblick über mögliche Fitgründe bietet Baumgarth (2003), S. 229; Vgl. auch Kapitel 3.1.2.
[350] Vgl. Baumgarth (2003), S. 230.
[351] Baumgarth (2001), S. 25.
[352] Vgl. Simonin/Ruth (1998), S. 33; Baumgarth (2001), S. 29.
[353] Vgl. Baumgarth (2004), S. 245.
[354] Vgl. bspw. Park/Miberg/Lawson (1991); Park/Jun/Schocker (1996); Simonin/Ruth (1998); Baumgarth (2003).
[355] Vgl. Esch/Wicke (2001), S. 11, Baumgarth (2003), S. 219 f./223; Kroeber-Riel/Weinberg (2003), S. 295.
[356] Vgl. Farquhar/Herr/Fazio (1990), S. 856 f.
[357] Vgl. Bridges (1992), S. 3 ff.

3 Konzeption eines Untersuchungsmodells

gruenz), so kann das Individuum erklären, warum die beteiligten Marken gemeinsam auftreten. Diese Markenfit-Beurteilung beeinflusst die zweite Stufe, in der ein hoher wahrgenommener Markenfit schließlich zu einer positiven Beurteilung (Einstellung) des Stimulus, also der Markenallianz-Leistung, führt. Liegt Schemainkongruenz (Misfit) vor, ist also der Stimulus mit dem Markenschema inkompatibel, so kann es aufgrund des hohen kognitiven Aufwandes bei der Verarbeitung der Stimulusinformation zu einer negativen Beurteilung des Stimulus kommen.[358] Eine positive Einstellung gegenüber der Markenallianz-Leistung, konkret der Mobile Marketing Kampagne, ist also von dem wahrgenommenen Fit der beteiligten Marken abhängig. Die folgende Hypothese gibt den eben dargestellten Zusammenhang wieder:

> H_3: Je höher der wahrgenommene Markenfit, desto positiver ist die Einstellung gegenüber der Mobile Marketing Kampagne.

Wie oben erklärt, basiert der Markenfit auf Markenimages, die die Individuen über die zu beurteilenden Marken besitzen. Das Markenimage bildet die subjektiven Ansichten und (gefühlsmäßigen) Wertungen bezüglich einer Marke aufgrund von Markenassoziationen ab.[359] Nach *Kroeber-Riel/Weinberg* (2003) werden dem Image die gleichen Merkmale zugeschrieben wie dem Konstrukt der Einstellung.[360] Daraus kann gefolgert werden, dass der Markenfit aus den Einstellungen der beteiligten Marken konstituiert wird. Auch die Markenschemata, die zur Beurteilung des Markenfit assimiliert werden, beinhalten eine affektive Komponente (Einstellung). Folglich kann eine Beziehung zwischen der Einstellung zu den Marken A und B und dem Markenfit konstatiert werden. Die Hypothesen H_4 und H_5 halten diese wie folgt fest:

> H_4: Je positiver die Einstellung gegenüber Marke A, desto höher ist der wahrgenommene Markenfit.

> H_5: Je positiver die Einstellung gegenüber Marke B, desto höher ist der wahrgenommene Markenfit.

---

[358] Vgl. Kapitel 3.1.2.
[359] Vgl. Bruhn/Homburg (2004), S. 484.
[360] Vgl. Kroeber-Riel/Weinberg (2003), S. 197 f.

3.2.3 Einfluss des Werbestilfit

Die am häufigsten untersuchte Fitvariante neben dem Markenfit ist der Produktfit.[361] Als Produktfit wird im Rahmen der Markenallianz-Forschung die Ähnlichkeit der Produktkategorien (im weitesten Sinne) verstanden, die von den beteiligten Marken angeboten werden.[362] Für das Untersuchungsobjekt dieser Studie, eine gemeinsame Mobile Marketing Kampagne von verschiedenen Marken, erscheint die Untersuchung des Produktfit irrelevant, weil hier kein gemeinsames physisches Produkt angeboten, sondern eine gemeinsame Co-Promotions-Aktion durchgeführt wird, die durch gezielte gemeinsame Kommunikation auf die kurzfristige Verkaufsförderung der eigenen Markenleistung abzielt. Dabei fokussiert die Kooperation zwischen den Marken gemeinschaftliche Werbeaktivitäten. Das Interesse der Konsumenten wird eher auf den gemeinschaftlichen Werbeauftritt der involvierten Marken als auf die logische Verbindung der Produktklassen beider Unternehmen gerichtet.[363] Da Markenallianzpartner bei Co-Promotionen mit Werbemitteln zusammen präsentiert werden, kann in der jeweiligen markentypischen Werbegestaltung eine mögliche Dimension der Fitbeurteilung der Markenallianzpartner gesehen werden.[364] Dabei kann die Fitbeurteilung aus dem typischen Inhalt oder der Gestaltung der Werbekampagnen/Kommunikationsmaßnahmen der beteiligten Marken herrühren.[365] Bei verschiedenen Produktkategorien erscheint der inhaltliche Vergleich der Werbekampagnen der jeweiligen Marken als Fitbasis unangemessen, da möglicherweise produktspezifische Merkmale dominieren. Plausibel erscheint ein Vergleich auf der Basis des Werbestils der jeweiligen Marken, welcher unabhängig von den Produktkategorien der Marken von den Konsumenten wahrgenommen und beurteilt werden kann. Der Begriff des Werbstils wurde von *Seyffert* (1966) geprägt und definiert die Gestaltung einer Werbebotschaft.[366] Unter Stil ist nach *Bergler* generell „(…) ein über einen langen Zeitraum hinaus gleichbleibendes Verhalten, dass sich eindeutig, unverwechselbar, prägnant und geschlossen von anderen Stilen bzw. Verhaltensweisen abhebt und differenziert (…)"[367], zu verstehen. Auf die Werbung übertragen ist dabei mit gleichbleibender Gestaltung nicht eine durchweg identische, sondern eine sich im Rahmen einer Stilamplitude bewegende Gestaltung zu verstehen, wobei auch die völlige Differenzierung von den Werbestilen anderer Mar-

---

[361] Vgl. Baumgarth (2001), S. 25.
[362] Vgl. Simonin/Ruth (1998), S. 33.
[363] Vgl. Koncz (2005), S. 11 f./107.
[364] Vgl. Koncz (2005), S. 142.
[365] Vgl. Koncz (2005), S. 102.
[366] Vgl. Seyffert (1966), S. 951.
[367] Bergler (1963), S. 95.

3 Konzeption eines Untersuchungsmodells 61

ken in der Realität nicht immer gegeben ist.[368] Für die Gestaltung kann eine beliebige Kombination verbaler (Text), visueller (Bild, Farbe), akustischer (Ton), Gestaltungselemente zum Einsatz kommen.[369] Je nach Konstellation dieser Elemente können Werbestile beispielsweise als provokant oder spielerisch typisiert werden.

Unter dem Konstrukt Werbestilfit ist nun die wahrgenommene Ähnlichkeit zwischen den eingesetzten Gestaltungselementen und ihren Ausprägungen in den jeweiligen Werbekampagnen der beteiligten Marken zu verstehen, die eine logische Beziehung zwischen den Werbekampagnen der betrachteten Marken herstellt.[370] Der Einfluss des Werbestilfit auf die Beurteilung einer Co-Promotion-Aktion kann theoretisch im Rahmen der Schematheorie hergeleitet werden.[371] Da Co-Promotionen von Marken u. a. über Werbung kommuniziert werden, ist bei der Konfrontation mit einer Mobile Marketing Kampagne von einer Aktivierung der typischen Kampagnen und Werbestile der beteiligten Marken auszugehen. Kann der Rezipient die aufgerufenen Schemata über die jeweiligen Werbestile der Marken derselben mentalen Kategorie zuordnen, so liegt Schemakonsistenz vor, die zu einer positiven Beurteilung des Reizes führt. Der Konsument beurteilt also zunächst inwiefern der Werbestil der Marke A in „Werbestilschema" der Marke B passt und umgekehrt. Existieren keine solche „Werbestilschemata", erfolgt die Stimulusverarbeitung bottom-up, d. h. die Werbestile werden attributweise in Beziehung gebracht.[372] Werden auf welchem Weg auch immer die Werbestile der Partnermarken als ähnlich empfunden, so führen sie zu einer positiven Globalbeurteilung (Einstellung)[373] der gemeinsamen Mobile Marketing Kampagne. Hypothese H_6 formuliert den linearen Zusammenhang zwischen Werbestilfit und der Markenallianz-Leistung:

---

[368] Vgl. Schweiger/Schrattenecker (2001), S. 225 f.
[369] Vgl. Mayer (1993), S. 10; Kloss (2007), S. 206.
[370] Im Rahmen des Co-Branding untersucht *Baumgarth* den Einfluss des Konstrukts Werbegefallen auf das Co-Brand-Produkt. Das Werbegefallen bezieht sich dabei auf die gemeinsame Werbung der beteiligten Marken und ist nicht mit dem hier dargestellten Konstrukt des Werbestilfit zu verwechseln. Vgl. Baumgarth (2003), S. 205 f.
[371] Bei dem Konstrukt des Werbestilfit spielt besonders die visuelle Wahrnehmung der Werbung eine Rolle. Die Passung der visuellen Werbeelemente wird in der Literatur im Rahmen der Gestaltheorie erklärt. Die Basis bilden die Gestaltgesetze (visuelle Schemata), die als interne Strukturierungsprinzipien mit bestimmten Gesetzmäßigkeiten den Wahrnehmungs- und Denkprozess steuern. Die Schematheorie, als der umfassendere Ansatz beinhaltet die Aussagen der Gestalttheorie. Vgl. Trommsdorff (1998), S. 265; vgl. Koncz (2005),S. 28 ff.
[372] Vgl. Baumgarth/Feldmann (2002), S. 18.
[373] Vgl. Baumgarth (2003), S. 219.

> H$_6$: Je höher der wahrgenommene Werbestilfit, desto positiver ist die Einstellung gegenüber der Mobile Marketing Kampagne.

Wie in Kapitel 3.2.3 bereits erläutert, führt die Begegnung mit Marken zur Aktivierung der gespeicherten Markenschemata, die sich ihrerseits aus Markenimages und Assoziationen zusammensetzen. Diese Markenimages bilden sich in erster Linie aus der Werbung der Marke.[374] Die Verbindung zwischen Markenwerbung und Markenimages kann analog auf den Werbestilfit und den Markenfit übertragen werden. Der wahrgenommene Werbestilfit, welcher sich aus der Beurteilung der jeweiligen Markenwerbungen ergibt, führt zur Beurteilung des Markenfit, der sich aus der Beurteilung der jeweiligen Markenimages zusammensetzt. Hypothese H$_7$ formuliert diesen Zusammenhang wie folgt:

> H$_7$: Je höher der wahrgenommene Werbestilfit, desto positiver ist der wahrgenommene Markenfit.

3.2.4 Einfluss des Communication Channel Fit

Im Rahmen der Markentransferforschung ist der zwischen der Muttermarke und der Erweiterung bestehende Fit der am häufigsten untersuchte Fit. Dieses Fit-Konstrukt wurde als essenziell für die Akzeptanz der Erweiterung der Muttermarke eingestuft.[375] Im Rahmen des Co-Branding bezeichnet *Baumgarth* (2003) dieses Verhältnis der Einzelmarke zu der Markenallianz-Leistung als den Transferfit.[376] Dieser Transferfit kann als Inspiration für die Entwicklung des Communication Channel fit angesehen werden, welches für den Untersuchungsgegenstand dieser Analyse spezifisch ist. Im Rahmen dieser Studie wird eine Markenkooperation für den Bereich des Mobile Marketing untersucht. Unter Mobile Marketing ist die Planung, Durchführung und Kontrolle von Marketingaktivitäten mittels mobiler Endgeräte zu verstehen.[377] Der Communication Channel fit beschreibt nun die Verbindung zwischen der Einzelmarke und Mobile Marketing. Er untersucht, inwiefern die Marketingstrategie Mobile Marketing zu den betrachteten Marken passt. Im Bereich der Kommunikationspolitik stehen Markenunternehmen zur Übermittlung ihrer Botschaft eine Reihe von Werbeträgern zur Verfügung. Diese reichen von Zeitschriften über das Fernsehen bis hin zum Internet.[378] Das

---

[374] Vgl. Schweiger/Schrattenecker (2001), S. 225.
[375] Vgl. Bridges (1992); Boush/Loken (1991); Park/Milberg/Lawson (1991); Aaker/Keller (1990).
[376] Vgl. Baumgarth (2003), S. 353.
[377] Vgl. Kapitel 2.3.
[378] Vgl. Kloss (2007), S. 291.

3 Konzeption eines Untersuchungsmodells

Mobiltelefon stellt in dieser Liste ein relativ neues Kommunikationsmedium dar. Die Entscheidung seitens der Unternehmen, welcher Kommunikationskanal der richtige für sie ist, hängt von einer Reihe von Kriterien ab (Reichweite, Funktion, Darstellungsmöglichkeit, Werbebudget etc.).[379] Auf der anderen Seite besitzen auch Konsumenten gewisse Präferenzen für und Images über die verschiedenen Kommunikationskanäle.[380] Hier setzt der Communication Channel fit an. Im Rahmen dieser Studie beschreibt er aus Sicht der Konsumenten, inwiefern diese das Image der betrachteten Marke und das Image von Mobiltelefonen im Sinne eines Kommunikationsmediums als zueinander passend empfinden bzw. eine Verknüpfung der Marke mit dem Mobiltelefon herstellen können. Als Beispiel könnte die Luxusmarke Rolex dienen. Die Vorstellung eines Rolex Kitchen Timers könnte auf dem Produktlevel zwar konsistent erscheinen, sie würde auf der Imageebene allerdings Dissonanz hervorrufen, da Rolex eine sehr exklusive Marke ist und ein Kitchen Timer eher kein Produkt zur Demonstration von Prestige darstellt.[381] Ein ähnlicher Affekt würde sich entfalten, wenn diese Luxusmarke Werbung über den Kommunikationskanal Mobiltelefon betreiben würde. Neben anderen Gründen ist eine Ursache dafür darin zu sehen, dass Mobile Marketing eher zur Kategorie der kostengünstigeren Werbeträgern zählt.[382] Die Promotion und Werbung von Luxusmarken wird aber zumeist durch exklusive oder teure Kommunikationskanäle wie Film oder Fernsehen erwartet. Folglich ist also das subjektive Image des Kommunikationskanals für die Beurteilung einer MMK von entscheidender Bedeutung.

Die Plausibilität des Communication Channel fit kann theoretisch im Rahmen der Schematheorie hergeleitet werden. Wie bereits in Kapitel 3.1.2 erklärt, werden bei der Konfrontation von Reizen die entsprechenden im Gedächtnis des Rezipienten gespeicherten Schemata aktiviert. Im Rahmen der hier untersuchten Markenallianz-Leistung, nämlich eine gemeinschaftliche Mobile Marketing Kampagne von zwei Marken, ist zu vermuten, dass bei einer Konfrontation mindestens drei Schemata bei dem Rezipient aktiviert werden, sofern diese existieren. Diese sind die Schemata der beteiligten Marken sowie das Mobile Marketing Schema.

---

[379] Vgl. Behrens (1996), S. 169.
[380] Vgl. beispielsweise Mahnik/Mayerhofer (2006), S. 11 f.
[381] Vgl. Bridges (1992), S. 1.
[382] Vgl. Muhr (2007), S. 37.

Laut Schemakongruenz-Beurteilungs-Modell nach *Mandler* (1982) werden die empfangenen Reize zunächst auf ihre Ähnlichkeit (Fit) hin beurteilt. Entscheidend bei der Fitbeurteilung muss hier nicht die Anzahl der übereinstimmenden Merkmale sein, sondern die Möglichkeit des Konsumenten eine subjektive Theorie („explanatory link") aufzustellen, die den Zusammenhang zwischen den dargebotenen Reizen, hier zwischen Marke und Mobile Marketing, erklären kann.[383] Wie kurz zuvor anhand der Marke Rolex illustriert, könnte ein solcher Link beispielsweise die Exklusivität sein. Gelingt eine erfolgreiche Verknüpfung der Reize, wird die gemeinsame Darstellung dieser Reize verstanden und positiv beurteilt. Für den hier untersuchten Fall bedeutet dies, dass sobald die in der Mobile Marketing Kampagne involvierte Marke und der Kommunikationskanal Mobiltelefon (Mobile Marketing) als kongruent empfunden werden, also ein Communication Channel fit vorliegt, das Streben des Beurteilenden nach mentaler Konsistenz erfüllt wird. Infolgedessen kommt es zur Auslösung eines positiven Affekts. Da für die Assimilierung von Marken- und Mobile Marketing-Schema eine attributbasierte Ähnlichkeit oder eine kausale Theorie existieren muss, sollte der wahrgenommene Communication Channel fit umso höher sein, je höher der/die wahrgenommene Link/Ähnlichkeit ist. Folglich resultiert daraus eine umso positivere Evaluation der Mobile Marketing Kampagne.[384] Für die Beurteilung einer Mobile Marketing Kampagne im Rahmen einer Markenallianz wird für jede der beteiligten Marken (hier: zwei) ein Communication Channel fit postuliert. Die folgenden Hypothesen geben den Zusammenhang zwischen dem Communication Channel fit der involvierten Marken A und B und der Einstellung zu Mobile Marketing Kampagne wieder.

H_8: Je höher der wahrgenommene Communication Channel fit der Marke A, desto positiver ist die Einstellung gegenüber der Mobile Marketing Kampagne.

H_9: Je höher der wahrgenommene Communication Channel fit der Marke B, desto positiver ist die Einstellung gegenüber der Mobile Marketing Kampagne.

3.2.5 Einfluss des Partner Purpose Fit

Im Zuge der Allianzbildung spielt die Auswahl eines geeigneten Partners eine herausragende Rolle für den Erfolg des Zusammenschlusses. Je nach Zielsetzung, die die partnersuchende

---

[383] Vgl. Baumgarth/Feldmann (2002), S. 13.
[384] Vgl. dazu Bridges (1992), S. 6.

3 Konzeption eines Untersuchungsmodells

Marke mit der Erschließung einer Markenallianz verfolgt, können unterschiedliche Kriterien für die Partnerselektion im Vordergrund stehen.[385]

Eine Reihe wissenschaftlicher Arbeiten innerhalb dieses Forschungsbereiches sowie in angrenzenden Forschungsgebieten der Markenallianz (z. B. Cause Branding[386], Sponsoring[387]) liefern interessante Ansätze, die für den Aspekt der Partnerselektion hilfreich erscheinen.[388] Im Bereich des Sportsponsoring untersuchten z. B. *Koo/Quarterman/Flynn* (2006) den Einfluss des wahrgenommenen Fits zwischen der Sponsorenmarke und dem Sportereignis auf die Einstellung gegenüber der Sponsorenmarke.[389] Ihre Untersuchungen ergaben, dass ein hoher „brand/sport event image fit" zu einer positiveren Einstellung gegenüber der Sponsorenmarke führt.[390] Die Autoren untersuchten das Phänomen des Sportsponsoring aus der Konsumentenperspektive, die auch dieser Studie für Markenallianzen im Bereich des Mobile Marketing zugrundeliegt. Im Marketing-Mix wird das Sponsoring wie auch die Co-Promotion (z. B. mit Mobile Marketing) dem Bereich der Kommunikationspolitik zugeordnet.[391] In Anlehnung an das Sponsoring wird daher die Idee des „brand/event image fit" auf die in dieser Analyse betrachteten gemeinsame Markenallianz-Leistung, nämlich eine Mobile Marketing Kampagne, übertragen. Im Vergleich zu Sponsoring arbeiten bei Markenallianzen mehrere Marken mehr oder weniger abgestimmt für einen gemeinsamen Zweck zusammen. Bezüglich der Rangordnung der Marken innerhalb von Markenallianzen kann zwischen der Hauptmarke (Initiatormarken) und den Nebenmarken (Partnermarken) unterschieden werden. Als Hauptmarke kann diejenige Marke bezeichnet werden, die der Konsument stärker wahrnimmt bzw. diejenige, die den Konsumenten als die gemeinsame Aktion initiierende Marke vorgestellt wird.[392] Um im Rahmen des Marketing, Akzeptanz für eine bestimmte Promotionsaktion zu gewinnen, könnte sich eine Initiatormarke Partnermarken aussuchen, die diese Aktion aufwerten. Stellt sich beim Sponsoring die Frage nach dem Fit zwischen der Marke und dem gesponserten Ereignis, so kann sich im Rahmen der

---

[385] Vgl. Kapitel 2.2.3.
[386] Vgl. Kapitel 2.2.2.
[387] Sponsoring ist die Analyse, Planung und Durchführung sämtlicher Aktivitäten, die mit der Bereitstellung von Geld, Sachmitteln, Dienstleistungen oder Know-how durch Unternehmen zur Förderung von Personen und/oder Institutionen in den Bereichen Sport, Kultur, Soziales, Umwelt und/oder den Medien verbunden sind, um damit gleichzeitig Ziele der eigenen Marke zu erreichen. Vgl. Bruhn (2007), S. 441.
[388] Vgl. Janiszewski/Kwee/Meyvis (2001); Simonin/Ruth (2003); Walchli (1996).
[389] Vgl. Koo/Quarterman/Flynn (2006).
[390] Vgl. Koo/Quarterman/Flynn (2006), S. 87.
[391] Vgl. Baumgarth (2001), S. 25.
[392] Vgl. Park/Jun/Shocker (1996), S. 455; Rodriguez/Biswas (2004), S. 478 f.

Markenallianz der wahrgenommene Fit zwischen der Partnermarke und dem Ereignis als relevant herausstellen. Der Fit zwischen der Partnermarke und dem gemeinsamem Zweck/ Purpose (hier: Mobile Marketing) soll als Partner Purpose fit bezeichnet werden.[393] Unabhängig von anderen Fitbasen kann ein wahrgenommener Fit zwischen der Partnermarke und dem Ereignis für den Konsumenten eine plausible Erklärung liefern oder sogar vorausgesetzt werden, um den Zusammenschluss dieser Marken zu erklären. Das Konstrukt Partner Purpose fit untersucht im Rahmen des Mobile Marketing, inwiefern sich eine Initiatormarke, die die Durchführung einer MMK beabsichtigt, eine Partnermarke aus der Mobiltelefonbranche auswählen sollte. Denn ein Partner aus der Mobiltelefonbranche erscheint über den Link Mobiltelefone wohl am schnellsten mit dem Ereignis Mobile Marketing verbunden zu sein. Aufgrund der Ergebnisse der oben erwähnten Studie kann vermutet werden, dass ein wahrgenommener Partner Purpose fit die Einstellung gegenüber der Markenallianz-Leistung, konkret der MMK, positiv beeinflusst. Die theoretische Grundlage für den soeben hergeleiteten Sachverhalt kann wiederum in der Schematheorie gefunden werden, die auch *Koo/Quarterman/ Flynn* (2006) in ihrer Studie zur Wirkungserklärung des „brand/sport event image fit" herangezogen haben.[394] Die Schematheorie erlaubt eine effiziente Informationsaufnahme und -verarbeitung durch die Einordnung von Ereignissen und Objekten in bestehende Kategorien bzw. durch die Bildung neuer Kategorien. Die Mitglieder innerhalb einer Kategorie werden als ähnlich bzw. als zu einander passend empfunden.[395] Ob die Partnermarke aus der Mobiltelefonbranche und das Mobile Marketing als Mitglieder einer Kategorie eingestuft werden, hängt von dem subjektiven Ähnlichkeitsurteil des Rezipienten ab. Wie in Kapitel 3.1.2 erläutert, können verschiedene Gründe zur Wahrnehmung von Kongruenz (Ähnlichkeit) führen. Der Zusammenhang zwischen einer Partnermarke aus der Mobiltelefonbranche und Mobile Marketing kann über ähnliche Relationen bzw. Assoziationen erklärt werden. Sowohl die Partnermarke als auch die Mobile Marketing Aktion würden die Assoziation Mobiltelefone hervorrufen. Daher erfolgt nach der Schematheorie u. a. die Einordnung beider Phänomene in der Kategorie bzw. in das Schema Mobiltelefone. Die Annahme der Gleichbehandlung der Mitglieder einer Kategorie führt folglich im ersten Schritt zu einem wahrgenommenen Fit zwischen der Partnermarke und dem Mobile Marketing. Im zweiten Schritt erfolgt die Übertragung der affektiven Komponente der Kategorie auf den Stimuli, d. h. der wahrgenommene

---

[393] Siemens spricht im Zusammenhang mit der Strategie des Co-Branding bei der Partnerselektion von einem Context-Fit. Bei einem weit gefassten Begriff des Context/Purpose kann der Partner Purpose fit diesem zugeordnet werden. Vgl. Friese-Greene (2004), S. 48.
[394] Vgl. Koo/Quarterman/Flynn (2006), S. 80.
[395] Vgl. Rumelhart (1980), S. 34 f.

3 Konzeption eines Untersuchungsmodells

Partner Purpose fit führt zu einer positiven Einstellung gegenüber der gemeinschaftlichen MMK der Haupt- und Partnermarke.[396] Hypothese H_{10} postuliert diesen Zusammenhang:

> H_{10}: Je höher der wahrgenommene Partner Purpose fit, desto positiver ist die Einstellung gegenüber der Mobile Marketing Kampagne.

Bei den zahlreichen Untersuchungen zu Markenallianzen ist nach dem Wissen des Autors bisher weder der Communication Channel fit noch das hier vorgestellte Konstrukt des Partner Purpose fit untersucht worden. Die sich speziell aufgrund der Fragestellung dieser Untersuchung herauskristallisierten Konstrukte Communication Channel fit und Partner Purpose fit können durchaus verallgemeinert werden und für andere Untersuchungsgegenstände im Rahmen der Markenallianzen und anderer Forschungsgebiete Verwendung finden. Des Wieteren ist die hier vorgestellte Relation zwischen Partnermarke und Mobile Marketing über die Assoziation mit Mobiltelefonen nicht als erschöpfend zu betrachten. Es können durchaus auch weitere Assoziationselemente in Frage kommen, die eine logische Beziehung zwischen Partnermarke und dem Mobile Marketing herstellen. Betrachtet man jedoch die Verbindungsebene der Mobiltelefone, so ergibt sich weiter eine Beziehung zwischen dem zuvor dargestellten Communication Channel fit der Marke B (Partnermarke) und dem Partner Purpose fit. Beide Konstrukte stehen einander nahe, da hier beide explizit auf dem Phänomen Mobile Marketing aufbauen. Es ist geradezu trivial, dass ein wahrgenommener Fit zwischen Marke B und Mobile Marketing (Communication Channel fit der Marke B) eine plausible Verbindung zum Mobile Marketing unterstellt. Folglich erscheint für Marke A die Marke B eine angemessene Option zur Initiierung einer gemeinsamen MMK, da sich somit der Konsument unter Umständen den Zusammenschluss der Marken für eine Mobile Marketing Aktion besser erklären kann. Selbst wenn für die Hauptmarke kein Communication Channel fit wahrgenommen wird, könnte ein Partner Purpose fit die Begründung für eine positive Beurteilung der gemeinsamen Mobile Marketing Aktion darstellen. Dies könnte unter anderem eine mögliche Ursache für die Bildung einer Markenallianz seitens der Hauptmarke sein. Den logischen Zusammenhang zwischen Communication Channel fit der Partnermarke und Partner Purpose fit gibt die Hypothese H_{11} wieder.

---

[396] Vgl. dazu Kapitel 3.1.2; vgl. auch Koncz (2005), S. 117 f.

H₁₁: Der wahrgenommene Communication Channel fit der Partnermarke hat einen positiven Einfluss auf den Partner Purpose fit.

3.2.6 Einfluss der Einstellung gegenüber der Mobile Marketing-Kampagne auf die Interaktionsabsicht

Wie in Kapitel 3.2.1 erwähnt, gilt die Einstellung als ein Verhaltensprädiktor. Die Basis dafür bildet die bekannte Einstellungs-Verhaltens-Hypothese (E-V-Hypothese), die postuliert, dass Einstellungen das Verhalten bestimmen. Eine positive oder negative Einstellung gegenüber einem Meinungsobjekt löst demnach eine Bereitschaft aus, sich dem Objekt gegenüber in einer positiven oder negativen Weise zu verhalten, so z. B. bei positiver (negativer) Einstellung gegenüber einer Marke diese (nicht) zu kaufen. Die Gültigkeit der E-V-Hypothese setzt voraus, dass das Individuum bei seinem Verhalten kognitiv präsent ist und seinen verfestigten Präferenzen folgt.[397] Theoretisch wird der E-V-Zusammenhang mit der Konsistenztheorie begründet, wonach Einstellungen und Verhaltensweisen nicht grundsätzlich auseinanderklaffen können.[398] Empirisch konnte dieser Zusammenhang allerdings nur selten bestätigt werden.[399] Vor allem die Studie von *LaPiere* (1934) demonstrierte die fehlende Konsistenz zwischen Einstellung und Verhalten.[400] Im Zuge der zunehmenden Kritik bauten *Ajzen/Fishbein* (1980) die vereinfachte E-V-Hypothese aus und entwickelten daraus das heute in der wissenschaftlichen Forschung weit verbreitete Modell des überlegten Handelns („Theorie of reasoned Action" – TORA).[401] Dieses baut auf dem Konzept der begrenzten Rationalität von *Simon* (1976) auf.[402] Im Kern geht dieses Konzept von der Annahme aus, dass Menschen nur eine begrenzte Anzahl von Informationen verarbeiten können und dabei rational vorgehen. Auf Basis der systematischen Evaluation der Informationen entscheidet sich das Individuum für oder gegen die Durchführung einer Handlung, die in Bezug zu der Information steht.[403] Das Handeln erfolgt also nie gedankenlos, es steckt immer ein Wille bzw. eine Absicht dahinter. Diese Intention drückt *Fishbein* (1967) in dem separaten Konstrukt der Verhaltensintention aus. Dieses geht aus den Feststellungen zahlreicher Studien hervor, wonach gleiche Einstel-

---

[397] Vgl. Kroeber-Riel/Weinberg (2003), S. 170 ff.
[398] Vgl. Trommsdorff (2002), S. 156.
[399] Vgl. Kroeber-Riel/Weinberg (2003), S. 173; Ajzen/Fishbein (1970); Wicker (1969).
[400] Vgl. LaPiere (1934).
[401] Vgl. Ajzen/Fishbein (1980). *Ajzen* erweiterte dieses Modell zum Modell des geplanten Verhaltens. Vgl. Ajzen (1985). Da die Einstellungs- und Verhaltens-Beziehung nicht Schwerpunkt dieser Studie ist, soll auf das Modell des geplanten Verhaltens nicht näher eingegangen werden.
[402] Vgl. Simon (1976).
[403] Vgl. Ajzen/Fishbein (1980), S. 5; vgl. auch Braunstein (2001), S. 107.

3 Konzeption eines Untersuchungsmodells

lungen bei verschiedenen Individuen zu unterschiedlichen Intentionen führen können.[404] So ist die Verhaltensabsicht als eine unabhängige Variable und nicht als die konative Komponente innerhalb des Einstellungskonstrukts zu betrachten, wie sie im Rahmen der Dreikomponententheorie aufgefasst wird.[405] Als Verhaltensabsicht ist konkret die subjektiv wahrgenommene Wahrscheinlichkeit zu verstehen, mit der ein Individuum ein Verhalten ausführen wird.[406]

In Anlehnung an *Dulany* (1961)[407], welcher im Rahmen seiner Studie die Intention als Determinante vom Antwortverhalten ausmachen konnte, definiert *Fishbein* (1967) die Verhaltensintention als Mittler zwischen Einstellung und Verhalten. Somit resultiert die Verhaltensintention aus der Einstellung.[408] Das Modell des überlegten Handelns beschreibt konkret das Verhalten in Abhängigkeit von der Verhaltensintention, die wiederum aus zwei Komponenten besteht, nämlich aus der Einstellung zum Verhalten und den Einflüssen der sozialen Normen.[409] Eine Erweiterung dieses Modells ist das Modell des geplanten Verhaltens von *Ajzen* (1985), welches große Beachtung in der Verhaltensforschung genießt.[410] Für den Zweck dieser Analyse ist nur die Erweiterung des alten Modells um die Komponente der Einstellung zum Objekt[411] als Determinante der Verhaltensintention relevant. In diesem Zusammenhang sieht *Fazio* (1990) das Konstrukt Einstellung zum Objekt gegenüber dem Konstrukt Einstellung zum Verhalten überlegener, da dieses bei der Begegnung mit Reizen aufgrund ihrer leichten kognitiven Zugänglichkeit automatisch aktiviert wird.[412] Der direkte Einfluss der Einstellung zum Objekt auf die Verhaltensintention konnte überdies empirisch bestätigt werden.[413]

Untersuchungsgegenstand dieser Studie ist die Akzeptanz von MMK. In Anlehnung an *Bauer et al.* (2005) wird die Akzeptanz durch die Konstrukte Einstellung gegenüber der gemeinschaftlichen MMK sowie der Teilnahmeabsicht definiert werden.[414] Die Teilnahmeabsicht, im

---

[404] Vgl. Fishbein (1967), S. 482 f.
[405] Vgl. Fishbein/Ajzen (1975), S. 289; vgl. zu Dreikomponententheorie Kapitel 3.2.1.
[406] Vgl. Fishbein/Ajzen (1975), S. 288; vgl. ferner Reinecke (1997), S. 43.
[407] Vgl. Dulany (1961).
[408] Vgl. Fishbein (1967), S. 480 ff.
[409] Vgl. Fishbein (1975).
[410] Vgl. Ajzen (1985).
[411] Vgl. Ajzen/Fishbein (1980), S. 82.
[412] Vgl. Fazio (1990), S. 75 ff.; Braunstein (2001), S. 116.
[413] Vgl. Morrsion (1996), S. 1658; Jaccard/Davidson (1975), S. 495 ff.
[414] Vgl. Bauer/Reichardt/Barnes/Neumann (2005), S. 183.

Folgenden als Interaktionsabsicht terminiert, ist hier analog zur Verhaltensabsicht als die subjektiv wahrgenommene Wahrscheinlichkeit zu verstehen, mit der ein Rezipient bereit ist, an der vorgestellten Mobile Marketing Kampagne teilzunehmen bzw. in ihr zu interagieren. Übertragen auf das Phänomen Mobile Marketing soll vereinfacht und basierend auf dem „erweiterten" Modell des überlegten Handelns und dessen empirische Bestätigung mit der Hypothese H_{12} ein positiver Zusammenhang zwischen der Einstellung zur Mobile Marketing Kampagne und der Interaktionsabsicht mit dieser postuliert werden.[415]

H_{12}: Je positiver die Einstellung gegenüber der Mobile Marketing Kampagne, desto höher die Intention zur Interaktion mit dieser Kampagne.

3.3 Involvement mit dem Produkt als moderierende Variable

Das Konstrukt des Involvement entstammt dem Kontrast-Assimilations-Modell von *Sherif/Cantril* (1947).[416] In den 60er Jahren des 20. Jahrhunderts wurde es von *Krugmann* (1965) in der Marketingliteratur eingeführt und kam vorrangig in der Werbewirkungsanalyse zum Einsatz.[417] Es haben sich dabei verschiedene Ansätze hinsichtlich der Konzeptualisierung und Dimensionalität des Involvement-Konstrukts entwickelt.[418] In Anbetracht der verschiedenen Sichtweisen formuliert *Antil* (1988) eine allgemeingültige Definition und beschreibt das Involvement als „(...) the level of perceived personal importance and/or interest evoked by a stimulus (...)".[419] Es ist somit ein Maß für die persönliche Relevanz oder das innere Engagement, mit dem sich ein Individuum einem Meinungsgegenstand widmet, wobei es sowohl kognitive (Informationssuche-, -aufnahme, -verarbeitung, und -speicherung) als auch emotionale Prozesse umfasst.[420] Die Stärke des Involvement wird häufig durch die Kategorien High- und Low-Involvement definiert. Bei High-Involvement sucht das Individuum aktiv nach Informationen, setzt sich intensiv mit dem Meinungsgegenstand auseinander, da es sich

---

[415] Diese Beziehung zwischen Einstellung und Verhaltens-/Teilnahmeabsicht gilt allerdings nur, wenn zwischen diesen Komponenten eine Korrespondenz hinsichtlich der Spezifikationsniveaus Ziel, Handlung, Kontext und Zeit vorliegt (Korrespondenzprinzip). Je ähnlicher die Komponenten hinsichtlich dieser vier Aspekte, desto stärker ist deren Beziehung. Vgl. Ajzen/Fishbein (1980), S. 56; vgl. auch Braunstein (2001), S. 104. Des Weiteren werden bei der Postulierung dieser Hypothese die weiteren Komponente „soziale Normen" und „Einstellung gegenüber dem Verhalten" aus dem „erweiterten" Modell des überlegten Handelns nicht berücksichtigt, da zum einen der Schwerpunkt dieser Studie nicht auf die Erklärung der Einstellungs-Verhaltens-Beziehung liegt und zum anderen der Umfang des Kausalmodells ausufern würde.
[416] Vgl. Laaksonen (1994), S. 2; Sherif/Cantril (1947).
[417] Vgl. Laaksonen (1994), S. 2 ff.; Krugmann (1965).
[418] Für einen Überblick vgl. Antil (1988).
[419] Antil (1988), S. 204.
[420] Vgl. Kroeber-Riel/Weinberg (2003), S. 175.

3 Konzeption eines Untersuchungsmodells

mit diesem verbunden fühlt. Von Low-Involvement ist die Rede, falls weder eine extensive kognitive noch eine emotionale Auseinandersetzung mit den Stimuli vorliegt.[421]

Für den Zweck dieser Studie wird in Anlehnung an die oben vorgestellte Definition von *Antil* (1988) das Involvement mit Mobiltelefonen als das persönliche Interesse und die mit dem Mobiletelefon verbundenen Emotionen eines Individuums verstanden. Entsprechend dem Untersuchungsgegenstand dieser Analyse kann vermutet werden, dass besonders das Interesse an Mobiltelefonen, die das Kommunikationsmedium des Mobile Marketing verkörpern, eine Rolle bei der Beurteilung von Mobile Marketing Kampagne spielen könnte. Das Involvement mit Mobiltelefonen soll daher als moderierende Variable untersuchen, inwiefern die in den Kapiteln 3.2.1 bis 3.2.6 aufgestellten Konstruktzusammenhänge in Abhängigkeit von der Intensität des Involvement beeinflusst werden. Der Einfluss des Involvement-Konstrukts auf die Einstellung gegenüber Meinungsobjekten und Verhaltensabsichten konnte empirisch bereits bestätigt werden.[422] Des Weiteren ist davon auszugehen, dass die Fitbeurteilungen vom Grad des Involvement mit Mobiltelefonen betroffen sind.[423] Bei hohem Involvement mit Mobiltelefonen ist anzunehmen, dass ein Individuum alle verfügbaren Informationen, die im Zusammenhang mit Mobiltelefonen stehen, bei der Beurteilung der MMK einzeln und intensiv verarbeitet.[424] Diese Informationen könnten die Einstellung zu der beteiligten Mobiltelefonmarke, dessen ausgewähltem Allianzpartner sowie mehrere und auch komplexere Fitbeurteilungen umfassen. Bei geringem Involvement mit Mobiltelefonen werden hingegen nur wenige, auffällige und oberflächliche Informationen für die Beurteilung der gemeinsamen MMK bewertet, wie etwa nur die Einstellung zur beteiligten Mobiltelefonmarke.[425] Den moderierenden Effekt des Involvement mit Mobiltelefonen auf das gesamte Kausalmodell postuliert die folgende Hypothese:

H_{13}: Die Stärke der Konstruktzusammenhänge im Modell unterscheidet sich für die Personengruppen mit hohem und niedrigem Involvement hinsichtlich des beworbenen Produkts signifikant voneinander.

---

[421] Vgl. Trommsdorff (2002), S. 56.
[422] Vgl. u. a. Haugtvedt/Petty/Cacioppo/Steidley (1992); Sherif/Cantril (1947); Nijssen/Uijl/Bucklin (1995); Smith (1989).
[423] Vgl. Baumgarth (2003), S. 183.
[424] Petty/Cacioppo ordnen im Rahmen ihrer Elaboration-Likelihood Methode diese Art der Informationsverarbeitung, die sie bei High-Involvement vermuten, der sogenannten zentralen Route zu. Bei geringem Involvement, also geringer kognitiver Aktivitäten wird die periphere Route eingeschlagen. Vgl. Petty/Cacioppo (1986).
[425] Vgl. Baumgarth (2003), S. 181 ff. Eine theoretische Grundlage für die unterschiedlichen Beurteilungsrouten bildet die Elaboration-Likelihood-Methode von Petty/Cacioppo.

3.4 Konzeptualisiertes Hypothesenmodell im Überblick

Zum Abschluss werden in Tabelle 6 die in den vorangegangenen Unterkapiteln hergeleiteten Hypothesen im Überblick dargestellt. Abbildung 7 visualisiert im Anschluss das vollständige Kausalmodell – Mobile Marketing Markenallianz Modell (MMM-Modell) – mit sämtlichen Variablen und den zugehörigen Wirkungszusammenhängen. Das Kausalmodell besteht aus insgesamt neun Konstrukten und einer moderierenden Variable, wobei die Konstrukte „Einstellung gegenüber der Mobile Marketing Kampagne" und „Interaktionsabsicht" die zu erklärenden und die weiteren Konstrukte die erklärenden Variablen repräsentieren.

Hypothese	Vermuteter Zusammenhang
H_1	Je positiver die Einstellung gegenüber Marke A, desto positiver ist die Einstellung gegenüber der Mobile Marketing Kampagne.
H_2	Je positiver die Einstellung gegenüber Marke B, desto positiver ist die Einstellung gegenüber der Mobile Marketing Kampagne.
H_3	Je höher der wahrgenommene Markenfit, desto positiver ist die Einstellung gegenüber der Mobile Marketing Kampagne.
H_4	Je positiver die Einstellung gegenüber Marke A, desto höher ist der wahrgenommene Markenfit.
H_5	Je positiver die Einstellung gegenüber Marke B, desto höher ist der wahrgenommene Markenfit.
H_6	Je höher der wahrgenommene Werbestilfit, desto positiver ist die Einstellung gegenüber der Mobile Marketing Kampagne.
H_7	Je höher der wahrgenommene Werbestilfit, desto positiver ist der wahrgenommene Markenfit.
H_8	Der wahrgenommene Communication Channel fit der Marke A hat einen positiven Einfluss auf die Einstellung gegenüber der Mobile Marketing.
H_9	Der wahrgenommene Communication Channel fit der Marke B hat einen positiven Einfluss auf die Einstellung gegenüber der Mobile Marketing.
H_{10}	Je höher der wahrgenommene Partner Purpose fit, desto positiver ist die Einstellung gegenüber der Mobile Marketing Kampagne.
H_{11}	Der wahrgenommene Communication Channel fit der Partnermarke hat einen positiven Einfluss auf den Partner Purpose fit.
H_{12}	Je positiver die Einstellung gegenüber der Mobile Marketing Kampagne, desto höher die Interaktionsabsicht.
H_{13}	Die Stärke der Konstruktzusammenhänge im Modell unterscheidet sich für die Personengruppen mit hohem und niedrigem Involvement mit Mobiltelefonen signifikant voneinander.

Tabelle 6: Die Hypothesen im Überblick

3 Konzeption eines Untersuchungsmodells

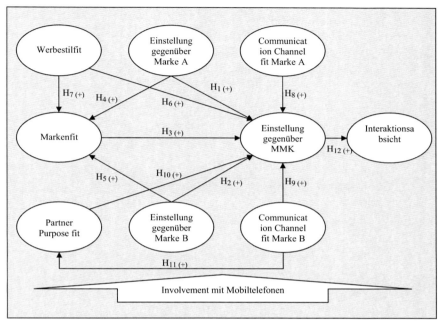

Abbildung 7: Das Mobile Marketing Markenallianz-Modell (MMM-Modell)
Quelle: eigene Darstellung.

4 Empirische Überprüfung des Modells zur Bedeutung von Markenallianzen für die Akzeptanz von Mobile Marketing

4.1 PLS als geeignetes Verfahren zur Überprüfung des postulierten Wirkgefüges

4.1.1 Auswahl eines problemadäquaten Schätzverfahrens

Zur empirischen Überprüfung des in Kapitel 3 theoretisch hergeleiteten Hypothesensystems bedarf es eines adäquaten mathematisch-statistischen Analyseverfahrens, welches die Abhängigkeitsstrukturen zwischen den zugrundeliegenden Untersuchungsvariablen ermittelt. Solch ein Verfahren soll Rückschluss auf die Richtigkeit sowie die Notwendigkeit der Modifikation des spezifizierten Modells erlauben. Für eine verhaltenswissenschaftliche Untersuchung, wie sie dieser Studie zugrunde liegt, stellt *Ohlwein* (1999) vier Kriterien für die Wahl eines geeigneten Verfahrens auf.[426]

Das erste Kriterium fordert ein Analyseverfahren, welches in der Lage ist, kausale Zusammenhänge zwischen latenten Variablen zu analysieren. Latente Variablen sind hypothetische Konstrukte, die nicht unmittelbar beobachtbar sind und demnach auch nicht direkt gemessen werden können. Zur Operationalisierung dieser Konstrukte werden eine oder mehrere direkt beobachtbare Variablen (Indikatoren) herangezogen, die diese latenten Variablen approximativ abbilden.[427] Das zweite Kriterium erfordert die explizite Berücksichtigung von Messfehlern bei der Schätzung des Modells. Da zur Messung von hypothetischen Konstrukten Variablen benutzt werden, die diese lediglich approximativ und selten exakt widerspiegeln, sind Messfehler zwangsläufig zu erwarten.[428] Generell können Messfehler aus verschiedenen Quellen resultieren. Dazu gehören u. a. die bewusste/unbewusste Falschbeantwortung seitens der Probanden sowie die Unzulänglichkeit des Messinstrumentes (z. B. schriftliche/ telefonische Befragung etc.) für die spezifische Aufgabenstellung.[429] Das anzuwendende Analyseverfahren für das Untersuchungsmodell dieser Evaluation, welches sogar mehrere latente Variablen umfasst, sollte daher insbesondere in der Lage sein, diese Messfehler einzubeziehen und möglichst zu minimieren, um verzerrte Parameterschätzung zu vermeiden.[430] Die Berücksichtigung von Messfehlern ist insofern essenziell, als dass sie bei nicht expliziter Einbeziehung und Minimierung die Reliabilität und Validität der Messung reduzieren und zu gravierenden Fehlentscheidungen bei Hypothesentests führen können. Messfehler können zu

---
[426] Vgl. Ohlwein (1999), S. 220.
[427] Vgl. Kroeber-Riel/Weinberg (2003), S. 31 f.
[428] Vgl. Eckey/Koseld/Dregger (2004), S. 9.
[429] Vgl. Bagozzi (1994), S. 27; Berekoven/Ecker/Ellenrieder (2006), S. 68 f.
[430] Vgl. Peter (1997), S. 128 f.

Ablehnung richtiger und zu Annahme falscher Hypothesen führen.[431] Des Weiteren sollte eine Analysemethode nicht nur die Verflechtungen zwischen den erklärenden und zu erklärenden Konstrukten auffangen können, sondern auch diejenigen unter den erklärenden Variablen. Dieses dritte Kriterium soll die Operationalisierung vielfältiger und komplexer Wirkungsstrukturen erlauben. Das vierte Kriterium zielt auf die simultane Schätzung aller im Rahmen des Modells aufgestellten Wirkungsbeziehungen in Form von mathematischen Gleichungen ab. Bei diesem Vorgehen können alle verfügbaren Informationen über die einbezogenen Konstrukte verwendet werden. Würden die Gleichungen im Gegensatz dazu einzeln geschätzt werden, wäre die Berücksichtigung von Interdependenzen zwischen den involvierten Variablen zum gleichen Zeitpunkt nicht möglich. Das vierte Kriterium fordert mit einer Simultanschätzung schließlich eine suffiziente und effiziente Schätzung.[432] Im Rahmen dieser Studie – aber auch für einen Großteil der Marketingstudien – erscheint des Weiteren die Formulierung eines fünften Kriteriums notwendig. Ein Analyseverfahren sollte in der Lage sein, metrisch skalierte Variablen zu handhaben, da in der Marketingforschung überwiegend Rating–Skalen (metrisch) eingesetzt werden. Eine universellere Forderung nach mindestens metrisch skalierten Variablen erlaubt eine flexiblere Modellierung, da dann auch die Integration ordinal und nominal skalierter Variablen im Modell möglich ist.[433] Die folgende Tabelle stellt die Kriterien im Überblick dar:

Kriterium	Das Analyseverfahren soll ...
1	... kausale Beziehungen zwischen latenten Variablen abbilden.
2	... explizit Messfehler berücksichtigen.
3	... Interdependenzen zwischen den exogenen Variablen abbilden.
4	... die Simultanschätzung aller aufgestellten Gleichungen erlauben.
5	... mindestens metrisch skalierte Daten anwenden können.

Tabelle 7: Kriterien für die Auswahl des geeigneten Analyseverfahrens
Quelle: eigene Darstellung in Anlehnung an Ohlwein (1999), S. 220.

Das in Kapital 3 aufgestellte Modell untersucht die Wirkungen von einem Konstrukt zu anderen. Zur Schätzung dieser Dependenzstrukturen eignen sich grundsätzlich alle Spielarten

---
[431] Vgl. Bagozzi (1994), S. 18.
[432] Vgl. Eckey (2004), S. 305 ff.
[433] Vgl. Berekoven (2006), S. 72 ff.

4 Empirische Überprüfung des Modells

regressionsanalytischer Modelle. Als erstes kommt somit die klassische Regressionsanalyse in Frage.[434] In den letzten Dekaden ist aber die Verwendung linearer Strukturgleichungsmodelle für diesen Zweck kontinuierlich gestiegen und erfreut sich zunehmender Beliebtheit.[435] Im Folgenden soll die Überlegenheit dieser Analysemethode gegenüber der klassischen Regressionsanalyse anhand der zuvor geforderten Kriterien überprüft werden.

Das klassische Regressionsmodell ist wohl das bekannteste und das am häufigsten angewandte statistische Verfahren zur Überprüfung funktionaler Abhängigkeiten zwischen Variablen.[436] Wird eine endogene (abhängige) Variable durch eine exogene (unabhängige) Variable erklärt, so spricht man von einer Einfachregression. Andererseits spricht man von einer multiplen Regression (Mehrfachregression), wenn mehrere unabhängige Variablen eine endogene Variable erklären.[437] Hinsichtlich der oben aufgestellten Kriterien weist die Regressionsanalyse vielfache Schwächen auf. Zum einen wird hier von deterministischen Größen ausgegangen. Die Abbildung latenter Variablen kann nur erfolgen, wenn zuvor die jeweiligen Indikatorvariablen mittels einer Faktoranalyse zu einem direkt beobachtbaren Faktor verdichtet wurden.[438] Zudem wird davon ausgegangen, dass alle Variablen fehlerfrei gemessen werden. Selbst bei höchster Sorgfalt ist die Annahme fehlerfreier Messung bei empirisch erhobenen Daten unrealistisch.[439] Die Forderung nach der Abbildung von Interdependenzen zwischen den unabhängigen Variablen (Multikollinearität) wird als Annahmeverletzung des klassischen Regressionsmodells betrachtet.[440] Des Weiteren können mit dieser Methode nur einfache Abhängigkeitsstrukturen abgebildet werden, da eine simultane Schätzung mehrerer Gleichungen nicht möglich ist.[441]

Im Gegensatz zum klassischen Regressionsmodell erfolgt bei linearen Strukturgleichungsmodellen die gleichzeitige Betrachtung mehrerer Gleichungen, um wechselseitige Beziehungen zwischen den Variablen sowie kausale Ketten zu erfassen.[442] Strukturgleichungsmodelle mit hypothetischen Konstrukten sind unter dem Begriff Kausalanalyse bekannt.[443] Die erste

---

[434] Vgl. Braunstein (2001), S. 223.
[435] Vgl. Homburg/Baumgartner (1995), S. 1095 ff.
[436] Vgl. Backhaus (1994), S. 1 f.
[437] Vgl. Schulze (2007), S. 144/235.
[438] Vgl. Dichtl/Hardock/Ohlwein/Schellhase (1997), S. 498 ff.
[439] Vgl. Homburg (1992), S. 499.
[440] Vgl. Gujarati (2003), S. 341.
[441] Vgl. Gujarati (2003), S. 715 ff.
[442] Vgl. Schulze (2000), S. 609.
[443] Vgl. Homburg/Pflesser (2000), S. 634.

Anforderung des Kriterienkatalogs ist der Kausalanalyse somit inhärent. Im Vergleich zu anderen ökonometrischen Mehrgleichungsmodellen sind für die Kausalanalyse zwei weitere Aspekte besonders charakteristisch. Zum einen werden hier explizit Messfehler durch die Indikatorvariablen mitberücksichtigt und zum anderen können Wirkungszusammenhänge zwischen den Einflussgrößen des Zielkonstrukts abgebildet werden.[444] Mit der Möglichkeit, das Hypothesensystem als Ganzes zu testen, ist auch das vierte Kriterium erfüllt.[445] Wie bei der Regressionsanalyse, ist eine Integration von Modellvariablen aller Skalenniveaus möglich. Folglich stellen Strukturgleichungsmodelle, konkret Kausalanalysen, die geeignete methodische Basis für die hier angestrebte Modelluntersuchung dar. Als nächstes soll daher die Kausalanalyse näher betrachtet werden.

4.1.2 Kausalanalyse und der PLS-Ansatz

Die Kausalanalyse findet ihren Ursprung in den Fachgebieten der Psychologie, Ökonometrie und Soziologie. Seit Ende der achtziger Jahre wird dieses multivariate Analyseverfahren zunehmend in der Marketingforschung und -praxis eingesetzt.[446] Als Gründe werden die hohe Leistungsfähigkeit der Kausalanalyse in der Handhabung komplexer Dependenzstrukturen sowie das weitentwickelte Angebot von komfortablen statistischen Softwarepaketen, wie LISREL (Linear Structural Relations), welches bereits in der achten Version vorliegt, gesehen.[447] Die Kausalanalyse verkörpert eine Kombination aus der Regressions- und Faktoranalyse bzw. Komponentenanalyse und wird sowohl für konfirmatorische Überprüfungen als auch für explorative Analysen von theoretischen Hypothesen mit empirischen Daten eingesetzt.[448] „Schließlich ist die Frage zu beantworten, inwiefern varianz- bzw. kovarianzbasierte Verfahren für die Schätzung von Wirkungszusammenhängen zwischen Konstrukten geeignet sind und anhand welcher Kriterien die Güte einer Schätzung zu beurteilen ist."[449] Ausgang jeder Kausalanalyse ist die Unterscheidung in beobachtbare Variablen x_t, y_t (Indikatoren) und latente Variablen (Konstrukte). Bei letztgenanntem wird nochmals zwischen exogenen (ξ) und endogenen (η) Konstrukten differenziert. Endogene latente Variablen hängen von anderen latenten Variablen ab, exogene nicht.[450] Ein vollständiges Kausalmodell besteht aus zwei Partialmodellen. Messmodelle bilden das Beziehungsgeflecht

---
[444] Vgl. Huber et al. (2007), S. 6.
[445] Vgl. Peter (1997), S. 134.
[446] Vgl. Bagozzi (1980).
[447] Vgl. Homburg/Pflesser (2000), S. 658; Hildebrandt/Homburg (1998), S. 5.
[448] Vgl. Huber/Herrmann/Kressmann/Vollhardt (2005), S. 27; Hahn (2000), S. 109.
[449] Huber (2005), S. 6.
[450] Vgl. Homburg/Baumgartner (1998), S. 347.

4 Empirische Überprüfung des Modells

zwischen den Konstrukten und ihren zugehörigen Indikatorvariablen ab. Das Strukturmodell dient der Beschreibung der hypothetischen Beziehung zwischen den Konstrukten des Modells.[451] Die folgende Abbildung stellt ein Kausalmodell vereinfacht dar, wobei die Zeichen δ, ε Messfehler im Messmodell und ζ die Fehlervariable des Strukturmodells darstellen.

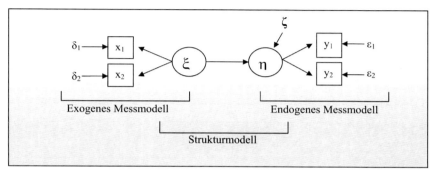

Tabelle 8: Vollständiges Kausalmodell
Quelle: eigene Darstellung in Anlehnung an Homburg/Hildebrandt (1998), S. 19.

Zur Formalisierung werden diese Beziehungen in lineare Gleichungen übertragen.[452] Mit dem vom *Jöreskog/Sörborn* (1979) entwickelten und in der Marketingforschung populären Computerprogramm LISREL (kovarianzbasiert)[453] und dem von *Wold* (1966) propagierten nichtparametrischen PLS (Partial Least Squares)-Ansatz (varianzbasiert) stehen dem Forscher heute zwei bedeutende Schätzverfahren für die kausalanalytische Untersuchung zur Auswahl.[454] Bei kovarianzbasierten Verfahren wie LISREL werden die Modellparameter, also die Beziehung zwischen den latenten Variablen und den Indikatorvariablen sowie zwischen den latenten Variablen untereinander, aus den Kovarianzen zwischen den Indikatorvariablen geschätzt. Bei PLS wird ausschließlich auf die Varianzen zurückgegriffen. Für das Anliegen dieser Untersuchung wird der PLS-Ansatz gewählt. Die folgenden Ausführungen begründen diese Wahl. Tabelle 9 stellt zunächst die wesentlichen Unterschiede zwischen LISREL und PLS im Überblick dar.

---

[451] Vgl. Huber et al. (2007), S. 6.
[452] Vgl. dazu sowie zur weiteren Vertiefung der mathematisch-statistischen Aspekte der Kausalanalyse Bagozzi (1980), 83 ff.
[453] Weitere kovarianzbasierte Verfahren sind AMOS, CALIS, EQS, RAMONA und MX. Vgl. Hahn (2000), S. 107; Huber et al. (2005), S. 10.
[454] Vgl. Fornell/Bookstein (1982), S. 440.

Kriterien	LISREL	PLS
Grundlage des Ansatzes	Kovarianzstruktur	Varianzstruktur
Schätzalgorithmus	sieben verschiedene Schätzalgorithmen möglich	Iterative Kleinst-Quadrat-Schätzung
Verteilungsannahme	Verteilungsannahme entsprechend des Schätzalgorithmus	keine
Indikatoren – Konstrukt Beziehung	reflektiv (formativ nur bedingt)	reflektiv, formativ
Stichprobenumfang	i.d.R. groß	klein ausreichend
Identifikation des Modelles	Identifikationsproblem	i.d.R. identifiziert
Zielsetzung	optimale Parameterschätzung	optimale Prognose der Zielkonstrukte
Anwendungsfeld	theorieorientiert	praxisorientiert

Tabelle 9: Vergleich zwischen PLS und LISREL
Quelle: eigene Darstellung in Anlehnung an Hahn (2002), S. 107.

Die Schätzung der Modellparameter erfolgt bei LISREL, indem die empirische Kovarianzmatrix bestmöglich reproduziert wird. Deshalb wird für dieses Verfahren oft der Begriff Kovarianzstrukturanalyse verwendet.[455] Die Schätzung kann auf Basis verschiedener Schätzalgorithmen vorgenommen werden, wobei entsprechende Verteilungsannahmen der Variablen zu berücksichtigen sind.[456] Wird z. B. mit der Maximum-Likelihood Methode geschätzt, so müssen normalverteilte Indikatorvariablen vorliegen.[457] Bei all diesen Methoden wird für die Erzielung asymptotisch effizienter und konsistenter Parameter eine große Stichprobe verlangt, die zudem eine hohe Anzahl von Freiheitsgraden gewährleistet und somit die Berechnung der Gütekriterien ermöglicht.[458] Vorteilhaft ist jedoch, dass LISREL erwartungstreue Parameterwerte schätzt, allerdings können manchmal auch unsinnige Ergebnisse herauskommen.[459]

---

[455] Vgl. Fornell/Bookstein (1982), S. 443.
[456] Vgl. Jöreskog/Sörbom (1993), S. 116.
[457] Vgl. Gujarati (2003), S. 112.
[458] Vgl. Hahn (2002), S. 109.
[459] Vgl. Huber/Herrmann/Kressmann/Vollhardt (2005), S. 12; Fornell/Bookstein (1982), S. 444.

4 Empirische Überprüfung des Modells 81

Im Gegensatz zu LISREL handelt es sich bei PLS um ein varianzbasiertes Verfahren. Hier steht die bestmögliche Reproduktion der aus der Stichprobe gewonnen Datenstruktur der Indikatoren im Vordergrund.[460] Bei PLS kommt eine komponentenbasierte Kausalanalyse zum Tragen, da hier das Gesamtmodell in regressionsanalytische Komponenten der Struktur- und Messmodelle aufgeteilt wird. In den einzelnen Regressionsgleichungen kommt die Kleinst-Quadrat-Methode zum Einsatz, die in einem iterativen Prozess die Minimierung der Residuenvarianzen anstrebt, so dass sich die Schätzwerte den gemessenen Datenpunkten möglichst annähern.[461] Der Antrieb für die parallele Entwicklung von PLS zu LISREL beschreibt *Wold* (1966) in den strengen Anforderungen der Kovarianzstrukturanalyse.[462] PLS ist insofern weniger restriktiv, als dass selbst bei umfangreichen Modellen mit einer Vielzahl von Indikatoren weder eine große Stichprobe noch eine Verteilungsannahme für die Variablen und Residuen verlangt wird. Diese Vereinfachungen erleichtern die Schätzung in der Forschungspraxis erheblich und erlauben dennoch die Erzielung robuster Ergebnisse.[463] Bezüglich des Stichprobenumfanges schlagen *Falk/Miller* (1992) ein pragmatisches Verhältnis von 5:1 zwischen der Anzahl der Stichprobensubjekten und der Modellvariablen vor.[464] Des Weiteren ist PLS flexibler als LISREL, da es sowohl reflektive als auch formative Beziehungen zu operationalisieren vermag und Korrelationen zwischen den Residuenvarianzen (Heteroskedastie) zulässt.[465] Zwar führt die PLS-Methode zu weniger genauen Schätzern, sie verfügt jedoch über bessere Vorhersageeigenschaften als kovarianzbasierte Verfahren.[466] Zudem besteht bei rekursiven PLS-Modellen (Kausalketten) kein Identifikationsproblem[467], sofern die einzelnen Teilregressionen im Gesamtmodell schätzbar sind.[468] Im Rahmen dieser Studie sind vor allem die Existenz einer kleinen Stichprobe sowie die weitgehende Freiheit bezüglich der Verteilung der Variablen ausschlaggebend für die Auswahl der PLS-Methode. Ebenso essenziell ist die besondere Eignung dieser Methode für das Forschungsziel dieser Analyse. Die Ermittlung des Einflusses von Markenallianzen bei der Akzeptanz eines neuen Marketing-Konzeptes – Mobile Marketing – stellt eine neuartige Fragestellung dar, wie sie in der Literatur auf diese

---

[460] Vgl. Fornell/Cha (1994), S. 62.
[461] Vgl. Fornell/Bookstein (1982), S. 441. Für Details zur Funktionsweise von PLS siehe auch Huber/Herrmann/ Kressmann/Vollhardt (2005), Wold (1966); Fornell/Cha (1994).
[462] Vgl. Wold (1966), S. 392 f.
[463] Vgl. Huber/Herrmann/Kressmann/Vollhardt (2005), S. 15.
[464] Vgl. Falk/Miller (1992), S. 13.
[465] Vgl. Fornell/Cha (1994), S. 54/73.
[466] Vgl. Huber/Herrmann/Kressmann/Vollhardt (2005), S. 14; Dijkstra (1983), S. 81.
[467] Das Identifikationsproblem ergibt sich, wenn sich aus den Varianzen/Kovarianzen der Indikatorvariablen mehrere statt genau ein Satz von Werten der Modellparameter ergeben, die diese Varianz-/Kovarianzstruktur generieren. Vgl. Homburg (1992), S. 499 f.
[468] Fornell/Cha (1994), S. 74; Hahn (2002), S. 104.

Weise noch nicht untersucht wurde. Aufgrund der erstmaligen Ermittlung der Zusammenhänge bestimmter Konstrukte sowie die hohe Relevanz der Vorhersage der Zielkonstrukte für managementorientierte Entscheidungen im kontemporären Marketing erscheint die PLS-Methode besonders geeignet.[469]

4.1.3 Unterscheidung formativer und reflektiver Messmodelle

Auf der Messmodellebene kommt die Flexibilität der PLS-Methode in Form der formativen und reflektiven Operationalisierung zum Tragen. Abbildung 8 veranschaulicht beide Operationalisierungsmethoden graphisch.

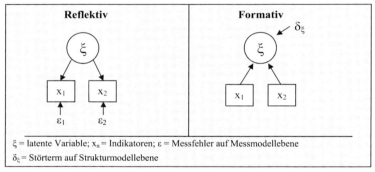

ξ = latente Variable; x_n = Indikatoren; ε = Messfehler auf Messmodellebene
δ_ξ = Störterm auf Strukturmodellebene

Abbildung 8: Reflektives und formatives Messmodell
Quelle: in Anlehnung an Eggert/ Fassot (2003), S. 2 f.

Jarvis et al. (2003) einen Leitfaden zur systematischen Differenzierung der Operationalisierungen mit vier übergeordneten Kriterien:

Unterscheidungskriterien	Formatives Modell	Reflektives Modell
1. Richtung der Kausalität	von Item zum Konstrukt	von Konstrukt zum Item
2. Austauschbarkeit der Indikatoren	nicht gegeben	gegeben
3. Korrelation zw. Indikatoren	keine	stark
4. Nomologisches Netzwerk der Indikatoren	kann sich unterscheiden	ähnlich

Tabelle 10: Kriterienkatalog zur Identifikation des Messmodells
Quelle: eigene Darstellung in Anlehnung an Jarvis/MacKenzie/Podsakoff (2003), S. 203.

---
[469] Vgl. Huber/Herrmann/Kressmann/Vollhardt (2005), S. 16 f.

4 Empirische Überprüfung des Modells

Reflektive/effect Messmodelle liegen vor, wenn das Konstrukt die zugehörigen beobachteten Variablen verursacht. Anders ausgedrückt können Indikatoren als Spiegelbilder des zugrundeliegenden Konstrukts gesehen werden.[470] Änderungen in der Ausprägung des Konstrukts führen zu Änderungen der zugehörigen Indikatoren, umgekehrtes gilt jedoch nicht. Nach *Huber/Herrmann/Kressmann/Vollhardt* (2005) ist die Kausalitätsrichtung als zentrales Kriterium für die Identifikation von Messmodellen zu betrachten.[471] Bei reflektiven Modellen sind Indikatoren alle gleichermaßen Repräsentanten des Konstrukts und sollten daher über den gleichen bzw. ähnlichen Inhalt verfügen, austauschbar sein, eine starke Korrelation aufweisen sowie gleiche Ursachen und Wirkungsgefüge besitzen.[472]

Formative/cause Messmodelle liegen vor, wenn die Wirkungsrichtung von den Indikatoren hin zu den Konstrukten geht. Folglich führt eine Änderung in einer der Merkmale/Indikatoren zur Modifikation des Konstrukts, wobei umgekehrtes nicht gleichermaßen gilt. Außer ihrer Zugehörigkeit zum gleichen Konstrukt sind die Indikatoren unabhängig voneinander. Sie repräsentieren jeweils ein anderes definitorisches Merkmal des zugehörigen Konstrukts, so dass die Korrelation zwischen diesen Indikatoren gering ist und der Austausch nicht gerechtfertigt ist. Letzteres ist auch problematisch, da die Elimination von Indikatoren den konzeptionellen Rahmen des Konstrukts verändern würde.[473] Des Weiteren ist das nomologische Netzwerk der Indikatoren nicht notwendigerweise ähnlich, da bei formativen Indikatoren der hohe Anteil der Variation nicht aus dem übergeordneten Konstrukt oder gleichrangigen Indikatoren herrührt.[474]

Für die Wahl der geeigneten Operationalisierungsvariante sind drei Aspekte von Relevanz: "study objective, theory, and empirical contingencies."[475] Ist das Anliegen der Untersuchungen die Beschreibung eines Konstrukts mittels direkt erfassbarer Stellgrößen, um schließlich deren Einflusswirkung auf die latente Variable zu untersuchen, so ist die formative Operationalisierung vorzuziehen. Hingegen ist für die Erfassung eines Konstrukts mit fehlerbehafteten Indikatoren das reflektive Messmodell zu wählen.[476] Wie in Abbildung 8 ersichtlich, vollzieht sich gewissermaßen die Berücksichtigung von Messfehlern im reflektiven Modell auf der

---

[470] Vgl. Bollen/Lennox (1991), S. 306; Homburg/Giering (1998), S. 115.
[471] Vgl. Huber/Herrmann/Kressmann/Vollhardt (2005), S. 20.
[472] Vgl. Jarvis/MacKenzie/Podsakoff (2003), S. 203.
[473] Vgl. Diamantopoulos/Winklhofer (2001), S. 269 ff.
[474] Vgl. Huber/Herrmann/Kressmann/Vollhardt (2005), S. 21.
[475] Fornell/Bookstein (1982), S. 441.
[476] Vgl. Huber/Herrmann/Kressmann/Vollhardt (2005), S. 22.

Messmodellebene; in formativen Modellen hingegen auf der Strukturmodellebene. Der zweite Aspekt betrifft das begriffliche Verständnis des Konstrukts seitens des Forschers. Beispielhaft wird „Einstellung" typischerweise als ein grundlegendes Phänomen bezeichnet, welches zu beobachtbaren Verhalten führt – daher ist eine reflektive Modellierung angebracht.[477] Phänomene wie „Sozioökonomischer Status", die sich aus Kombination mehrerer Merkmale (Beruf, Einkommen etc.) ergeben, sind formativer Natur.[478] Schließlich können statistische Eigenschaften, wie Multikollinearität, die die Stabilität formativer Indikatoren beeinträchtigen, aber für reflektive Messmodelle irrelevant sind, entscheidend für die Wahl sein.[479] Bei Bedarf ist eine simultane Modellierung von formativen und reflektiven Modellen ebenfalls möglich.[480]

4.1.4 Gütekriterien zur Beurteilung von PLS-Modellen

Zur Beurteilung der Güte des konzipierten Modells bedarf es einer Reihe von geeigneten Gütemaßen. Zunächst ist die Prüfung der Reliabilität (Zuverlässigkeit) und Validität (Gültigkeit) der Messmodelle notwendig, um im nächsten Schritt die Signifikanz des Strukturmodells zu testen.[481] Unter Vorwegnahme der Operationalisierungsart der Konstrukte des MMM-Modells wird im Folgenden nur auf reflektive Gütekriterien eingegangen, da formative Indikatoren in dem Untersuchungsmodell nicht zum Einsatz gekommen sind.[482]

Zunächst ist auf der Messmodellebene die Reliabilität der Indikatoren zu überprüfen. Dazu werden die Faktorladungen der einzelnen Indikatoren auf das zugehörige Konstrukt herangezogen und deren Signifikanz mit dem t-test überprüft. Neben der Höhe der Faktorladung ist ein plausibles Vorzeichen ebenso relevant.[483] Für die Berechnung der t-Werte stehen die Resampling-Methoden Bootstrapping und Jackknifing zur Auswahl; aufgrund des geringen Standardfehlers ist das Erstere vorzuziehen.[484] Mit dieser Methode wird gewährleistet, dass die Normalverteilung der Variablen vorliegt, die zwar für den Einsatz von PLS nicht notwendig ist, aber für die Anwendung des Signifikanztests vorausgesetzt wird.[485]

---

[477] Vgl. Fornell/Bookstein (1982), S. 442.
[478] Vgl. Bollen/Lennox (1991), S. 306.
[479] Vgl. Fornell/Bookstein (1982), S. 442.
[480] Vgl. Diamantopoulos/Winklhofer (2001), S. 272.
[481] Vgl. Bagozzi/Baumgartner (1994), S. 401 ff.
[482] Zu formativen Gütekriteren vgl. Huber/Herrmann/Kressmann/Vollhardt (2005), S. 41.
[483] Vgl. Hulland (1999), S. 198.
[484] Vgl. Huber/Herrmann/Kressmann/Vollhardt (2005), S. 31.
[485] Vgl. Bortz/Döring (2005), S. 481.

4 Empirische Überprüfung des Modells

Als weitere Kriterien gelten die Konvergenz- und Diskriminanzvalidität. Die Konvergenzvalidität beschreibt den Grad, zu dem verschiedene Indikatoren des gleichen Konstrukts übereinstimmen. Diese wird über die verbundene Prüfung der Faktor-/Konstruktreliabität (wie gut wird ein Konstrukt durch die Gesamtheit seiner Indikatoren gemessen) sowie der durchschnittlich erfassten Varianz (DEV) ermittelt.[486] Die DEV überprüft den Varianzanteil der Indikatorvariablen, der durch den Faktor im Vergleich zum nicht erklärten Varianzanteil erklärt wird. Beiden Maßen liegen die Werte der Faktorladungen zugrunde.[487] Die Diskriminanzvalidität beschreibt den Grad, zu dem sich die Messungen verschiedener Konstrukte unterscheiden. Dies rechtfertigt die Aufnahme der Konstrukte als separate Einheiten.[488] Nach dem Fornell-Larcker-Kriterium ist diese gegeben, „(…) wenn die DEV einer latenten Variablen größer ist als jede quadrierte Korrelation dieser latenten Variablen mit einer anderen latenten Variablen im Untersuchungsmodell."[489]

Gütekriterien	Reflektives Messmodell
Plausibilität der Ladung	Mindestanforderung
Höhe der Ladung	> 0,7
t-Wert	einseitig, Signifikanzniveau 5% > 1,66 einseitig, Signifikanzniveau 10% > 1,29
Konvergenzvalidität	DEV > 0,6 Konstruktreliabilität > 0,7
Diskriminanzvalidität	Fornell-Larcker-Kriterium: r^2 > DEV
Vorhersagevalidität	Stone-Geissers Q^2 (Kommunalität) > 0
Unidimensionalität	Höhe und Korrelation der Residuen; Kreuzvalidierung

Tabelle 11: Prüfkriterien für reflektive Messmodelle in PLS
Quelle: Huber/Herrmann/Kressmann/Vollhardt (2005), S. 30 ff.

Darüberhinaus gibt das *Stone-Geissers* Q^2 Auskunft über die Güte des reflektiven Messmodells. Dazu werden die Restwerte der Modellschätzung mit denen einer trivialen Vorhersagemethode (Mittelwert der Indikatorvariablen als Vorhersagewert) miteinander verglichen. Das Modell besitzt Vorhersagerelevanz, wenn das Q^2 größer Null ist. In diesem Fall ist eine gute

---
[486] Vgl. Homburg/Baumgartner (1998), S. 361; Bagozzi/Phillips (1982), S. 468.
[487] Vgl. Fornell/Cha (1994), S. 69.
[488] Vgl. Bagozzi/Phillips (1982), S. 469.
[489] Huber/Herrmann/Kressmann/Vollhardt (2005), S. 32.

Rekonstruktion des Konstrukts durch seine Indikatoren gelungen.[490] Liegt bei der Operationalisierung Unidimensionalität vor, so weist dies auf eine eindeutige Zuordnung der Indikatoren zu einem Konstrukt, denn in diesem Fall laden diese Indikatoren auf keine anderen Konstrukte im Modell. Aufschluss darüber geben die im Rahmen einer Faktorenanalyse generierten Kreuzladungen.[491] Tabelle 11 fasst die Gütekriterien mit den kritischen Werten für das reflektive Messmodell zusammen.

Auf der Strukturmodellebene geben Parameterwerte Auskunft über die Höhe des Einflusses von einem Konstrukt auf das kausal nachfolgende. Sind die Werte signifikant, können die postulierten Beziehungen zwischen diesen Konstrukten bestätigt werden. Zur Ermittlung der Signifikanzwerte ist wieder die Bootstrapping-Prozedur einzusetzen. Die PLS-Methode zielt ferner auf die bestmögliche Varianzerklärung der Zielkonstrukte. Zu welchem Grad dies durch die antezedenten Konstrukte erfüllt ist, zeigt der Determinationskoeffizient R^2. Außerdem kann der Variance Inflation Factor (VIF), der auf Basis des R^2 berechnet wird, die Existenz von Multikollinearität zwischen den exogenen latenten Variablen (Prädiktoren) nachweisen.

Gütekriterien	Strukturmodell
Strukturparameter	(keine Vorgabe)
t-Wert	zweiseitig, Signifikanzniveau 5% > 1,98 zweiseitig, Signifikanzniveau 10% > 1,66
R^2	> 0,3
Multikollinearität	Variance Inflation Factor < 10
Vorhersagevalidität (bzgl. endogener reflektiver Zielkonstrukte)	*Stone-Geissers* Q^2 (Redundanz) > 0

Tabelle 12: Prüfkriterien für das Strukturmodell in PLS
Quelle: Huber/Herrmann/Kressmann/Vollhardt (2005), S. 41.

Aufgrund der mangelnden Simultanität der Parameterschätzung existieren bei der PLS-Methode keine Gütekriterien zur Beurteilung des globalen Modellfit. Die Beurteilungs-

---
[490] Vgl. Fornell/Cha (1994), S. 72 f.
[491] Vgl. Bagozzi (1980), S. 114 f.; Huber/Herrmann/Kressmann/Vollhardt (2005), S. 33.

4 Empirische Überprüfung des Modells

kriterien beschränken sich meist auf der Messmodell- bzw. Strukturmodellebene. Bei reflektiven Zielkonstrukten kann jedoch die Vorhersagevalidität des Mess- und Strukturmodells mit dem auf Redundanz basierenden Q² nach *Stone-Geisser* erfolgen. Ein Wert größer Null bei den Zielkonstrukten versichert die Vorhersagerelevanz des Modells, weil die Summe der Residuen aus der Modellschätzung kleiner als die der trivialen Schätzung ist.[492] Anders ausgedrückt zeigt dieses Kriterium wie gut die beobachteten Werte durch das Modell rekonstruiert werden können.[493] Die kritischen Werte zu den genannten Kriterien finden sich in Tabelle 12.

4.1.5 Berücksichtigung moderierender Effekte in Kausalmodellen

Bei der Kausalanalyse kann der Effekt einer moderierenden Variable in Form einer Gruppenanalyse oder mittels Interaktionstermen geschehen. „Bei den Moderatoren handelt es sich um exogene Größen, die die Form und Stärke der Beziehung zwischen einem Prädikator und der Zielvariablen determinieren."[494] Werden bei metrisch skalierten Variablen ein bzw. wenige Parameter von der moderierenden Variable berührt, so kann die Effektmessung mit Interaktionstermen in Frage kommen. Werden hingegen mehrere Parameter oder sogar das ganze Kausalmodell von der moderierenden Variable beeinflusst, so ist die Gruppenanalyse bzw. der Gruppenvergleich zu wählen.[495] Da für die in Kapitel 3.2.7 vorgestellte moderierende Variable Involvement mit Mobiltelefonen ein impakter Effekt auf das gesamte Kausalmodell bzw. auf die Mehrzahl der Parameter im Modell postuliert wurde, wird im Folgenden nur auf den Gruppenvergleich eingegangen.

Als Voraussetzung für die Durchführung des Gruppenvergleichs wird in der Literatur häufig die Forderung nach der Messmodellinvarianz gestellt. Damit soll sichergestellt werden, dass sich die Assoziationen zwischen zwei Konstrukten in den Vergleichsgruppen auch auf denselben Konstruktinhalt beziehen. Konkret sollen dafür die Ladungen bei reflektiven und Gewichte bei formativen Messmodellen in den Teilstichproben übereinstimmen.[496] Allerdings ist diese Bedingung so gut wie nie erfüllt. *Huber/Herrmann/Kressmann/Vollhardt* (2005) sehen die Überprüfung dieser Bedingung daher nicht als notwendig an. Wichtiger erscheint die Prüfung der Parameter des Strukturmodells.[497] Dazu schlägt *Chin* (2000) die folgende Vor-

---

[492] Vgl. Huber/Herrmann/Kressmann/Vollhardt (2005), S. 36 ff.
[493] Vgl. Fornell/Cha (1994), S. 72.
[494] Braunstein (2001), S. 238.
[495] Vgl. Braunstein (2001), S. 238 f.
[496] Vgl. Bollen (1989), S. 357, Bagozzi (1994b), S. 373.
[497] Vgl. Huber/Herrmann/Kressmann/Vollhardt (2005), S. 38.

gehensweise vor: Nachdem mittels eines Trennkriteriums die Gesamtstichprobe in Teilstichproben unterteilt wurde, erfolgt die getrennte Modellschätzung. Daraufhin werden die Schätzer (Pfadkoeffizienten) der Teilstichproben für jede postulierte Hypothese mit einem t-test auf signifikanten Unterschied geprüft. Ist der t-Wert statistisch nicht signifikant, so sind die Unterschiede zwischen den Schätzern nur zufällig. Dies impliziert wiederum, dass die moderierende Variable keinen Einfluss auf den Modellzusammenhang ausübt. Allerdings sind die Ergebnisse dieses Tests erst unter der Voraussetzung des Vergleichs eines identischen Modells (gleiche Konstrukte und Indikatoren) gültig.[498]

4.2 Konzeption der empirischen Studie und deskriptive Auswertung

4.2.1 Auswahl eines Untersuchungsobjekts

Um das in Kapitel 3 postulierte Kausalmodell und die daraus abgeleiteten Hypothesen empirisch nachweisen zu können, müssen empirische Daten erhoben werden. Die möglichen Methoden zur empirischen Erhebung von Daten werden im nächsten Kapitel angesprochen.

Als erstes muss jedoch ein Untersuchungsobjekt für die Durchführung der Studie festgelegt werden. Das Untersuchungsobjekt dient der Konkretisierung des zuvor aufgestellten Modells. Je nach Untersuchungsgegenstand bietet sich die Möglichkeit an, ein Objekt aus der Realität zu verwende, da ein reales Beispiel meist glaubwürdiger ist. Aber unter Umständen muss auch ein fiktives Objekt konstruiert werden, wenn kein reales oder angemessenes Beispiel existiert, das der zu untersuchenden Aufgabenstellung gerecht wird. Wie im Weiteren dargestellt wird, wurde auf ein reales Untersuchungsobjekt mit leichter Modifizierung zurückgegriffen. Für das Ziel dieser Analyse, nämlich die Erfassung der Wirkung von Markenallianzen bei der Akzeptanz von Mobile Marketing, war ein solches Untersuchungsobjekt zu suchen, welches als Schnittstelle beide Phänomene Markenallianzen und Mobile Marketing verkörpert. Zudem sollten die beteiligten Marken in der Allianz bekannt sein, damit eine gültige Beurteilung dieser Marken seitens der Probanden möglich wurde.[499] Es ist eine gemeinsame Mobile Marketing Kampagne der Marken *McDonalds* und *Samsung* gewählt worden. Als globale Marken ist von einem hohen Bekanntheitsgrad beider in nahezu allen Bevölkerungsschichten und Altersklassen auszugehen.[500]

---

[498] Vgl. Chin (2000).
[499] Vgl. Koncz (2005), S. 221.
[500] Vgl. Esch (2007), S. 196 f./239.

4 Empirische Überprüfung des Modells 89

Die Originalversion der genannten Mobile Marketing Kampagne wurde in 2005 von der Mobile Marketing Agentur YOC gestartet und als Werbespot ausgestrahlt. Konkret handelte es sich um ein Mobile Gewinnspiel, bei dem der Versand einer SMS an *McDonalds* den Sender mit einer sofortigen Incentivierung in Form von multimedialen Mobile Entertainment mit Olympia Gehalt belohnte. Zusätzlich nahm der Sender automatisch an einem Gewinnspiel teil, in dem 100 „Samsung SGH-E800" Handys verlost wurden.[501] Die Kampagne wurde dahingehend modifiziert, dass die nicht zeitgemäße Olympia-Incentivierung für diese Studie ausgelassen wurde. Für die realistische Übertragung der Kampagne auf 2007 wurde als Gewinnspielpreis nicht das Modell SGH-E800, welches in 2005 neu eingeführt wurde, sondern ein SG-Modell der neuesten Generation versprochen.

4.2.2 Datenerhebung mittels Online Befragung

Für die spezielle Fragestellung dieser Studie kann nicht auf Sekundärdaten zugegriffen werden. Im Rahmen der Primärforschung stehen für die Datenerhebung generell die Optionen der Befragung, Beobachtung und Experimente offen. In der Praxis hat sich besonders die Befragung bewährt.[502] Vor allem erscheint diese Methode für das Anliegen und dem Wesen dieser Untersuchung angemessen. Zur Auswahl stehen die schriftliche, mündliche, telefonische und die Online-Befragung.[503] Aufgrund der Praktikabilität und weiteren im Folgenden zu erläuternden Vorteilen wird für die Datengewinnung im Rahmen dieser Evaluation die zurzeit populäre Online-Befragung gewählt.

Online-Befragungen werden je nach dem Einsatz des Netzdienstes in WWW- oder E-Mail-Befragung kategorisiert. Die hauptsächlich zum Einsatz kommende Variante ist die WWW-Befragung, bei der die Beantwortung online auf einer Webseite im World Wide Web erfolgt. Der Forscher stellt den Fragebogen ins „Netz" und übermittelt einen Link an die Probanden, mit dem diese den Fragebogen aufrufen können.[504] Bei der E-Mail-Befragung wird im Gegensatz dazu der Fragebogen per E-Mail verschickt und mit der Bitte um Rücksendung versehen.[505]

---

[501] Für die Kampagne siehe Holland (2006), S. 85.
[502] Vgl. Fantapié Altobelli (2007), S. 35.
[503] Vgl. Berekoven (2006), S. 99.
[504] Vgl. Bortz/Döring (2005), S. 261.
[505] Vgl. Döhring (2003), S. 230

Mit Hilfe der Online-Befragung – darunter soll im Folgenden die WWW-Befragung verstanden werden – lassen sich größere Datensätze mit wenig Aufwand hinsichtlich Zeit und Kosten generieren, da weder hohe Versand- noch Interviewerkosten anfallen. Der Link zum standardisierten Fragebogen kann günstig und rasch übers Internet an die gesamte Zielgruppe verschickt werden.[506] Unabhängig von der Anzahl der Probanden bleiben die Kosten bei Online-Befragungen zudem immer fix, denn sie entstehen hauptsächlich durch die meist einmalige Programmierung des Fragebogens für alle Probanden.[507] Auch das Problem der fehlenden Daten wird gelöst, indem der Proband während des Beantwortungsprozesses unmittelbar darauf hingewiesen wird und das Programm nur bei Ausfüllen des leeren Feldes fortfährt. So werden nur vollständig ausgefüllte und somit gültige Fragebögen abgespeichert. Die digital vorliegenden Daten können schließlich unkompliziert in Statistikprogrammen kopiert und weiterverarbeitet werden.[508] Des Weiteren ist im Vergleich zur mündlichen Befragung der potenzielle Interviewerbias ausgeschlossen.[509] Folglich kann mit einer höheren Validität der Antworten gerechnet werden. Diese wird durch die anonyme Beantwortung nochmals erhöht, da kein Zwang zur sozial erwünschten Antwort besteht.[510] Für den Probanden ergibt sich weiter eine höhere Motivation zur Beantwortung, da sie in Zeiten von Laptops Ort und Zeitpunkt zur Ausfüllung des Fragebogens selbst auswählen können.[511] Nachteilig ist anzumerken, dass Teilnehmer über einen Internetzugang verfügen müssen. Dies wirkt sich wiederum negativ auf die Repräsentativität der Stichprobe aus. Allerdings ist diese auch bei anderen Befragungsmethoden nicht immer gewährleistet. Der Einfluss Dritter, Mehrfachbeantwortung und technische Grenzen (z. B. Absturz des Computers) sind zweifelsfrei weitere Nachteile.[512] Jedoch existieren in der Marktforschung keine Erhebungsmethoden, die nicht mit Nachteilen behaftet sind. Aufgrund der Rahmenbedingungen dieser Studie überwiegen die Vorteile der Online-Befragung. In diesem Sinne kann für die Analyse nur diese Datenerhebung zum Einsatz kommen.

4.2.3 Aufbau des Fragebogens

Entsprechend den Richtlinien von *Borque/Fielder* (1995) zu Aufbau und Gestaltung eines Fragebogens wurde der Proband auf der ersten Seite des Fragebogens auf den Grund (wissen-

---

[506] Vgl. Zerr (2001), S. 13; Starsetzki (2001), S. 44 ff.; Bortz/Döring (2005), S. 261.
[507] Vgl. Starsetzki (2001), S. 44 f.
[508] Vgl. Döhring (2003), S. 230.
[509] Vgl. Zerr (20019, S. 12 f.
[510] Vgl. Fowler (2002), S. 95 ff.
[511] Vgl. Zerr (2001), S: 13.
[512] Vgl. Zerr (2001),S. 11 ff., Decker (2001), S. 41

4 Empirische Überprüfung des Modells

schaftliche Studie) und Gegenstand (empirische Studie zur Rolle der Markenallianz bei der Akzeptanz von Mobile Marketing) der Untersuchung hingewiesen. Gleichzeitig sollte die Seriosität der Untersuchung durch die Präsenz des Logos des Lehrstuhls für Marketing I an der Johannes Gutenberg-Universität als Initiator dieser Untersuchung vermittelt werden. Mit der Bitte den Fragebogen vollständig und wahrheitsgemäß auszufüllen, wurde die Anonymität des Teilnehmers sowie der ausschließliche Gebrauch der persönlichen Daten für die vorliegende Studie zugesichert. Zusätzlich wurde die geschätzte Beantwortungszeit von 10 Min. vorgegeben, die E-Mail-Adresse des Ansprechpartners für eventuelle Rückfragen hinzugefügt und schließlich die Einführung mit einer Danksagung abgeschlossen.[513] Bevor der Proband mit dem Fragebogen fortfahren konnte, wurde seine Kenntnis über den Untersuchungsgegenstand abgefragt. Wusste dieser nicht, was unter Mobile Marketing zu verstehen ist, folgte eine Definition. So sollte für alle Probanden die gleiche Wissensbasis geschaffen werden. Auf der folgenden Seite wurde das Involvement mit Mobiltelefonen abgefragt. Im nächsten Block wurden die Probanden gebeten, ihre Einstellung einzeln zu den Marken *McDonalds* und *Samsung* anzugeben. Darauf folgte die Abfrage des Markenfit, um anschließend die Vertrautheit der Probanden mit dem Werbestil der beiden Marken abzufragen. Die folgende Abfrage des Werbestilfit erfolgte in Form eines gestützten Recall[514], um möglichst zuverlässige Antworten zu erhalten. Dazu wurden jeweils zwei ausgewählte Werbebilder der Marken *McDonalds* und *Samsung* im Fragebogen integriert. Diese Werbebilder sind aus dem Internet entnommen. Das zentrale Konstrukt, nämlich die Einstellung gegenüber der Mobile Marketing Kampagne wurde nach der kurzen Darstellung der Kampagne zusammen mit der Interaktionsabsicht abgefragt. Zwar sollte nach *Bagozzi* (1994) die Abfrage der Verhaltensabsicht als letztes aller Konstrukte erfolgen[515], doch bestand hier die Gefahr, dass durch zwischenliegende Fragen der Inhalt der Kampagne vergessen werden könnte. Des Weiteren ist das Konstrukt Einstellungen gegenüber der Mobile Marketing Kampagne direkter Antezedent der Interaktionsabsicht und damit ausschlaggebend für deren Beurteilung. Darauf folgten die Fragen zum Communication Channel fit beider Marken und anschließend die der Partner Purpose fit, die sich jeweils auf die Mobile Marketing Kampagnen bezogen. Den Schlussteil des Fragebogens bildeten Fragen zu sozio-demographischen Merkmalen der Auskunftspersonen. Alle Indikatoren wurden in Form von Aussagen formuliert, die auf einer siebenstufigen Skala mit den Polen „trifft gar nicht zu" (1) und „trifft voll zu" (7) und

---

[513] Vgl. Bourque/Fielder (1995), S. 107 ff.
[514] Vgl. Berekoven (2006), S. 102.
[515] Vgl. Bagozzi (1994a), S. 41.

durchgehender Nummerierung zur besseren Orientierung beantwortet werden sollten.[516] Eine 7-stufige Rating-Skala wurde als Kompromiss zwischen ausreichender Differenzierungsmöglichkeit und nicht zu hoher kognitiver Belastung der Probanden eingesetzt.[517] Abbildung 9 zeigt den Fragebogenaufbau im Überblick, in Klammern steht die Anzahl der Fragen zu den einzelnen Konstrukten. Nach *Bagozzi* sollten bei Kausalmodellen mit mehreren latenten Variablen pro Konstrukt mindestens zwei Indikatoren vorliegen.[518] Das Kausalmodell in Kapitel 3 beinhaltet neun zu untersuchende Konstrukte wobei jedes durch mindestens zwei Indikatoren operationalisiert wird. Im PLS-Ansatz führt eine größere Zahl an Indikatoren zu einer höheren Validität der Schätzer der latenten Variablen führt.[519] Allerdings können zu lange Fragebögen zu hohen Abbrecherquoten führen.[520] Mit insgesamt 29 Indikatoren zur Operationalisierung der Modellkonstrukte scheint ein guter Mittelweg gefunden zu sein. Im Vorfeld zur offiziellen Bekanntgabe des Fragebogens für die Probanden wurde zudem ein Pretest durchgeführt. Als Resultat wurden zwei Indikatoren des Konstrukts Werbestilfit beseitigt.

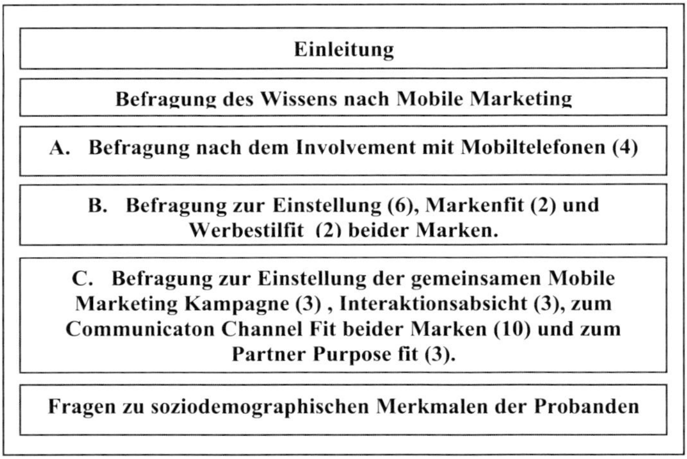

Einleitung

Befragung des Wissens nach Mobile Marketing

A. **Befragung nach dem Involvement mit Mobiltelefonen (4)**

B. **Befragung zur Einstellung (6), Markenfit (2) und Werbestilfit (2) beider Marken.**

C. **Befragung zur Einstellung der gemeinsamen Mobile Marketing Kampagne (3) , Interaktionsabsicht (3), zum Communicaton Channel Fit beider Marken (10) und zum Partner Purpose fit (3).**

Fragen zu soziodemographischen Merkmalen der Probanden

Abbildung 9: Aufbau des Fragebogens
Quelle: eigene Darstellung.

---

[516] Mit Ausnahme der Fragen nach dem Wissenstand zum Mobile Marketing und der Vertrautheit mit dem Werbestil der beiden involvierten Marken.
[517] Bortz/Döring (2002), S. 179 f.
[518] Vgl. Bagozzi (1994a), S. 41.
[519] Vgl. Bagozzi (1994a), S. 41; Huber/Herrmann/Kressmann/Vollhardt (2005), S. 14.
[520] Vgl. Berekoven (2006), S. 99.

4.2.4 Beschreibung der generierten Stichprobe

Insgesamt wurden 232 gültige Fragebogen registriert, davon wurden 188 (81,03%) von weiblichen Probanden ausgefüllt. Die meisten Teilnehmer (123 = 53,02%) sind Studenten, gefolgt von Angestellten (23,71%) und Schülern (13,36%). Insgesamt sind 134 (57,76%) aller Befragten zwischen 22-30 Jahren alt. Die am zweithäufigsten vertretene Alterskategorie sind die Befragten zwischen 18-22 Jahren (26,29%). Damit entspricht das generierte Sample mit seinem relativ geringen Alter der Zielgruppe für Mobile Marketing Kampagne, so dass die Ergebnisse als repräsentativ für das interessierende Phänomen angesehen werden kann.

Merkmale	Merkmalsausprägung	Häufigkeit absolut	relativ
Geschlecht	weiblich	188	81,03%
	männlich	44	18,97%
Alter	unter 18	6	2,57%
	18-22	61	26,29%
	22-30	134	57,76%
	31-40	17	7,33%
	41-50	8	3,45%
	51-65	5	2,16%
	über 65	1	0,43%
Bildungabschluss	Hauptschulabschluss	5	2,16%
	Realschulabschluss	32	13,79%
	Abitur	133	57,33%
	Hochschule	54	23,28%
	Sonstige	8	3,45%
Beruf	Schüler	31	13,36%
	Lehre/Ausbildung	3	1,29%
	Student	123	53,02%
	Angestellter	55	23,71%
	Arbeiter	4	1,72%
	Selbstständiger	9	3,88%
	Beamter	2	0,86%
	Hausfrau (-mann)	3	1,29%
	Arbeitslos	0	0%
	Rentner	1	0.43%
	Sonstiges	1	0.43%
Mobile Marketing Kenntnis	Ja	44	18,97%
	Nein	188	81,03%
N=232			

Tabelle 13: Soziodemographische Kenngrößen der Auskunftspersonen der *McDonalds-Samsung*-Umfrage

4.3 Operationalisierung der Modellkonstrukte

4.3.1 Vorgehensweise bei der Operationalisierung der Modellkonstrukte

Nachdem nun das MMM-Modell theoretisch hergeleitet, die Konstrukte konzeptualisiert und die Schätzungs- sowie Datenerhebungsmethoden definiert worden sind, erfolgt schließlich die empirische Überprüfung des MMM-Modells. Die Schätzung des Kausalmodells wurde hauptsächlich mit dem Softwareprogramm PLS-Graph durchgeführt. Zur Überprüfung einiger Gütekriterien kam das Statistikprogramm SPSS zum Einsatz. Wie in Kapitel 4.1 beschrieben, erfolgt die Schätzung von PLS-Modellen in zwei Schritten. In Analogie dazu, sollen auch die Ergebnisse schrittweise dargestellt werden:

1. Untersuchung auf Messmodellebene (Operationalisierung der Indikatoren; Ergebnisse in Kapitel 4.3)
2. Untersuchung auf Strukturmodellebene (Schätzung der Strukturparameter, Ergebnisse in Kapitel 4.4.)

Auf die Entwicklung eigener Indikatoren zur Operationalisierung der Konstrukte wurde verzichtet, da bereits eingesetzte Indikatoren meistens auf ihre Reliabilität und Validität hin überprüft worden sind und ihr Einsatz damit eine stabilere Basis für die Messung der Konstrukte bildet. Die Generierung von Indikatoren erfolgte daher anhand vergangener empirischer Studien. Nach Durchsicht der Literatur wurde die Selektion der relevanten Indikatoren anhand von zwei Kriterien getroffen: Da in den Studien kaum quantitative Maße zur Validität des Messinstrumentariums angegeben waren, wurden die Indikatoren qualitativ darauf überprüft, ob sie das Konstrukt nach dem Verständnis der Autorin hinreichend abbilden können. Als quantitatives Maß wurde das Cronbach's Alpha herangezogen. „Es misst die Reliabilität einer Gruppe von Indikatoren, die *einen* Faktor messen (...)."[521] Dieses Maß ist im Folgenden für alle Indikatorenblöcke mit angegeben. Die Reliabilität und Validität der Messmodelle auf Basis der im Rahmen dieser Analyse erhobenen Daten werden anhand der in Kapitel 4.1.4 vorgestellten Gütekriterien bewertet (vgl. Tabelle 11).

4.3.2 Operationalisierung der Markeneinstellung

Die hohe Relevanz des Phänomens Einstellung zur Erklärung des menschlichen Verhaltens in der Sozialpsychologie und in der Marketingforschung führten zur Erzeugung diverser

---

[521] Homburg/Giering (1998), S. 119.

4 Empirische Überprüfung des Modells

Messmethoden dieses Konstrukts.[522] In der Einstellungs- bzw. Imageforschung ist besonders die Anwendung des Semantischen Differentials gängig.[523] Die Bewertung erfolgt auf einer Skala mit gegensätzlichen Eigenschaften.

Einstellungen können sich auf verschiedene Objekte beziehen. Für diese Studie ist explizit die Einstellung gegenüber dem Bezugsobjekt Marke von Interesse. Zur Messung der Markeneinstellung verwendet *Mitchell* (2001) in seiner Studie die Eigenschaftspaare good/bad, dislike very much/like very much und pleasant/unpleasant. Dieser Indikatorenblock weist eine hohe interne Konsistenz der Indikatoren auf (Cronbach's Alpha = 0,92).[524] Für die Messung in dieser Studie wurde jeweils das positive Adjektiv in einer Aussage integriert. Die Eigenschaften gut (good), gefallen (like very much) und angenehm (pleasant) können weitgehend als Synonyme betrachtet werden. Sie repräsentieren alle die affektive Komponente des Konstrukts Markeneinstellung. Indikatoren mit diesen Eigenschaftswörtern können ausgetauscht werden ohne den definitorischen Rahmen des Konstrukts zu brechen. Somit besteht ein reflektiver Zusammenhang zwischen dem Konstrukt Markeneinstellung und dessen Indikatoren. In dieser Studie wurde die Einstellung zu den Marken *McDonalds* und *Samsung* abgefragt. Die Tabelle 14 und Tabelle 15 zeigen die Ergebnisse der Messmodellschätzung für diese Konstrukte.

Indikatoren	Faktorladung	t-Wert
1. Ich finde die Marke *McDonalds* gut.	0,9266	67,3388
2. Mir gefällt die Marke *McDonalds*.	0,9417	95,1703
3. Ich empfinde die Marke *McDonalds* als angenehm.	0,8960	39,3733

Tabelle 14: Operationalisierung der Markeneinstellung *McDonalds*

Indikatoren	Faktorladung	t-Wert
1. Ich finde die Marke *Samsung* gut.	0,9445	28,5924
2. Mir gefällt die Marke *Samsung*.	0,9593	25,0278
3. Ich empfinde die Marke *Samsung* als angenehm.	0,9271	11,7227

Tabelle 15: Operationalisierung der Markeneinstellung *Samsung*

---

[522] Für einen Überblick der Einstellungsmodelle vgl. Berekoven (2006), S. 74; Kroeber-Riel/Weinberg (2003), S. 197 ff.
[523] Vgl. Osgood/Suci/Tannenbaum (1957); Berekoven (2006), S. 83.
[524] Vgl. Mitchell (2001), S. 15 f.

Sowohl die Indikatoren für die Markeneinstellung von *McDonalds* als auch die von *Samsung* weisen eine Faktorladung von größer 0,7 auf. Die t-Werte liegen weit über den kritischen Wert von 1,66. Alle Indikatoren laden somit signifikant auf das zugehörige Konstrukt. Die Diskriminanzvalidität gemäß dem Fornell-Larcker-Kriterium sowie die Unidimensionalität sind bei beiden Konstrukten erfüllt (vgl. Tabelle 16). Die durchschnittlich erfasste Varianz (DEV) liegt in beiden Fällen über dem akzeptablen Wert von 0,6. Die Konstruktreliabilität ist ebenfalls mit Werten über 0,7 gegeben. Zudem kann beiden Messmodellen Vorhersagevalidität bescheinigt werden ($Q^2 > 0$). Erwartungsgemäß bilden die drei Indikatoren ein reliables und valides Instrumentarium zur Messung der Markeneinstellung:

Gütekriterien	Markeneinstellung *McDonalds*	Markeneinstellung *Samsung*
Diskriminanzvalidität • Fornell-Larcker Kriterium	erfüllt	erfüllt
Konvergenzvalidität • DEV • Konstruktreliabilität	0,726 0,840	0,891 0,961
Vorhersagevalidität • Stone-Geissers Q^2	0,6441	0,7121
Unidimensionaliät	erfüllt	erfüllt

Tabelle 16: Gütekriterien der Operationalisierung der Markeneinstellung *McDonalds* und *Samsung*

4.3.3 Operationalisierung der Einstellung gegenüber der Mobile Marketing Kampagne

Zur Messung der Einstellung gegenüber der MMK wurden wieder jeweils die positiv konnotierten Adjektive aus den gegensätzlichen Eigenschaftspaaren good/bad, pleasant/unpleasant und favourable/unfavourable selektiert. *MacKenzie/Lutz* (1989) konnten ein Reliabilitätskoeffizienten nach Cronbach von 0,89 erzielen.[525] Hier liegt analog zum Indikatorenblock der zuvor vorgestellten Konstrukte eine reflektive Operationalisierung vor.

Indikatoren	Faktorladung	t-Wert
1. Ich denke, diese [MMK] ist eine gute Idee.	0,9035	48,1143
2. Mir gefällt diese Mobile Marketing Kampagne.	< 0,7	
3. Ich befürworte diese Mobile Marketing Kampagne.	0,7967	13,3217

Tabelle 17: Operationalisierung der Einstellung zur MMK

---

[525] Vgl. MacKenzie/Lutz (1989), S.58.

4 Empirische Überprüfung des Modells

Bei der Berechnung dieses Messmodells konnte keine hinreichende Ladung für den zweiten Indikator ermittelt werden. So wurde dieser eliminiert, um die besten Repräsentanten für dieses Konstrukt zu erhalten. Wie in Kapitel 4.1.3 erklärt, ist die Eliminierung von Indikatoren bei reflektiven Modellen unproblematisch. Die nach der Eliminierung neu ermittelten Faktorladungen und t-Werte für die verbliebenen zwei Indikatoren sind der Tabelle 17 zu entnehmen. Beide besitzen ausreichende und signifikante Faktorladungen. Die weiteren Prüfkriterien sind ebenfalls erfüllt. Siehe dazu die Tabelle 18.

Gütekriterien	Einstellung gegenüber der Mobile Marketing Kampagne
Diskriminanzvalidität • Fornell-Larcker-Kriterium	erfüllt
Konvergenzvalidität • DEV • Konstruktreliabilität	0,725 0,840
Vorhersagevalidität • Stone-Geissers Q^2	0, 2144
Unidimensionaliät	erfüllt

Tabelle 18: Gütekriterien der Operationalisierung der Einstellung zur MMK

4.3.4 Operationalisierung des Markenfit

Zur Messung des Markenfit wurden die Skalen der Studie „Is a Company known by the Company it Keeps? Assessing the Spillover Effects of Brand Alliances on Consumer Brand Attitudes" von *Simonin/Ruth* (1998) entnommen.[526] Die dort eingesetzten Skalen fit is/is not consistent, fit is/is not complementary leiteten die Autoren ihrerseits aus der Studie von *Aaker/Keller* (1990) ab, die sich mit einem angrenzenden Bereich der Markenallianzen, der Markenerweiterungen, beschäftigte.[527] *Baumgarth* (2003) stützt sich bei seinen Untersuchungen zu Co-Branding ebenfalls auf die Skalen von *Simonin/Ruth*. Er erweiterte die ursprünglich zwei Indikatoren zu drei und lieferte eine deutsche Formulierung.[528] In dieser Untersuchung wurde auf die originale Version der Skala von *Simonin/Ruth* zurückgegriffen. Sie konnten für ihr Messintrumentarium im Rahmen ihrer empirischen Analysen Reliabilitätskoeffizienten zwischen 0,87-0,89 erzielen. Für diese Studie wurde der erste Indikator als eine negative Aussage formuliert. Dies resultierte aus dem an anderer Stelle bereits erwähnten Pretest. Der Ausdruck „konsistent" wurde im Kontext zum Markenfit nicht verständlich

---
[526] Vgl. Simonin/Ruth (1998), S. 35.
[527] Vgl. Aaker/Keller (1990).
[528] Vgl. Baumgarth (2003), S. 355.

empfunden. Daher wurde in Anlehnung an *Baumgarth* (2003) das Antonym „widersprüchlich" bevorzugt.[529] Des Weiteren liegt hier eine reflektive Beziehung zwischen den beiden Indikatoren und dem Konstrukt vor. Denn beide Indikatoren beziehen sich auf den gleichen Sachverhalt, nämlich inwiefern die betrachteten Marken zueinander passen. Folglich werden mit ihnen keine sich ausschließenden Facetten des Markenfit angesprochen, die eine formative Operationalisierung gerecht fertigen würden.

Aufgrund einer zu niedrigen Faktorladung musste der erste Indikator aus dem Messmodell eliminiert werden. Übrig blieb ein Messinstrumentarium mit einem Indikator der neu berechneten Faktorladung von eins (vgl. Tabelle 19). Die Betrachtung weiterer Prüfkriterien wird bei nur einem Indikator obsolet.

Indikatoren	Faktorladung	t-Wert
1. Die Marken *McDonalds* und *Samsung* sind widersprüchlich.	< 0,7	
2. Die Marken *McDonalds* und *Samsung* ergänzen sich.	1,0000	0,0000

Tabelle 19: Operationalisierung des Markenfit

4.3.5 Operationalisierung des Werbestilfit

Die Aufführungen in Kapitel 3 verdeutlichen, dass es sich bei dem Konstrukt Werbestilfit im Kontext von Markenallianzen um ein neuartiges Konzept handelt. Insofern kann sich auf keine Itembatterie aus dem Spektrum der Studien zu Markenallianzen gestützt werden, die diesen Fit empirisch überprüft hätte. Die Suche nach einem geeigneten Messinstrumentarium führte in die angrenzenden Forschungsgebiete der Markenallianzen. Gegenstand zahlreicher Studien bei Markenerweiterungen stellen ebenfalls Fits dar, z. B. der Fit zwischen der alten und neu einzuführenden Produktkategorie.[530] *Loken/John* (1993) untersuchten in ihrer Studie zum Markentransfer mittels einer 4-Item-Skala (similar/dissimilar; consistent/inconsistent; representative/unrepresentative; typical/atypical) den Fit zwischen einer Markenerweiterung und der Muttermarke (Cronbach's Alpha = 0,98).[531] Im Sinne des gleichen Fundaments des Konstrukts von *Loken/John* und dem Werbestilfit – nämlich der Fit – sowie aufgrund der inhaltlichen Übertragbarkeit der Indikatoren auf dem Werbestil, wurde die Skala für den Werbestil übernommen. Die positiv formulierten Aussagen im Fragebogen wurden im Rahmen

---

[529] Vgl. Baumgarth (2003), S. 355.
[530] Vgl. Aaker/Keller (1990); Bottomley/Dolyle (1996); Park/Milberg/Lawson (1991).
[531] Vgl. Loken/John (1993), S. 76.

4 Empirische Überprüfung des Modells

des bereits erwähnten Pretests von einer 4-Item-Skala zu einer 2-Item-Skala reduziert (vgl. Kapitel 4.2.3).

Die Indikatoren des Werbestilfit in Tabelle 20 sind den Items des Markenfit sehr ähnlich (vgl. Tabelle 19). Folglich gilt hier ebenfalls die gleiche Begründung für eine reflektive Operationalisierung. Selbst die Originalskala mit den oben genannten vier positiven Adjektiven war reflektiver Natur, weil jeder der Indikatoren das Konstrukt Werbestilfit wiederspiegelte. Insofern war auch die Eliminierung zweier Items aus dem Inventar gerechtfertigt. Tabelle 20 gibt die Faktorladungen und t-Werte der benutzten Items für den Werbestilfit wieder, die ichren geforderten Mindestwert überschreiten.

Indikatoren	Faktorladung	t-Wert
1. Ich finde die Werbestile von *McDonalds* und *Samsung* ähnlich.	0,9226	7,6858
2. Ich finde die Werbestile von *McDonalds* und *Samsung* widersprüchlich.	0,8323	8,6492

Tabelle 20: Operationalisierung des Werbestilfit

Gütekriterien	Werbestilfit
Diskriminanzvalidität • Fornell-Larcker Kriterium.	erfüllt
Konvergenzvalidität • DEV • Konstruktreliabilität	0,732 0,871
Vorhersagevalidität • Stone-Geissers Q^2	0, 3047
Unidimensionaliät	erfüllt

Tabelle 21: Gütekriterien der Operationalisierung des Werbestilfit

Interessant ist, inwieweit die Reliabilität und Validität dieser empirisch unerforschten Skala für die Messung des Werbestilfit vorliegt. Tabelle 21 gibt die Ergebnisse der Prüfkriterien wieder. Alle Werte liegen über ihre Mindestwerte. Die Eignung dieses Messinstrumentariums zur Operationalisierung des Werbestilfit ist somit zweifelsfrei gegeben.

4.3.6 Operationalisierung des Communication Channel Fit

Wie in Kapitel 3.2.4 erörtert, beschreibt der Communication Channel fit, inwiefern für die Präsentation der gemeinsamen Leistung der Markenallianzen das gewählte Kommunikationsmedium (hier: Mobiltelefone) zu den Marken bzw. Markenimages der einzelnen Marken passt. Dieser Ansatz ist den Untersuchungsobjekten dieser Analyse, Markenallianzen und Mobile Marketing, spezifisch. Die erstmalige Verbindung zwischen den Phänomenen Markenallianzen und Mobile Marketing zwecks empirischer Analyse führte zur Konzeption dieses neuen Konstrukts. Die Suche nach einer adäquaten Operationalisierung gestaltete sich umso schwieriger. Schließlich konnte ein sinngemäß übertragbarer Indikatorensatz in der Studie „Communication Strategies for Brand Extensions: Enhancing Perceived Fit by Establishing Explanatory Links" von *Bridges/Keller/Sood* (2000) gefunden werden.[532] Zur Messung der Kompatibilität der Marke mit dem Markentranferprodukt wurden in der genannten Studie insgesamt fünf Indikatoren aufgesetzt (Cronbach's Alpha = 0,95).[533] Für den Zweck dieser Untersuchung wurde das „Markentransferprodukt" durch den Kommunikationskanal „Mobile Marketing" ersetzt. Die deutsche Version der modifizierten Skala findet sich in Tabelle 22 für *McDonalds* und in Tabelle 23 für *Samsung* wieder.

Indikatoren	Faktorladung	t-Wert
1. Mobile Marketing ist angemessen für *McDonalds*.	0,9240	74,1436
2. Es macht Sinn für *McDonalds* Mobile Marketing neben anderen Marketingmaßnahmen (z. B. TV-Werbung, Onlinewerbung, etc.) zu betreiben.	0,9403	95,1437
3. Meiner Meinung nach passt Mobile Marketing gut zu *McDonalds*.	0,9453	83,8577
4. Ich denke, ich verstehe die Verbindung zwischen Mobile Marketing und *McDonalds*.	0,6036	10,4886
5. Ich bin sicher, dass ich die Entscheidung von *McDonalds* Mobile Marketing zu betreiben, erklären kann.	< 0,7	

Tabelle 22: Operationalisierung des Communication Channel fit der Marke *McDonalds*

Bei der Schätzung der Faktorladungen für die Indikatoren des Communication Channel fit von *McDonalds* stellte sich für das fünfte Item eine zu geringe Faktorladung heraus, weshalb

---
[532] Vgl. Bridges/Sheri/Keller/Sood (2000).
[533] Vgl. Bridges/Sheri/Keller/Sood (2000), S. 7 f.

4 Empirische Überprüfung des Modells

dieses aus dem Inventar gelöscht wurde. Die erneute Schätzung für die verbliebenen vier Items lieferten signifikante und ausreichend hohe Faktorladungen, wie Tabelle 22 zeigt. Des Weiteren war auch hier zu prüfen, ob eine reflektive oder formative Operationalisierung vorliegt. Der Indikatoreninhalt bezieht sich bei allen fünf Items auf den Fit zwischen Mobile Marketing und der Marke *McDonalds* oder *Samsung*. Es ist daher von einer hohen Korrelation zwischen diesen Items auszugehen. Eine Variation des Konstrukts Communication Channel fit würde zu Veränderung aller Indikatoren führen. Zudem würde die Eliminierung eines der Indikatoren den konzeptionellen Rahmen des Konstrukts nicht beschneiden. Folglich ist auch in diesem Fall auf einen reflektiven Zusammenhang zwischen Konstrukt und Indikatoren zu schließen. Wie Tabelle 23 bezeugt, erwiesen sich bei der Schätzung des Messmodells für den Communication Channel fit der Marke *Samsung* alle Indikatoren mit einem Faktor über 0,7 als signifikant.

Indikatoren	Faktorladung	t-Wert
1. Mobile Marketing ist angemessen für *Samsung*.	0,7443	11,7355
2. Es macht Sinn für *Samsung* Mobile Marketing neben anderen Marketingmaßnahmen (z. B. TV-Werbung, Online-Werbung, etc.) zu betreiben.	0,8199	16,8918
3. Meiner Meinung nach passt Mobile Marketing gut zu *Samsung*.	0,8104	19,5892
4. Ich denke, ich verstehe die Verbindung zwischen Mobile Marketing und *Samsung*.	0,8885	33,5932
5. Ich bin sicher, dass ich die Entscheidung von *Samsung* Mobile Marketing zu betreiben, erklären kann.	0,8484	37,8537

Tabelle 23: Operationalisierung des Communication Channel fit der Marke *Samsung*

Gütekriterien	Communication Channel fit der Marke *McDonalds*	Communication Channel fit der Marke *Samsung*
Diskriminanzvalidität • Fornell-Larcker-Kriterium.	erfüllt	erfüllt
Konvergenzvalidität • DEV • Konstruktreliabilität	0,749 0,921	0,678 0,913
Vorhersagevalidität • Stone-Geissers Q^2	0,5913	0,5142
Unidimensionaliät	erfüllt	erfüllt

Tabelle 24: Gütekriterien der Operationalisierung des Communication Channel fit von *McDonalds/Samsung*

Die Prüfkriterien für die Reliabilität und Validität konnten erfreulicherweise für beide Konstrukte erfüllt werden. Tabelle 24 gibt einen Überblick der Ergebnisse. Schließlich kann das hier vorgestellte, vier oder fünf Indikatoren umfassende Messmodell als geeignetes Instrumentarium zur Messung des Konstrukts Communication Channel fit betrachtet werden.

4.3.7 Operationalisierung des Partner Purpose Fit

Das vierte Fit-Maß in dem MMM-Modell bildet der Partner Purpose fit, welcher dem Communication Channel fit nahe steht, jedoch nicht mit ihm gleichzusetzen ist. Unter dem Partner Purpose fit ist die Wahl des Partners vor dem Hintergrund des Zwecks der gemeinschaftlichen Initiativergreifung (hier: Mobile Marketing) zu sehen. Mit diesem Konstrukt soll in dem MMM-Modell überprüft werden, ob eine Initiatormarke (hier: *McDonalds*) für ihre Mobile Marketing Kampagne einen Partner aus der Mobilfunkbranche (hier: *Samsung*) aussuchen sollte, um eine Assoziation der Markenallianz mit dem Mobile Marketing herzustellen.[534] Für dieses ebenfalls in dem Kontext der Markenallianz und nach dem Wissen des Autors auch in angrenzenden Themengebieten erstmalig angewandte Konzept wurde eine Skala aus der Studie „The Effects of Sequential Introduction of Brand Extensions" von *Keller/Aaker* (1992) (Cronbach's Alpha = 0,7) verwendet. Hier wurde ebenfalls der Fit zwischen einer Marke und den Markentransferprodukten untersucht.[535] Die Items sind zunächst ins Deutsche übersetzt und den Untersuchungsobjekten dieser Analyse angepasst worden. Auch hier stand die Frage nach reflektiver oder formativer Operationalisierung im Raum. Der gesamte Fragenblock erscheint reflektiver Natur, da wieder eine Variation des Konstrukts die Variation aller Indikatoren evozieren würde. Alle Items beinhalten letztlich die Frage, inwieweit die Wahl der Marke *Samsung* aus der Mobilfunkbranche für die Initiatormarke der Mobile Marketing Kampagne (*McDonalds*) sinnvoll ist. Da sich alle Items auf der gleichen Inhaltsebene bewegen, wurde eine reflektive Operationalisierung vorgenommen. Die Items, ihre Faktorladungen und t-Werte sind Tabelle 25 zu entnehmen. Die Mindestkriterien sind allesamt erfüllt.

Wie Tabelle 26 darstellt, ist das drei Indikatoren umfassende Messinstrumentarium sowohl reliabel als auch valide. Alle Ergebnisse der Prüfkriterien liegen über den jeweiligen kritischen Werten. Das Konstruktreliabilitätsmaß kann Werte zwischen 0 und 1 annehmen. Mit einem erzielten Wert von 0,948 ist eine hohe Reliabilität gewährleistet. Das Konstrukt eignet

---
[534] Vgl. Kapitel 3.2.4.
[535] Vgl. Keller/Aaker (1992), S. 42.

sich sehr gut zur Erklärung der drei Indikatoren. Des Weiteren bestätigt das Vorliegen der Diskriminanzvalidität die zuvor getroffene Trennung zwischen dem Partner Purpose fit und dem Communication Channel fit.

Indikatoren	Faktorladung	t-Wert
1. Es ist logisch, dass *McDonalds* für seine Mobile Marketing Kampagne mit *Samsung* einen Partner aus der Mobiltelefonbranche wählt.	0,9251	68,2563
2. Es ist angemessen, dass *McDonalds* für seine Mobile Marketing Kampagne mit *Samsung* einen Partner aus der Mobiltelefonbranche wählt.	0,9481	124,4936
3. *McDonalds* und sein Partner *Samsung* aus der Mobiltelefonbranche bilden eine gute Kombination für diese Mobile Marketing Kampagne.	0,9048	61,2457

Tabelle 25: Operationalisierung des Partner Purpose fit

Gütekriterien	Partner Purpose fit
Diskriminanzvalidität • Fornell-Larcker Kriterium.	erfüllt
Konvergenzvalidität • DEV • Konstruktreliabilität	0,858 0,948
Vorhersagevalidität • Stone-Geissers Q^2	0,6548
Unidimensionaliät	erfüllt

Tabelle 26: Gütekriterien der Operationalisierung des Partner Purpose fit

4.3.8 Operationalisierung der Interaktionsabsicht

Mit dem Konstrukt Verhaltensabicht soll die Intention der Probanden, am Gewinnspiel von *McDonalds* und *Samsung* teilzunehmen, gemessen werden. Die dafür eingesetzten Items sind der Studie von *Yi* (1990) entnommen (Cronbach's Alpha = 0,92). Die dort eingesetzte Itembatterie umfasste die Elemente likely/unlikely, possible/impossible, probable/improbable.[536] Im Rahmen dieser Evaluation erfolgte die Abfrage aller Konstrukte in Form von Aussagen. Diese wurden für die Verhaltensabsicht mit den positiv konnotierten Adjektiven aus der oben

---

[536] Vgl. Yi (1990), S. 217.

genannten Itembatterie formuliert. Tabelle 27 gibt die Indikatoren zur Messung der Verhaltensabsicht mit ihren Faktorladungen und t-Werten wider.

Alle drei Indikatoren weisen signifikante Faktorladungen auf. Die Ergebnisse der Prüfung der Reliabilität und Validität des Messintrumentariums gibt Tabelle 28 wieder. Da alle Werte die jeweiligen Grenzwerte überschreiten, ist somit die Eignung dieser Indikatoren für eine reliable und valide Operationalisierung der Verhaltensabsicht gegeben.

Indikatoren	Faktorladung	t-Wert
1. Es ist wahrscheinlich, dass ich an dieser Kampagne teilnehme.	0,8706	29,9957
2. Ich kann mir vorstellen an dieser Kampagne teilzunehmen.	0,9688	224,0764
3. Es ist möglich, dass ich an dieser Kampagne teilnehme.	0,9619	144,3105

Tabelle 27: Operationalisierung der Interaktionsabsicht

Gütekriterien	Verhaltensabsicht
Diskriminanzvalidität • Fornell-Larcker Krit.	erfüllt
Konvergenzvalidität • DEV • Konstruktreliabilität	0,874 0,954
Vorhersagevalidität • Stone-Geissers Q^2	0,6895
Unidimensionaliät	erfüllt

Tabelle 28: Gütekriterien der Operationalisierung der Interaktionsabsicht

4.3.9 Operationalisierung des Involvement mit Mobiltelefonen

Das Involvement von Mobiltelefonen fungiert im MMM-Modell als moderierende Variable.[537] Für die Messung dieser Variable wurde jeweils das positive Extrem der vier Eigenschaftspaare interesting/boring, exciting/unexciting, appealing/unappealing und involving/uninvolving (Cronbach's Alpha = 0,82) aus einer Studie von *Coyle/Thorson* (2001) verwendet.[538] Diese entnahmen ihrerseits die Skala von *Zaichkowsky* (!985), die in ihrer Studie „Measuring the Involvemant Contruct" einen Pool von zwanzig Eigenschaftspaaren zur

---
[537] Vgl. Kapitel 3.2.7.
[538] Vgl. Coyle/Thorson (2001), S. 72.

4 Empirische Überprüfung des Modells

Messung der latenten Variable Involvement vorstellte.[539] Für die Operationalisierung des Involvements mit dem Objekt Mobiltelefonen erschienen die von *Coyle/Thorson* (2001) eingesetzten vier Adjektive passend und ausreichend. Die in dieser Analyse verwendeten Items zeigt Tabelle 29. Da das Involvement mit Mobiltelefonen weder ein exogenes noch ein endogenes Kontrukt im MMM-Modell darstellt, wurde es bei der Modellierung des Kausalmodells im PLS nicht berücksichtigt. Folglich liegen auch keine Schätzwerte aus dem Mess- und Strukturmodell für diese Variable vor.

Indikatoren
1. Ich finde Mobiltelefone interessant.
2. Ich finde Mobiltelefone aufregend.
3. Ich finde Mobiltelefone ansprechend.
3. Ich fühle mich mit Mobiltelefonen sehr verbunden.

Tabelle 29: Operationalisierung des Involvement mit Mobiltelefonen

4.4 Darstellung der Ergebnisse der Strukturmodellschätzung

4.4.1 Schätzung des Kausalmodells mit der gesamten Stichprobe

Nachdem im vorangegangen Kapitel eine reliable und valide Konstruktmessung verifiziert wurde, erfolgt in diesem Kapital die empirische Überprüfung des Strukturmodells. Damit wird die die Überprüfung des in Kapitel 3 aufgestellten Kausalmodells zur Wirkung der Determinanten von Markenallianzen bei Mobile Marketing Aktionen vorgenommen. Die im Folgenden dargestellten Ergebnisse beziehen sich auf die gesamte Stichprobe von 232 Probanden. Im nächsten Unterkapitel erfolgt zu Vergleichszwecken der Probanden mit hohem und niedrigem Involvement mit Mobiltelefonen die Splittung der gesamten Stichprobe.

Zur Verifizierung des postulierten Hypothesensystems, also der kausalen Beziehung zwischen den Konstrukten innerhalb des Modells, wird ohne besonderen Verweis auf die in Kapitel 4.1.3 vorgestellten Prüfkriterien zurückgegriffen. Das Messintrumentarium für PLS-Modelle umfasst auf der Strukturmodellebene neben der Beurteilung und Signifikanz der Pfadkoeffizienten, den Determinationskoeffizienten R^2, das Multikollinearitätsmaß VIF sowie das *Stone-Geissers*-Kriterium Q^2 zur Vorhersagevalidität. Im Folgenden wird zunächst auf die Pfadkoeffizienten und den Determinationskoeffizienten eingegangen. Anschließend erfolgt die Darstellung der Ergebnisse für VIF und Q^2. Die Pfadkoeffizienten (Strukturparameter)

---
[539] Vgl. Zaichkowsky (1985), S. 350.

geben die Höhe und Ausprägung (Vorzeichen) des Einflusses der antezedenten Konstrukte auf ihre Nachfolger an. Wichtig ist hierbei zu überprüfen, ob diese Dependenzen nicht zufällig entstanden sind. Dazu ist der t-Wert des jeweiligen Pfadkoeffizienten mit dem kritischen t-Wert zu vergleichen. Übersteigt dieser den kritischen t-Wert von 1,98 (Signifikanzniveau 5%) oder 1,66 (Signifikanzniveau 10%) so ist der Strukturparameter signifikant und die zugehörige Hypothese kann bestätigt werden.

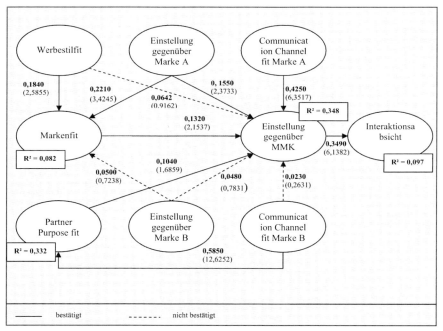

Abbildung 10: Ergebnisse der PLS-Schätzung auf Strukturmodellebene für die gesamte Stichprobe
Quelle: eigene Darstellung.

Das zweite Kriterium R^2 gibt den Anteil der erklärten Varianz des endogenen Konstrukts wieder, der durch seine kausal vorgelagerten Konstrukte erklärt wird. Diese können exogen sein, aber auch einen endogenen Charakter besitzen. Das R^2 wird für alle im Modell enthaltenen endogenen Variablen berechnet. Im Einzelnen sind dies in der vorliegenden Studie die Konstrukte Einstellung gegenüber der MMK, Verhaltensabsicht, Markenfit und Partner Purpose fit. Um den Prädiktoren Erklärungskraft zuzuschreiben, müssen sie mindestens 30%

4 Empirische Überprüfung des Modells 107

der Gesamtvarianz des endogenen Konstrukts erklären können. Abbildung 10 stellt die Resultate der Schätzung graphisch dar. Darin enthalten sind die Pfadkoeffizienten mit ihren jeweiligen t-Werten in Klammern sowie die Determinationskoeffizienten neben den zugehörigen endogenen Variablen.

Die PLS-Schätzung weist insgesamt eine gute Anpassung der empirischen Daten an das zugrundeliegende Modell und Hypothesensystem auf. Wie aus der Graphik ersichtlich wird, konnten acht der zwölf postulierten Hypothesen bestätigt werden.

Das Modell konnte knapp 35% der Varianz des Zielkonstrukts *Einstellung gegenüber Mobile Marketing Kampagnen* erklären. Somit kann denen im Modell definierten Determinanten Erklärungskraft zugeschrieben werden. Die größte Wirkung geht dabei mit einem Pfadkoeffizienten (Pfadk.) von 0,425 vom wahrgenommenen *Communication Channel fit der Marke McDonalds* aus (Hypothese H_8). Als die nächst bedeutsame und signifikante Einflussgröße, kann die *Einstellung gegenüber der Hauptmarke McDonalds* ausgemacht werden (Pfadk. = 0,155). Ebenso sind der wahrgenommene *Markenfit* (Pfadk. = 0,132) sowie der Fit zwischen Partner und Mobile Marketing Aktion *(Partner Purpose fit)* mit einem Pfadkoeffizienten von 0,1040 signifikante Einflussfaktoren. Für die im theoretisch abgeleiteten Kausalmodell aufgeführten Prädiktoren *Werbestilfit* (Pfadk. = 0,0642), *Einstellung gegenüber der Marke Samsung* (Pfadk. = 0,0480) und *Communication Channel fit der Marke Samsung* (Pfadk. = 0,0230) konnte kein direkter signifikanter Einfluss gemessen werden. Allerdings kann ein indirekter Effekt des *Werbestilfit* über dem *Markenfit* hergeleitet werden, da der *Werbestilfit* auf den *Markenfit* wirkt und dieser wiederum auf die *Einstellung zur MMK* (Totaleffekt = 0,0243). Ähnliches gilt für den *Communication Channel fit der Marke Samsung*, welcher über den *Partner-Purpose fit* indirekt auf die *Einstellung zur MMK* wirkt (Totaleffekt = 0,0608).[540]

Beim zweiten Zielkonstrukt *Verhaltensabsicht* liegt der Anteil erklärter Varianz mit einem R^2 von 0,097 unter dem Mindestwert von 0,3. Es konnten nur 9,7% der Varianz durch das kausal vorgelagerte Konstrukt *Einstellung gegenüber der MMK* erklärt werden. Dies deutet auf eine schlechte Erklärungskraft des Modells für die *Interaktionsabsicht mit der MMK* hin. Jedoch hat die *Einstellung gegenüber der MMK* vor dem Hintergrund der beteiligten Marken einen signifikanten Einfluss auf die *Interaktionsabsicht* mit dieser Kampagne (Pfadk. = 0,349). Der

---

[540] Für die Werte der Totaleffekte siehe Tabelle 32.

zugehörige Parameter stellt im Gesamtmodell sogar den drittgrößten Wert dar. Weiterhin existieren für die *Interaktionsabsicht* ebenfalls indirekt Effekte, die in Tabelle 33 dargestellt sind.

Eine weitere endogene Variable ist der *Markenfit*. Dessen Varianz kann durch die Determinanten *Werbestilfit* und *Einstellung zur Marke McDonalds* nur zu 8,2% erklärt werden. Damit ist die Mindestanforderung von 30% Varianzerklärung ebenfalls nicht erfüllt. Das zu niedrige R^2 ist in diesem Fall aber insofern unproblematisch, als dass der *Markenfit* kein Zielkonstrukt in diesem Modell darstellt und somit dessen Erklärung nicht im Vordergrund steht. Es interessiert vielmehr der Erklärungsbeitrag des *Markenfit* für das erste Zielkonstrukt, welcher oben bereits bestätigt wurde. Interessant ist dennoch, dass der *Werbestilfit* einen signifikanten Einfluss auf dem *Markenfit* ausübt ((Pfadk. = 0,349). Wie bereits oben erwähnt, fungiert der *Markenfit* in diesem Fall als intermediäre Variable worüber der *Werbestilfit* auf das Zielkonstrukt wirkt. Mit einem Pfadkoeffizienten in Höhe von 0,2210 erweist sich auch die *Einstellung zur Marke McDonlads* als bedeutsame Einflussgröße des *Markenfit*. Die vierte und letzte endogene Variable im MMM-Modell ist der *Partner Purpose fit*. Der erklärte Varianzanteil durch die einzige Determinante *Communication Channel fit der Marke Samsung* beträgt 0,332 und überschreitet die Mindestgrenze des R^2-Kriteriums von 0,3. Die Determinante übt mit dem höchsten Parameterwert von 0,5850 im Modell einen positiven und mit dem höchsten t-Wert im Modell den „signifikantesten" Einfluss aus. Auch der *Partner Purpose fit* übernimmt die Aufgabe als intermediäre Variable für den indirekten Einfluss des *Communication Channel fit der Marke Samsung* auf die *Einstellung zur MMK*.

Wie aus Tabelle 30 zu entnehmen, besitzen alle Strukturparameter ein positives Vorzeichen. Das bedeutet, dass von allen Determinanten eine positive Wirkung auf die jeweiligen endogenen Konstrukte ausgeht. Dies steht im Einklang mit dem Inhalt der postulierten Hypothesen in Kapitel 3. Die Mehrzahl der bestätigten Hypothesen wurde bei einem Signifikanzniveau von 5% bestätigt. Die Hypothese H_{10} kann hingegen nur knapp bei einer Irrtumswahrscheinlichkeit von 10% akzeptiert werden. Im Gegensatz dazu werden die Hypothesen H_2, H_5, H_6 und H_9 selbst bei einer Irrtumswahrscheinlichkeit von 10% nicht anerkannt. Tabelle 30 zeigt die bestätigten und falsifizierten Hypothesen mit ihren Strukturparametern, t-Werten und dem relevanten Signifikanzniveau im Überblick.

4 Empirische Überprüfung des Modells

Hypothese	Strukturparameter	t-Wert (Bootstrap)	Signifikanzniveau (zweiseitiger Test)	Ergebnis
H_1	0,1550	2,3733	5 %	beibehalten
H_2	0,0480	0,7831	5 %, 10%	verworfen
H_3	0,1320	2,1537	5 %	beibehalten
H_4	0,2210	3,4245	5 %	beibehalten
H_5	0,0500	0,7238	5 %, 10%	verworfen
H_6	0,0642	0,9162	5 %, 10%	verworfen
H_7	0,1840	2,5855	5 %	beibehalten
H_8	0,4250	6,3517	5 %	beibehalten
H_9	0,0230	0,2631	5 %, 10%	verworfen
H_{10}	0,1040	1,6859	10 %	beibehalten
H_{11}	0,5850	12,6252	5 %	beibehalten
H_{12}	0,3490	6,1382	5 %	beibehalten

Tabelle 30: Ergebnisse der Hypothesenüberprüfung

Als weiteres Prüfkriterium gilt es, die Multikollinearität zwischen den Determinanten der endogenen Variablen zu prüfen. Eine Multikollinearität kann nur bei endogenen Variablen mit mehr als zwei erklärenden Variablen vorliegen. Als Gütemaß wird der Variance Inflation Factor (VIF) herangezogen. Im Rahmen des obigen Modells wurde dieser für die Determinanten des Zielkonstrukts *Einstellung gegenüber MMK* und für die Determinanten des Konstrukts *Markenfit* untersucht. In allen Fällen liegt der VIF-Wert unter dem kritischen Wert von 10. Daraus ist zu folgern, dass zwischen den Determinanten des jeweils betrachteten Konstrukts keine Multikollinearität vorliegt und somit dieses Gütekriterium erfüllt ist (vgl. Tabelle 31).

Wie bereits in Kapitel 4.1.2 erwähnt, existiert bei PLS kein Gütekriterium, welches eine Beurteilung des globalen Fits des vorliegenden Modells erlaubt. Es besteht jedoch die Möglichkeit, bei reflektiven Zielkonstrukten die Prognoserelevanz des Gesamtmodells zu beurteilen. Das auf Redundanz basierende *Stone-Geissers* Q^2 muss dafür einen Wert größer Null annehmen. Für die Zielkonstrukte *Einstellung gegenüber MMK* und *Verhaltensintention* ergeben sich jeweils die Werte 0,0157 und 0,2790. Somit kann dem dieser Analyse zugrundeliegenden Kausalmodell zur Erklärung der Bedeutung von Markenallianzen für die Akzeptanz von Mobile Marketing Vorhersagekraft zugesprochen werden.

Tabelle 31 zeigt die Ergebnisse der Gütekriterien im Überblick. Darin enthalten sind der Determinationskoeffizient (R^2), der Variance Inflation Factor (VIF) für die Prüfung der Multikollinearität und das *Stone-Geissers* Q^2 zur Vorhersagevalidität des Modells.

Konstrukt	R^2	VIF	Q^2
Einstellung zu *McDonalds*	-	-	-
Einstellung zu *Samsung*	-	-	-
Communication Channel fit *McDonalds*	-	-	-
Communication Channel fit *Samsung*	-	-	-
Markenfit	0,082	< 10	-
Werbestilfit	-	-	-
Partner Purpose fit	0,332	-	-
Einstellung zur MMK	0,348	< 10	0,0157
Verhaltensabsicht	0,097	-	0,2790

Tabelle 31: Gütekriterien der Strukturmodellschätzung

Als Fazit der Schätzergebnisse kann eine passable Anpassung der empirischen Daten an das Kausalmodell festgehalten werden. Wie zuvor schon dargelegt, konnten acht der zwölf Hypothesen empirisch bestätigt werden. Zudem ist mit verzerrenden Ergebnissen insofern nicht zu rechnen, als dass keine Multikollinearität vorliegt. Des Weiteren ist die Vorhersagevalidität bei beiden Zielkonstrukten gegeben. Allerdings konnte das Zielkonstrukt *Interaktionsabsicht* nicht hinreichend durch die *Einstellung zur Mobile Marketing Kampagne* erklärt werden. Das R^2 unterschritt den relevanten Wert von 0,3. Wie in Kapitel 3.2.6 erklärt, setzt sich die Akzeptanz von Mobile Marketing aus den Konstrukten *Einstellung zur MMK (bzw. zur Markenallianz)* sowie der *Interaktionsabsicht* zusammen. Zwar kann beiden Zielkonstrukten Prognoserelevanz zugeschrieben und dem ersten Zielkonstrukt auch Erklärungskraft durch seine Antezedenten anerkannt werden (R^2 = 0,348), allerdings wird die Güte des Strukturmodells durch das niedrige Bestimmtheitsmaß der *Interaktionsabsicht* beeinträchtigt.

4 Empirische Überprüfung des Modells 111

Indessen kann aufgrund der stichprobenspezifischen Schätzergebnisse auf Mess- und Strukturmodellebene insgesamt eine Relevanz des MMM-Modells für die Erklärung der Bedeutung von Markenallianzen für die Akzeptanz von Mobile Marketing bestätigt werden. Jedoch ist klar hervorzuheben, dass die Schätzergebnisse nicht für eine hundertprozentige Bestätigung des postulierten Kausalmodells sprechen.

Bevor in Kapitel 4.5 die Interpretation der Schätzergebnisse erfolgt, sollen an dieser Stelle wietere interessante Analysen hinsichtlich des Datenmaterials erfolgen. Ein wesentlicher Vorteil der Kausalanalyse ist die Handhabung von komplexen Strukturen. So können nicht nur direkte Effekte der Determinanten auf ihr Folgekonstrukt (vgl. Tabelle 30) sondern auch indirekte Effekte nicht unmittelbar vorgeschalteter Determinanten quantifiziert werden. Interessant ist somit die Ermittlung des von direkten und indirekten Determinanten ausgehenden Gesamteffektes auf ein Konstrukt, da dies eine recht realitätsnahe Bestimmung dieses Konstrukts erlaubt. Die Berechnung des indirekten Effektes erfolgt durch die Multiplikation der signifikanten Pfadkoeffizienten des indirekten Weges. Die Summe aus direkten und indirekten Effekten ergibt den Gesamt- oder Totaleffekt.[541] Wie bereits oben erwähnt, existieren in diesem Modell indirekte Effekte für die Zielkonstrukte *Einstellung gegenüber der MMK* und *Interaktionsabsicht*.

Für das Zielkonstrukt *Einstellung gegenüber der MMK* liegt zum einen ein indirekter Effekt vom Werbestil über die Variable *Markenfit* in Höhe von 0,0243 (0,1840*0,1320) vor. Zum anderen geht neben einem direkten auch ein indirekter Effekt von der *Einstellung gegenüber der Marke McDonalds* über den *Markenfit* in Höhe von 0,0292 (0,2210*0,1320) aus. Die indirekte Wirkung des *Communication Channel fit der Marke Samsung* läuft über den *Partner Purpose fit* und nimmt eine Größe von 0,0608 (0,5850*0,1040) an. Insgesamt ergeben die indirekten Effekte einen Wert von 0,1143 (0,0243+0,0292+0,0608). Tabelle 32 stellt den Gesamteffekt und dessen Zusammensetzung aus signifikanten direkten und indirekten Effekten für das Zielkonstrukt *Einstellung gegenüber der MMK* im Überblick dar.

---

[541] Vgl. Homburg/Hildebrandt (1998), S. 26 f.

Determinanten der Einstellung zur MMK	Höhe des Effekts	Art des Effektes	Rang
Markenfit	0,1320	direkt	3
Werbestilfit	0,0243	indirekt	6
Partner Purpose fit	0,1040	direkt	4
Einstellung gegenüber der Marke *McDonalds*	0,1550/0,0292	direkt/indirekt	2
	0,1842	total	
Communication Channel fit der Marke *McDonalds*	0,4250	direkt	1
Communication Channel fit der Marke *Samsung*	0,0608	indirekt	5
Gesamteffekt	**0,9303**		

Tabelle 32: Gesamteffekt der Determinanten auf das erste Zielkonstrukt Einstellung zur MMK

Der Beitrag indirekter Effekte zum Gesamteffekt ist nicht besonders ausgeprägt, dennoch ist die Erkenntnis der indirekten Wirkung besonders des *Werbestilfit* und des *Communication Channel fit der Marke Samsung*, welche keinen direkten Einfluss auf das Zielkonstrukt besaßen, von Relevanz. Zudem zeigt die Aufstellung des Gesamteffektes, dass der *Communication Channel fit der Marke McDonalds* den entscheidenden Erfolgsfaktor darstellt. Eine zentrale Position nimmt die *Einstellung gegenüber der Marke McDonalds*, der *Markenfit* sowie der *Partner Purpose fit* ein. Weniger bedeutsam sind hingegen die indirekten Wirkungen der Konstrukte *Werbestilfit* und *Communication Channel fit der Partnermarke Samsung*. Wie für das erste Zielkonstrukt demonstriert, berechnen sich ebenso die indirekten Effekten für das zweite Zielkonstrukt, die *Interaktionsabsicht*. Tabelle 33 fasst die direkten und indirekten Effekte der signifikanten Determinanten für dieses Zielkonstrukt zusammen.

Maßgeblich für das Zielkonstrukt *Interaktionsabsicht* ist die vergleichsweise hohe Wirkung durch den einzigen, direkten Antezedenten *Einstellung zur MMK* und danach durch den *Communication Channel fit der Marke Samsung*. Einzeln betrachtet ist das Ausmaß der indirekten Effekte aller weiteren Konstrukte eher gering, dennoch ergibt sich kein unbedeutender Gesamteffekt in Höhe von 0,6737.

4 Empirische Überprüfung des Modells

Determinanten der Interaktionsabsicht	Höhe des Effekts	Art des Effektes	Rang
Einstellung zur MMK	0,349	direkt	1
Communication Channel fit der Marke *McDonalds*	0,1483	indirekt	2
Einstellung gegenüber der Marke *McDonalds*	0,0643	indirekt	3
Markenfit	0,0461	indirekt	4
Partner Purpose fit	0,0363	indirekt	5
Communication Channel fit der Marke *Samsung*	0,0212	indirekt	6
Werbestilfit	0,0085	indirekt	7
Gesamteffekt	0,6737		

Tabelle 33: Gesamteffekt der Determinanten auf das zweite Zielkonstrukt Interaktionsabsicht

Eine weitere interessante Fragestellung ergibt sich nach der durchschnittlichen Bewertung der einzelnen Konstrukte seitens der Probanden. Dazu wurden die Indikatorenwerte einzelner Probanden mit den „weights" der Indikatoren multipliziert. Anschließend wurde über alle Probanden hinweg für jedes Konstrukt ein Mittelwert ermittelt. Für die moderierende Variable wurde der einfache Mittelwert aus den Indikatorenwerten gebildet, da diese Variable kein Konstrukt des Strukturmodells bildet und somit für diese keine „weights" zur Verfügung stehen. Die Aussagen im Fragebogen sind überwiegend positiv formuliert. Die Werte der negativen Aussagen wurden vor der Schätzung der Ergebnisse umcodiert, so dass eine Vergleichbarkeit der Werte vorliegt. Alle Indikatorenwerte bezogen sich danach auf positive Aussagen. Daher kann die Bewertung der Aussagen mit „trifft gar nicht zu" (1) analog als negativ/niedrig und die mit „trifft voll zu" (7) als positiv/hoch betrachtet werden. Tabelle 34 zeigt die durchschnittliche Bewertung aller Probanden für sämtliche Modellvariablen.

Wie aus Tabelle 34 ersichtlich, liegt die Bewertung für die meisten Konstrukte zwischen den Skalenpunkten 3 und 4. Mit 1 als negativem Pol, 4 als mittlerer Kategorie und 7 als positivem Pol liegt die Bewertung für die Konstrukte *Markenfit, Werbestilfit, Einstellung gegenüber der Marke McDonalds, Einstellung gegenüber der Marke Samsung, Communication Channel fit der Marke McDonalds, Einstellung gegenüber der MMK* und *Involvement mit Mobiltelefonen* im mittleren Bereich, mit mehr oder weniger leichter Tendenz zum negativen Pol. Die durchschnittlich geäußerte *Interaktionsabsicht* mit der vorgestellten Mobile Marketing Kampagne liegt mit 2,7 im niedrigen Bereich. Der *Partner Purpose fit* mit einem Rating von 4,8 und der wahrgenommene *Communication Channel fit der Marke Samsung* mit einer Bewertung von 5,03 tendieren hingegen von einer mittleren zur positiven Aussage. Bei überwiegender Anzahl der Konstrukte konnte keine kollektive Bewertung der Probanden in eine Richtung festgestellt werden. Mit einer durchschnittlichen Standardabweichung zwischen 1,4 und 2 waren die Ratings für alle Konstrukte mäßig verstreut.

Konstrukt	Skala 1 2 3 4 5 6 7 negativ/ positiv/ niedrig hoch
Markenfit	3,2
Werbestilfit	3,6
Partner-Purpose fit	4,8
Einstellung gegenüber der Marke *McDonalds*	3,6
Einstellung gegenüber der Marke *Samsung*	3,8
Communication Channel fit der Marke *McDonalds*	3,2
Communication Channel fit der Marke *Samsung*	5,03
Einstellung gegenüber der Mobile Marketing Kampagne	3,4
Interaktionsabsicht	2,7
Involvement mit Mobiltelefonen	3,4

Tabelle 34: Durchschnittswerte aller Variablen im Modell

4.4.2 Schätzung des Kausalmodells für den moderierenden Effekt des Involvement

Um den Einfluss der moderierenden Variable *Involvement mit Mobiltelefonen* auf das Kausalmodell zu ermitteln (Hypothese H_{13}), wird im ersten Schritt die Gesamtstichprobe in zwei Gruppen, *Hoch- und Niedriginvolvierte*, unterteilt. Ziel der Stichprobenzerlegung ist die Analyse, inwieweit zwischen den beiden Gruppen signifikante Unterschiede in den geschätzten Parametern des Kausalmodells bestehen.

4 Empirische Überprüfung des Modells

Die Bewertung des *Involvement mit Mobiltelefonen* erfolgte wie bei den anderen Konstrukten auf einer siebenstufigen Ratingskala, wobei das Rating bezogen auf den Skalenpunkt 1 als niedriges Involvement und auf den Skalenpunkt 7 als hohes Involvement aufzufassen ist. Die dazwischenliegenden Skalenpunkte sind diesen beiden Kategorien zuzuordnen. Für die Abgrenzung beider Gruppen wurden die Mittelwerte der vier Indikatoren des Konstrukts *Involvement mit Mobiltelefonen* herangezogen. Um große Unterschiede in den Stichproben zu vermeiden, die einen Vergleich beider Gruppen beeinträchtigen könnten, wurden die Mittelwerte von 1 bis 3,25 den Niedriginvolvierten und von 3,75 bis 7 den Hochinvolvierte zugeordnet - die Werte zwischen 3,25 und 3,75 wurden nicht in die Gruppierung einbezogen. So ergab sich für die Gruppe *Hochinvolvierte* eine Teilstichprobe von 85 und für die Gruppe *Niedriginvolvierte* von 116. Das Modell wurde für beide Teilstichproben einzeln geschätzt. Die Messmodellinvarianz wurde aus den in Kapitel 4.1.5 erwähnten Gründen nicht durchgeführt. Tabelle 38: Ergebnis des Gruppenvergleichs. Tabelle 35 und 36 fassen die einzelnen Ergebnisse für die beiden Gruppen hinsichtlich des Hypothesensystems zusammen.

Probanden mit hohem Involvement mit Mobiltelefonen				
n = 85; Abgrenzungsbereich: 3,75 - 7 (Mittelwert der Indikatoren)				
Hypothesen	Strukturparameter	t-Wert	Signifikanzniveau (zweiseitiger Test)	Ergebnis
H_1	0,1450	1,4696	5%, 10%	verworfen
H_2	0,1220	0,9010	5%, 10%	verworfen
H_3	0,1420	1,5708	5%, 10%	verworfen
H_4	0,1860	1,7836	10%	beibehalten
H_5	0,0220	0,1678	5%, 10%	verworfen
H_6	0,0550	0,6573	5%, 10%	verworfen
H_7	0,1130	0,7979	5%, 10%	verworfen
H_8	0,3670	3,4062	5%	beibehalten
H_9	0,0860	0,8525	5%, 10%	verworfen
H_{10}	0,2250	1,9447	10%	beibehalten
H_{11}	0,4780	5,3187	5%	beibehalten
H_{12}	0,5550	6,7805	5%	beibehalten

Tabelle 35: Ergebnis für die Gruppe mit hohem Involvement mit Mobiltelefonen

Neben den Hypothesen ist auf Strukturmodellebene die Erfüllung weiterer Gütekriterien zu überprüfen. Dabei zeigt sich, dass sich für die hoch involvierten Probanden die Konstrukte Einstellung zur Kampagne und Interaktionsabsicht wesentlich besser vorhersagen lässt als für die gering involvierte Gruppe. Auch der R^2-Wert zeigt, dass die Mobile Marketing-Kampagne von Markenallianzen wesentlich deutlicher bei involvierten Personen profitieren kann. Des Weiteren gibt Tabelle 37 einen Überblick über die bestätigten und die nicht bestätigten Hypothesen bei den Gesamt- sowie Teilstichproben *Hochinvolvierte* und *Niedriginvolvierte*. In der fünften Spalte sind die Differenzen (als Betrag) zwischen den Strukturparametern der Gruppen *Hochinvolvierte* und *Niedriginvolvierte* wiedergegeben. Die sechste Spalte zeigt die Ergebnisse des t-Tests nach *Chin*.

| Probanden mit niedrigem Involvement mit Mobiltelefonen ||||||
| m = 116; Abgrenzungsbereich: 1 – 3,25 (Mittelwert der Indikatoren) ||||||
Hypothesen	Strukturparameter	t-Wert	Signifikanzniveau (zweiseitiger Test)	Ergebnis
H_1	0,1530	1,4511	5%, 10%	verworfen
H_2	0,0150	0,1050	5%, 10%	verworfen
H_3	0,0640	0,5578	5%, 10%	verworfen
H_4	0,3720	4,7172	5%	beibehalten
H_5	0,0510	0,5112	5%, 10%	verworfen
H_6	0,221	1,0740	5%, 10%	verworfen
H_7	0,1720	1,5018	5%, 10%	verworfen
H_8	0,3710	3,0444	5%	beibehalten
H_9	0,0560	0,4132	5%, 10%	verworfen
H_{10}	0,1180	0,8030	5%, 10%	verworfen
H_{11}	0,6760	14,0437	5%	beibehalten
H_{12}	0,1450	0,7698	5%, 10%	verworfen

Tabelle 36: Ergebnis für die Gruppe mit niedrigem Involvement mit Mobiltelefonen

4 Empirische Überprüfung des Modells 117

Konstrukte	Geringes Involvement		Hohes Involvement	
	R^2	Q^2	R^2	Q^2
Markenfit	0,2210	-	0,042	-
Patne Purpose fit	0,4563	-	0,2285	-
Einstellung zur MM-Kampagne	0,2421	- 0,1706	0,3905	0,1371
Interaktionsabsicht	0,0211	- 0,6456	0,3076	0,1039

Tabelle 37: Gütekriterien für die Teilpopulationen des Gruppenvergleichs

Im Vergleich zur Anzahl der bestätigten Hypothesen in der Gesamtstichprobe (acht) wurden in beiden Teilgruppen weniger Hypothesen bestätigt. In der Gruppe *Hochinvolvierte* konnten insgesamt fünf Hypothesen (H_4, H_8, H_{10}, H_{11} und H_{12}) und in der Gruppe *Niedriginvolvierte* insgesamt nur drei Hypothesen bestätigt (H_4, H_8, H_{11}) werden. Einheitlich bei allen Stichprobengrößen ist die Bestätigung der Hypothesen H_4, H_8 und H_{11} und die Falsifizierung der Hypothesen H_2, H_5, H_6 und H_9.

Dem Gruppenvergleich liegt die Nullhypothese zugrunde, dass keine Differenzen zwischen Strukturparameter der *Hochinvolvierten* und *Niedriginvolvierten* liegen. Diese Nullhypothese konnte bei einem Signifikanzniveau von 5% für die Hypothesen H_1 bis H_{10} und H_{12} nicht abgelehnt werden. Das heißt, dass die Differenzen zwischen den Parametern der beiden Teilstichproben für diese Hypothesen nicht signifikant und somit zufällig entstanden sind. Dies impliziert wiederum, dass die moderierende Variable bis auf den kausalen Zusammenhang in Hypothese H_{11}, keinen Einfluss auf das Modell ausübt. Allerdings kann die Hypothese H_{12} bei einem Signifikanzniveau von 10% wieder akzeptiert werden. So kann bezüglich des Gruppenvergleichs zusammengefasst werden, dass bei einem Signifikanzniveau von 10% die Parameter der Hypothesen H_{11} und H_{12} in den beiden Teilstichproben signifikant unterschiedlich sind.

Für die restlichen zehn der zwölf Hypothesen konnte kein Unterschied in den Parametern der beiden Gruppen ausgemacht werden.

Hypothesen	Gesamt-stichprobe (s = 232)	Hochinvolvierte (n = 85)	Niedriginvolvierte (m = 116)	Differenzen	Signifikanz der Differenzen
H_1	0,1550	0,1450	0,1530	0,008	nicht signifikant
H_2	0,0480	0,1220	0,0150	0,107	nicht signifikant
H_3	0,1320	0,1420	0,0640	0,078	nicht signifikant
H_4	0,2210	0,1860	0,3720	0,186	nicht signifikant
H_5	0,0500	0,0220	0,0510	0,029	nicht signifikant
H_6	0,0642	0,0550	0,221	0,166	nicht signifikant
H_7	0,1840	0,1130	0,1720	0,059	nicht signifikant
H_8	0,4250	0,3670	0,3710	0,004	nicht signifikant
H_9	0,0230	0,0860	0,0560	0,03	nicht signifikant
H_{10}	0,1040	0,2250	0,1180	0,107	nicht signifikant
H_{11}	0,5850	0,4780	0,6760	0,198	signifikant
H_{12}	0,3490	0,5550	0,1450	0,41	signifikant
bestätigt ☐	nicht bestätigt ■				

Tabelle 38: Ergebnis des Gruppenvergleichs

4.5 Interpretation der Ergebnisse

Im Anschluss an die formale Beurteilung des Kausalmodells im vorangegangenen Kapitel wird an dieser Stelle die Interpretation der Schätzergebnisse aufgenommen. Zunächst sollen mit der Tabelle 39 alle im Rahmen des MMM-Modells bestätigten und falsifizierten Hypothesen wiedergegeben werden.

Das der vorliegenden Studie zugrundeliegende MMM-Modell soll die nachfrageseitige Akzeptanz von Mobile Marketing Kampagnen, die durch Markenallianzen initiiert werden, erklären. Dabei wurde theoretisch in Kapitel 3.2.1 die Einstellungen zu den beteiligten Marken als eine der zentralen Determinanten erkannt, da sie das gesamte Wissen des Individuums über eine Marke beinhalten. Empirisch konnte der Einfluss der Einstellung zu den beteiligten

4 Empirische Überprüfung des Modells

Marken auf die Einstellung gegenüber dem gemeinsamen Leistungsangebot bereits mehrmals nachgewiesen werden.[542]

Hypothese	Postulierter Zusammenhang	Ergebnis
H_1:	Je positiver die Einstellung gegenüber Marke A, desto positiver ist die Einstellung gegenüber der Mobile Marketing Kampagne.	beibehalten
H_2:	Je positiver die Einstellung gegenüber Marke B, desto positiver ist die Einstellung gegenüber der Mobile Marketing Kampagne.	verworfen
H_3:	Je höher der wahrgenommene Markenfit, desto positiver ist die Einstellung gegenüber der Mobile Marketing Kampagne.	beibehalten
H_4:	Je positiver die Einstellung gegenüber Marke A, desto höher ist der wahrgenommene Markenfit.	beibehalten
H_5:	Je positiver die Einstellung gegenüber Marke B, desto höher ist der wahrgenommene Markenfit.	verworfen
H_6:	Je höher der wahrgenommene Werbestilfit, desto positiver ist die Einstellung gegenüber der Mobile Marketing Kampagne.	verworfen
H_7:	Je höher der wahrgenommene Werbestilfit, desto positiver ist der wahrgenommene Markenfit.	beibehalten
H_8:	Der wahrgenommene Communication Channel fit der Marke A hat einen positiven Einfluss auf die Einstellung gegenüber der Mobile Marketing Kampagne.	beibehalten
H_9:	Der wahrgenommene Communication Channel fit der Marke B hat einen positiven Einfluss auf die Einstellung gegenüber der Mobile Marketing Kampagne.	verworfen
H_{10}:	Je höher der wahrgenommene Partner Purpose fit, desto positiver ist die Einstellung gegenüber der Mobile Marketing Kampagne.	beibehalten
H_{11}:	Der wahrgenommene Communication Channel fit der Partnermarke hat einen positiven Einfluss auf den Partner Purpose fit.	beibehalten
H_{12}:	Je positiver die Einstellung gegenüber der Mobile Marketing Kampagne, desto höher die Intention zur Teilnahme an dieser	beibehalten
H_{13}:	Die Stärke der Konstruktzusammenhänge im Modell unterscheidet sich für die Personengruppen mit hohem und niedrigem Involvement mit Mobiltelefonen signifikant voneinander.	teilweise beibehalten

Tabelle 39: Das Ergebnis der getesteten Hypothesen für die gesamte Stichprobe

Die Ergebnisse der empirischen Untersuchung im Rahmen dieser Studie konnten allerdings die Relevanz dieser Determinante nur teilweise bestätigen. Bei der Beurteilung der gemeinsamen MMK von den Marken *McDonalds* und *Samsung* erweist sich nur der Einstellungs-

---

[542] Vgl. bspw. Park/Jun/Schocker (1996); Simonin/Ruth (1998); Baumgarth (2003).

transfer seitens der Marke *McDonalds* als signifikant (Hypothese H_1), wohingegen die Einstellung gegenüber der Marke *Samsung* keine Rolle spielte (Hypothese H_2). Dieses überraschende Ergebnis könnte auf den im Rahmen der Informations-Integrations-Theorie erwähnten Primacy Effekt zurückzuführen sein.[543] Demnach erlangt bei der Informationsbeurteilung derjenige Reiz die höhere Gewichtung, der zuerst wahrgenommen wird.

Bei der visuellen Darbietung der gemeinsamen MMK im Zuge der Online-Befragung wurde das Markenlogo von *McDonalds* zufällig an die erste Stelle neben das Markenlogo von *Samsung* gesetzt. Die Reihenfolge der Anordnung der Logos könnte zu einer höheren Aufmerksamkeit der Marke *McDonalds* geführt haben, so dass die Marke *Samsung* bei der Urteilsbildung nahezu unberücksichtigt blieb.[544] *Park/Jun/Shocker* (1996) bezeichnen bei Markenallianzen die erstgenannte Marke als „header" und die folgende als „modifier".[545] In ihrer Studie konnten sie im Einklang zu den hier vorliegenden Ergebnissen ebenfalls einen höheren Einfluss vom „header" gegenüber „modifier" auf die Markenallianz-Leistung feststellen.[546] Weiterhin ist aus der Beschreibung der MMK zu erkennen, dass die Marke *McDonalds* der Initiator des Gewinnspiels ist und Mobiltelefone der Marke *Samsung* verlost. Somit ist davon auszugehen, dass *McDonalds* als Hauptmarke der MMK und *Samsung* als die Partnermarke gesehen wird und daher die MMK als Promotionsaktion hauptsächlich der Marke *McDonalds* zugeordnet wird. Was den Einstellungstransfer betrifft, ist folglich seitens der Probanden bei der Beurteilung der MMK hauptsächlich die Einstellung gegenüber der Marke *McDonalds* eingeflossen. Die Dominanz der Hauptmarke zeigt sich auch darin, dass obwohl die Probanden durchschnittlich sogar eine etwas positivere Einstellung zur Marke *Samsung* (3,8) als zur Marke *McDonalds* (3,6) angaben[547], das Image der Partnermarke *Samsung* kein wichtiges Merkmal bei der Urteilsfindung darstellt. Die völlige Belanglosigkeit des Konstrukts Einstellung zur Partnermarke ist allerdings unplausibel, da sich die Attraktivität eines Gewinnspiels in erster Linie aus dessen Gewinn ableitet.[548] Selbst bei hochinvolvierten Personen mit Mobiltelefonen, von denen vermutet werden kann, dass sie sich

---

[543] Vgl. Kapitel 3.1.1.
[544] Wurden hingegen beide Logos tatsächlich gleichzeitig wahrgenommen, da beide auf der selben Seite und nicht sukzessive präsentiert wurden, so ist die Insignifikanz der Einstellung gegenüber der Marke Samsung womöglich auf dem Wichtigkeitseffekt (Vgl. Kapitel 3.1.1) zurückzuführen. Demnach wird die subjektiv bedeutendere Marke bei der Urteilsbildung als erstes herangezogen und stärker gewichtet. Dies erscheint allerdings nur für Einzelfälle zutreffend. Eine plausible Begründung liefern die folgenden Ausführungen.
[545] Vgl. Park/Jun/Shocker (1996), S. 454.
[546] Vgl. Park/Jun/Shocker (1996), S. 459 f.
[547] Vgl. Tabelle 34.
[548] Vgl. Koncz (2005), S. 107.

4 Empirische Überprüfung des Modells 121

aufgrund des großen Interesses an Mobiltelefonen bei ihrer Urteilsbildung intensiv von der Mobiltelefonmarke leiten lassen, hat sich der Einfluss der Einstellung zur Partnermarke *Samsung* im MMM-Modell nicht als signifikant erwiesen. Damit kann die Insignifikanz der Wirkung dieses Konstrukts auch nicht auf die spezifische Zusammensetzung der Stichprobe zurückgeführt werden, da sowohl bei der Gesamtstichprobe als auch beim Personenkreis der Hochinvolvierten kein Unterschied hinsichtlich der Relevanz dieses Konstrukts auszumachen ist. Demnach ist festzuhalten, dass auch im Rahmen dieser Untersuchung zumindest der Einstellung gegenüber der beteiligten Hauptmarke ein signifikanter Einfluss bei der Akzeptanz der Markenallianz-Leistung attestiert werden kann.

In Konformität mit bedeutenden Studien zu Markenallianzen[549] stellt sich auch hier der Markenfit als ein zentraler Einflussfaktor bei der Beurteilung der Markenallianz-Leistung heraus (Hypothese H_3). Mit einem Koeffizienten von 0,1320 übt dieser zwar einen geringeren Einfluss als das Konstrukt Einstellung zur Hauptmarke (0,1842)[550] aus, jedoch ist der Einfluss signifikant. Folglich evaluieren Probanden einen Zusammenschluss von Marken in starker Abhängigkeit von dem Verhältnis der einzelnen Markenimages zueinander. Je stärker sie als zugehörig empfunden werden (Fit), desto positiver ist die Bewertung der Markenallianz-Leistung. Diese Erkenntnis steht im Einklang mit Ergebnissen der Studien von *Simonin/Ruth* (1998) und *Baumgarth* (2003). Allerdings stellten sie in ihren Analysen eine höhere Wirkung des Markenfit im Vergleich zu den Einstellungen gegenüber den Einzelmarken fest. Eine mögliche Begründung der hier festgestellten geringeren Relevanz des Markenfit kann in der konkreten Art der Promotionsaktion gesehen werden. Da es sich bei der betrachteten Mobile Marketing Kampagne um ein Gewinnspiel handelt, existiert eine verlosende und eine verloste Marke. Während beispielsweise *Baumgarth* (2003) beide Marken in seinen Untersuchungen den Probanden als gleichwertig darstellt[551], erfolgt hier möglicherweise eine automatische Abstufung der verlosten Marke in Bezug auf ihre Relevanz, da sie von einer anderen Marke verlost und dieser somit untergeordnet wird. Demnach dominiert wiederum die Einstellung zur Hauptmarke bei der Wahrnehmung der MMK, so dass der Markenfit, also die Ähnlichkeit bzw. der logische Zusammenhang zwischen den Markenimages, eine vergleichsweise nachrangige Position erlangt. Der Markenfit basiert in der Theorie in erster Linie auf den Einstel-

---

[549] Vgl. Simonin/Ruth (1998); Baumgarth (2003); Park/Miberg/Lawson (1991); Park/Jun/Schocker (1996).
[550] Vgl. Tabelle 30.
[551] Vgl. Baumgarth (2003), S. 318.

lungen/Images der beteiligten Marken (Hypothese H_4 und H_5).[552] Mit einem signifikanten Pfadkoeffizienten von 0,2210 konnte diese Annahme für die Einstellung gegenüber der Hauptmarke *McDonalds* empirisch bestätigt werden. Überraschenderweise konnte jedoch kein signifikanter Einfluss der Einstellung der Nebenmarke *Samsung* auf den Markenfit verzeichnet werden. Die Ablehnung der Hypothese H_5 bestätigt nochmals die untergeordnete Rolle der Nebenmarke bei der Beurteilung des Markenfit und somit auch bei der Beurteilung der MMK. In diesem Zusammenhang geht die Schematheorie von der Annahme aus, dass die Zuordnung der präsentierten Reize (hier: Marken) zu einem Schema bzw. einer Kategorie (Fitbeurteilung) in starker Abhängigkeit von der Assoziationsstärke und der Relevanz der Reize geschieht.[553] Folglich wird aufgrund der geringeren Bedeutung der verlosten Marke auch die Notwendigkeit eines Vergleichs der Marken und die Bestimmung ihrer Ähnlichkeit (Markenfit) als weniger ausschlaggebend empfunden. Zwar bleibt der Markenfit nach wie vor ein zentraler Erfolgsfaktor, er ist aber aufgrund der geringen Relevanz der verlosten Marke eben nicht die wichtigste Determinante bei der Beurteilung dieser MMK.

Bezüglich der Determinanten des Markenfit ist letztlich noch hervorzuheben, dass in der Theorie die Einstellungen zu den Marken generell als Basis für den wahrgenommenen Markenfit formuliert werden.[554] Entsprechend dem hier gewonnen Datenmaterial stellt sich der Einfluss der Einstellung zur Partnermarke *Samsung* (Hypothese H_5) jedoch als nicht signifikant heraus. Folglich existieren wohl „explanotory links" zwischen den Marken *McDonalds* und *Samsung*, die zu dem wahrgenommenen Markenfit geführt haben. Zwar ist dieser mit einem Mittelwert aller Probanden von 3,2 niedrig ausgeprägt, aber dennoch vorhanden.[555] *Baumgarth* (2003) stellte im Rahmen seiner empirischen Untersuchungen zum Co-Branding fest, dass der Markenfit immer dann einen kritischen Erfolgsfaktor darstellt, wenn Inkongruenz wahrgenommen wird.[556] Als zweitwichtigste Fitbasis in dem hier vorliegenden Modell – und dies bei einer wahrgenommenen moderaten Inkongruenz (3,2) – kann dieser Sachverhalt bestätigt werden.

Eines der drei neuen Konstrukte im Rahmen dieser Studie, zu dem keine empirischen Untersuchungen vorliegen, ist der Werbestilfit. Überlegungen zu diesem Konstrukt resultierten

---

[552] Vgl. Kapitel 3.2.2.
[553] Vgl. Baumgarth (2003), S. 233, Bridges (1992), S. 4.
[554] Vgl. Kapitel 3.2.2.
[555] Vgl. Tabelle 34.
[556] Vgl. Baumgarth (2003), S. 387.

4 Empirische Überprüfung des Modells

aufgrund der Tatsache, dass es sich bei gemeinschaftlichen MMK um Promotionsaktionen handelt, in denen über bestimmte Kommunikationsmaßnahmen Marken gemeinsam präsentiert werden. Interessant erschien daher, die Relevanz des Fit auf der Kommunikationsebene zu untersuchen. Analog zum Markenfit wurde vermutet, dass eine Ähnlichkeit im Werbestil der Einzelmarken zu einer besseren Beurteilung der Mobile Marketing Kampagne führen würde (Hypothese H_6).[557] Diese Vermutung konnte jedoch nicht bestätigt werden. Folglich hat die Ähnlichkeit der Werbestile der Marken keinen direkten Einfluss auf die Akzeptanz von Mobile Marketing Kampagnen und stellt somit keine unmittelbare Voraussetzung für deren Erfolg dar. Ähnlich wie der Produktfit, der bei solchen Aktionen für das Verständnis und die Glaubwürdigkeit des Zusammenschlusses der Marken unbedeutend ist, erscheint eine Verbindung über kongruente Werbestile der Marken zunächst ebenso vernachlässigbar[558]. Allerdings übt der Werbestilfit mit einem Pfadkoeffizienten von 0,1840 einen signifikanten Einfluss auf den Markenfit aus (Hypothese H_7), der wiederum auf die Einstellung gegenüber der MMK wirkt (Hypothese H_3). So kann von einem indirekten Effekt (0,024)[559] des Werbestils auf die Beurteilung der MMK ausgegangen werden. Innerhalb der Gruppe der Determinanten des Konstrukts Einstellung gegenüber der MMK hat der Werbestilfit den geringsten Einfluss und er ist zudem nur indirekt signifikant. Dennoch kann durch die Existenz eines Werbestilfit ein Mehrwert über den Markenfit für die Akzeptanz der MMK erschlossen werden. Eine mögliche Begründung, wieso der Werbestil keine direkte Wirkung auf die Einstellung gegenüber der MMK entfaltet, kann in der geringen Assoziationsstärke („salience") der Werbestile der Marken gesehen werden. Im Prozess der schema- und auch attributbasierten Verarbeitung werden aufgrund der Informationsüberlastung nur dominante Stimulusmerkmale, z. B. herausragende optische Merkmale, verarbeitet.[560] Im Online-Fragebogen wurden die Werbespots der Einzelmarken, anhand derer der Fit der Werbestile beurteilt werden sollte, der Darstellung der MMK von *McDonalds* und *Samsung* vorangestellt. Im Rahmen der konkreten Beschreibung der MMK wurden als optische Reize nur die Markenlogos präsentiert. Möglicherweise konnten daraufhin keine ausreichenden Assoziationen mit den Werbestilen der beteiligten Marken hergestellt werden, weshalb bei der Beurteilung der MMK dieses Merkmal erst gar nicht herangezogen wurde. Konnte hingegen tatsächlich eine Assoziation hergestellt werden, so war der Werbestilfit letztendlich für die Probanden nicht

---

[557] Vgl. Kapitel 3.2.3.
[558] Vgl. Koncz (2003), S. 221.
[559] Vgl. Tabelle 32.
[560] Vgl. Binsack (2003), S. 89.

wichtig genug, um auf dessen Basis die vorgestellte MMK unmittelbar positiv oder negativ zu beurteilen (Wichtigkeitseffekt). Beide Erklärungen erscheinen für die Irrelevanz des direkten Effektes des Werbestilfit plausibel.

Die Beziehung zwischen dem Werbestil- und dem Markenfit (Hypothese H_7) erklärt sich auf logischem Wege. Der Markenfit bestimmt sich durch die Markenimages, die sich wiederum aus der Markenwerbung bilden. Ein wesentliches Kennzeichnungsmerkmal der Werbung ist der Werbestil.[561] Folglich ist der Einfluss des Werbestilfit auf den Markenfit einleuchtend und erfährt im Rahmen dieser Analyse auch eine empirische Bestätigung.

Das einflussreichste Konstrukt bei der Evaluierung der MMK ist der Communication Channel fit der Marke *McDonalds* mit einem Pfadkoeffizienten von 0,4250 (Hypothese H_8). Dies ist eine nützliche Erkenntnis, zumal das Konstrukt des Communication Channel fit mit dieser Studie zum ersten Mal eine theoretische und eine empirische Anwendung erfährt. Aus der unerwartet wichtigen Bedeutung dieses Konstrukts ist zu schließen, dass bei der Beurteilung einer von mehreren Marken initiierten Mobile Marketing Kampagne die Eignung der Hauptmarke zur Durchführung einer MMK wichtiger ist, als die Einstellung zur Hauptmarke selbst. Die Eignung der Hauptmarke ergibt sich aus der Kompatibilität des Markenimages mit dem Image des Mobiltelefons als Kommunikationsmedium. Wird also subjektiv das Mobile Marketing beispielsweise als trendy empfunden, so könnte man generalisieren, dass Marken mit trendigem, modernem Image für das Mobile Marketing als geeignet empfunden werden. Aber auch hier soll hinsichtlich des wahrgenommenen Fit keine Einschränkung auf die Ähnlichkeit der Images erfolgen. Vielmehr kann der Communication Channel fit auch aus anderen Gründen, z. B. aus bestimmten logischen Verbindungen oder Assoziationen zwischen Marke und Mobiltelefon resultieren. So wurde der Communication Channel fit der Marke *Samsung* im Durchschnitt mit 5,03 bewertet. Dies ist der höchste Wert unter allen Durchschnittswerten der im Modell integrierten Konstrukte und zeigt einen mittleren bis hohen Fit an.[562] Dieser resultiert am Wahrscheinlichsten aus der logischen Verknüpfung über die Produktkategorie von *Samsung*, welche Mobiltelefone umfasst. In diesem Zusammenhang erwies sich allerdings der Einfluss des Communication Channel fit von *Samsung* für die Beurteilung der MMK als nicht signifikant (Hypothese H_9). Dies kann allerdings parallel zum

---

[561] Vgl. Kapitel 3.2.3.
[562] Vgl. Tabelle 39: Das Ergebnis der getesteten Hypothesen für die gesamte Stichprobe

4 Empirische Überprüfung des Modells 125

Konstrukt der Einstellung zur Marke *Samsung* wieder auf den Primacy Effekt zurückgeführt werden, da bis auf dem Partner Purpose fit primär alle Konstrukte bzw. Hypothesen, die in Verbindung mit der Partnermarke *Samsung* stehen, nicht signifikant sind (Hypothesen H_2, H_5, H_9). Dieses Ergebnis resultiert aus der im Allgemeinen zu gering wahrgenommenen Relevanz der Marke *Samsung* bei der vorgestellten MMK. Selbst der Partner Purpose fit erwies sich erst bei einer Irrtumswahrscheinlichkeit von 10% als signifikant.

Der Communication Channel fit der Marke *McDonalds* wurde auf einer siebenstufigen Skala konkret mit einem Durchschnittswert von 3,2 eingestuft. Demnach passt Mobile Marketing nur wenig bis mittelmäßig zur Marke *McDonalds*. Von anderen Konstrukten einmal abgesehen, zeigt sich in Abhängigkeit dazu auch nur eine mit negativer Tendenz ausgeprägte Einstellung zur MMK (3,4). Darauf soll aber im weiteren Verlauf des Kapitels noch näher eingegangen werden.

Als drittes neues Konstrukt kann in der vorliegenden Studie der Partner Purpose fit bezeichnet werden. Mit Hilfe der Schematheorie wurde hergeleitet, dass eine Kongruenz zwischen der Partnermarke (hier *Samsung*) und dem Ereignis/Purpose Mobile Marketing zu einer direkten und positiven Evaluierung der MMK führen würde (Hypothese H_{10}). Die Auswertung des Datenmaterials bestätigt diese Vermutung nur knapp. Mit einem Einflussfaktor von 0,1040 erweist sich der Partner Purpose fit als die viertwichtigste Determinante der Einstellung gegenüber der MMK. Da dies allerdings erst bei einem 10%igen Signifikanzniveau der Fall ist, und selbst dies knapp, soll dieses Konstrukt nicht überbewertet werden. Bei der Durchführung von Mobile Marketing Kampagnen könnte die Auswahl eines Partners aus der Mobiltelefonbranche zu einer besseren Beurteilung der MMK führen. Es ist jedoch nicht auszuschließen, dass ein solcher Partner nicht oder ein Partner aus einer anderen Branche zu einer erfolgreichen Evaluierung der gemeinsamen MMK führt. Ein Grund für die niedrige Signifikanz dieses Konstrukts kann wiederum in dem bereits erwähnten Primacy Effekt gesehen werden, da dieses Konstrukt unmittelbar mit der Partnermarke *Samsung* verbunden ist. Die geringe Relevanz der Marke *Samsung* ist auch hier wahrnehmbar und bestätigt einmal mehr das Vorliegen des Primacy Effektes. Folglich gestaltet sich eine eindeutige Aussage hinsichtlich der Wichtigkeit der Partnerselektion bei einer MMK schwierig. Fest steht, dass insgesamt ein durchschnittlicher bis hoher Partner Purpose fit für die Marke *Samsung* empfunden wurde (4,8). Des Weiteren offenbart der Strukturgleichungskoeffizient von 0,1040 einen mäßigen

Einfluss des Partner Purpose fit auf die Einstellung zur MMK. Seinerseits wird der Partner Purpose fit, wie vermutet, vom Communication Channel fit der Marke *Samsung* beeinflusst (Hypothese H_{11}).[563] Mit dem höchsten Strukturgleichungskoeffizienten (0,5850) und dem höchsten t-Wert (12,6252) im Kausalmodell wird der Partner Purpose fit zu 33,2% durch diese Variable erklärt.[564] Als Fazit gilt es an dieser Stelle festzuhalten, dass eine hoch signifikante Beziehung zwischen dem Partner Purpose fit und dem Communication Channel fit der Partnermarke besteht.

Im Kapitel 3.2.6 wurde mittels des Modells des geplanten Verhaltens von *Ajzen/Fishbein* (1970) die Beziehung zwischen der Einstellung zur MMK und der Interaktionsabsicht mit Gewinnspielen hergeleitet. *Bauer et al.* (2005) konnten in ihrer Studie zum Mobile Marketing die positive Beziehung zwischen der Einstellung zu Mobile Marketing und der Verhaltensabsicht bestätigen.[565] Diese Beziehung erfährt im Rahmen dieser Untersuchung ebenfalls eine Bestätigung mit einem signifikanten Koeffizienten in Höhe von 0,3490 (Hypothese H_{12}). Die Akzeptanz der MMK definiert sich im Rahmen dieser Studie aus der Einstellung zur MMK und der Interaktionsabsicht. Mit einem Mittelwert von 3,05 ((3,4+2,7)/2) ist damit die Akzeptanz der MMK von der Hauptmarke *McDonalds* und der Partnermarke *Samsung* eher als geringfügig zu beurteilen. Vor allem ergibt sich die eher niedrige Einstellung gegenüber der MMK aus den mehrheitlich niedrigen Evaluierungen der vier direkten Antezedenten.[566] Hier kann die Anwendung der Averaging-Regel bestätigt werden.[567] Das heißt, dass Konsumenten tatsächlich bei ihrer Urteilsfindung Einstufungen der für sie relevanten Attribute vornehmen. Tabelle 40: Konstellation der Einstellung zur MMK mittels der Averaging-Regel zeigt die Informationsbeurteilung mittels Averaging, bei dem die Durchschnittswerte der Probanden für die vier direkten Antezedenten mit ihren jeweiligen Gewichtungen (standardisierte Pfadkoeffizienten)[568] multipliziert werden. Es ergibt sich für das Konstrukt Einstellung

---

[563] Vgl. Kapitel 3.2.5.
[564] Vgl. Tabelle 30 und Tabelle 31.
[565] Vgl. Bauer/Reichardt/Barnes/Neumann (2005), S. 188.
[566] Vgl. Tabelle 32.
[567] Vgl. Kapitel 3.1.1.
[568] Die Summe der Pfadkoeffizienten der vier direkten Determinanten aus Tabelle 32 wurde zu eins aufsummiert. Daraus ergab sich ein Multiplikationsfaktor von 1,2253 mit dem die ursprünglichen Pfadkoeffizienten multipliziert wurden, um die standardisierten Werte zu erhalten (vgl. Tabelle 40: Konstellation der Einstellung zur MMK mittels der Averaging-Regel
).

4 Empirische Überprüfung des Modells

zur MMK als Ergebnis der Wert 3,48 der in etwa dem Wert der durchschnittlichen Einstellung zur MMK von 3,4[569] entspricht.

Des Weiteren konnte die Einstellung gegenüber der MMK die Interaktionsabsicht nur zu 9,7% erklären. Allerdings ist doch ein signifikanter Einfluss von diesem Zielkonstrukt auf die Interaktionsabsicht zu verzeichnen (Pfadkoeffizienten = 0,3490). Weiterhin konnte durch alle relevanten Konstrukte, die in Zusammenhang mit den beteiligten Marken stehen, ein nicht unbedeutender Gesamteffekt von 0,6737 für die Interaktionsabsicht festgestellt werden.[570] Als wichtige Schlussfolgerung ergibt sich hieraus, dass die beteiligten Marken zwar zur Erklärung der Akzeptanz von Mobile Marketing beitragen, aber nicht die zentralen Auslöser für die Akzeptanz sind. Folglich sind weitere wesentlichere Faktoren für die Erklärung der Interaktionsabsicht mit der MMK verantwortlich. *Bauer et al.* (2005) konnten in ihrer Studie für die Akzeptanz von Mobile Marketing fünf direkte Treiber ausmachen. Diese sind das vorhandene Wissen über Mobile Marketing, die Einstellung gegenüber Werbung, der wahrgenommene Nutzen, das wahrgenommene Risiko sowie die sozialen Normen.[571] Daraus kann geschlossen werden, dass für die Interaktionsabsicht mit Mobile Gewinnspielen, die von Markenallianzen initiiert werden, neben der Einstellung zum Zusammenschluss der beteiligten Marken weitaus relevantere Aspekte existieren. Unabhängig dieser von *Bauer et al.* (2005) untersuchten Faktoren kann zudem für die niedrige Interaktionsabsicht und vor allem für die mittelmäßige Einstellung zur MMK die konkrete optische Gestaltung der MMK verantwortlich gemacht werden. Um eine möglichste neutrale Vorstellung der MMK von *McDonalds* und *Samsung* zu zeigen, wurde für die Darstellung eine einfache Abbildung der Markenlogos gewählt. Nach *Bauer et al.* (2005) ist allerdings die Kampagnengestaltung ein wesentlicher Treiber für die Bildung der Einstellung gegenüber der MMK.[572]

Determinanten der Einstellung zur MMK	Communication Channel fit *McDonalds*	Einstellung zu *McDonalds*	Markenfit	Partner Purpose fit
Mittelwert	3,2	3,6	3,2	4,8
Pfadkoeffizienten	0,5208	0,1899	0,1617	0,1274
=3,48				

Tabelle 40: Konstellation der Einstellung zur MMK mittels der Averaging-Regel

---

[569] Vgl. Tabelle 34.
[570] Vgl. Tabelle 33.
[571] Vgl. Bauer/Reichardt/Barnes/Neumann (2005), S. 186.
[572] Vgl. Bauer/Reichardt/Barnes/Neumann (2005), S. 189.

Ferner wurde untersucht, ob sich für die aufgestellten kausalen Wirkungszusammenhänge (Hypothesen H_1 bis H_{12}) bei Probanden mit hohem und niedrigem Involvement mit Mobiltelefonen signifikante Unterschiede ergeben. Der Gruppenvergleich nach *Chin* zeigt für die Hypothesen H_1 bis H_{10} keinen signifikanten Unterschied zwischen den Parametern beider Probandengruppen. Folglich übt das Involvement mit Mobiltelefonen keinen moderierenden Effekt auf diese Wirkungszusammenhänge im MMM-Modell aus. Das bedeutet, dass sich hoch- und niedriginvolvierte Probanden hinsichtlich der Stärke der Konstruktbeziehungen bei der Berücksichtigung der Hypothesen H_1 bis H_{10} im MMM-Modell nicht unterscheiden. Die Hypothese H_{13} kann damit zum größten Teil nicht bestätigt werden. Daher erfolgen an dieser Stelle im Rahmen des Gruppenvergleichs keine Details zu den insignifikanten Hypothesen H_1 bis H_{10}.

Hypothese H_{11} betrifft den Einfluss des Communication Channel fit der Marke *Samsung* auf den Partner Purpose fit. Dieser Zusammenhang konnte für beide Gruppen bestätigt werden. Die Differenz von 0,198 zwischen den Parameterwerten der beiden Gruppen ist signifikant, wobei der Wert der niedriginvolvierten Gruppe höher liegt. Folglich geht bei Niedriginvolvierten, bei der Erklärung des Partner Purpose fit in diesem Modell, ein größerer Effekt vom wahrgenommenen Communication Channel fit der Marke *Samsung* aus als bei hochinvolvierten Probanden. Dies ist möglicherweise auf den geringen kognitiven Aufwand bei geringem Involvement mit Mobiltelefonen zurückzuführen. Auf die Heranziehung weiterer Merkmale zur Beurteilung des Partner Purpose fit wird aufgrund mentaler Anstrengung verzichtet und überwiegend auf dem Communication Channel fit der Partnermarke fokussiert.

Die Hypothese H_{12} betrifft die Interaktionsabsicht mit Gewinnspielen in Abhängigkeit der Einstellung gegenüber der Markenallianz (*McDonalds* und *Samsung)*. Hier liegt die größte Differenz zwischen den Parametern (0,41) vor. Bei niedriginvolvierten Probanden spielt deren Einstellung gegenüber der Markenallianz bei der Entscheidung einer Gewinnspielteilnahme keine signifikante Rolle. Probanden, die ein hohes Involvement mit Mobiltelefonen empfinden, treffen ihre Entscheidung hingegen stark in Abhängigkeit (Pfadkoeffizient = 0,5550) von ihrer Einstellungen gegenüber der Markenallianz (*McDonalds* und *Samsung*). Dies erscheint einleuchtend, da die emotionale Bindung an das Mobiltelefon zu bestimmten Präferenzen und somit zu mehr oder weniger stark favorisierten Marken führt und demzufolge auch zum Teilnahmewunsch an Aktionen dieser Marke. Da die Interaktionsabsicht mit der MMK das

4 Empirische Überprüfung des Modells

zweite zentrale Konstrukt im MMM-Modell darstellt, ist die Erkenntnis des moderierenden Effektes Involvement mit Mobiltelefonen von praktischer Relevanz.

4.6 Implikationen für die Marketingpraxis

Mit der vorliegenden Untersuchung wurden die beiden aktuell in der Marketingforschung diskutierten Phänomene Markenallianzen und Mobile Marketing gemeinsam im Zuge des MMM-Modell konstruiert und die Übertragbarkeit auf die Realität getestet. Konkret beschäftigte sich diese Studie mit der Fragestellung nach der Bedeutung von Markenallianzen für die Akzeptanz von Mobile Marketing. Wie im vorangegangenen Kapitel dargelegt, offenbaren die Schätzergebnisse eine nicht allzu starke aber auch keine zu vernachlässigende Bedeutung der beteiligten Marken für die Teilnahmeabsicht an Mobile Gewinnspielen. Vor diesem Hintergrund gilt es nun zu diskutieren, welche Konsequenzen sich hieraus für die Marketingpraxis ergeben.

Als direkte Einflussgrößen bei der Beurteilung der vorgestellten MMK konnten der Communication Channel fit der Hauptmarke, die Einstellung zur Hauptmarke, der Markenfit und der Partner Purpose fit ausgemacht werden. Daraus kann gefolgert werden, dass Marken, die in Mobile Marketing Potenzial für ihr Unternehmen sehen und eine MMK starten wollen, als wichtigsten Faktor zunächst die Kompatibilität zwischen ihrer Marke und dem Image des Kommunikationskanals Mobiltelefon überprüfen sollten. Je höher nämlich der Communication Channel fit seitens der Rezipienten wahrgenommen wird, desto positiver wird die Einstellung zur MMK ausfallen. Die genaue Prozedur zur Überprüfung der Kompatibilität zwischen Marke und Mobiltelefon gilt es noch zu erarbeiten und in der Praxis zu testen. Dabei könnte die Erkenntnis der generellen Einstellung der Zielpersonen zu Mobiltelefonen als Kommunikationsmedium einen ersten Ansatz bilden. Übereinstimmende Merkmale zwischen der Marke und dem Mobiltelefonimage sind Hinweise für einen vorliegenden Communication Channel fit. Liegt keine natürliche Verbindung zwischen Mobile Marketing und der Marke vor, so ist zu überlegen, ob diese mittels marketingspezifischer Maßnahmen (z. B. durch Einbau von „explanatory links" in der Markenwerbung) künstlich evoziert werden kann, um die Chance des Erfolgs der MMK zu erhöhen.

Ebenfalls als ein direkter Prädiktor für den Erfolg einer MMK hat sich der Partner Purpose fit herausgestellt, welcher allerdings bei der Beurteilung am wenigsten ins Gewicht fällt. Daraus ist für die Praxis zu schließen, dass ein geringer Communication Channel fit der Hauptmarke durch die Wahl eines Partners, der einen hohen Grad an Kongruenz zum Phänomen Mobile Marketing aufweist (Partner Purpose fit), nicht kompensiert werden kann. Folglich ist der Communication Channel fit der Hauptmarke für eine erfolgreiche MMK in jedem Falle unverzichtbar, selbst dann, wenn eine indirekte Verbindung („explanatory link") zwischen der Markenallianz und dem Mobile Marketing durch einen Partner hergestellt wird, welcher unmittelbar mit Mobile Marketing assoziiert werden kann. In diesem Zusammenhang ergibt sich auch die Implikation, dass die Bedeutung eines Partners aus der Mobilfunkbranche für die Inangriffnahme einer MMK nicht besonders groß ist. Weil eben der Einfluss des Partner Purpose fit für die Beurteilung der MMK nur knapp bestätigt wurde, kann für die Marketingpraxis mit Vorbehalt gefolgert werden, dass sich eine Hauptmarke bei der Allianzbildung für den Zweck einer MMK nicht notwendigerweise einen Partner aus der Mobiltelefonbranche auswählen muss. Umgekehrt sollte sich die Partnermarke, im vorliegenden Fall ist dies die verloste Marke, für die Erreichung ihrer Ziele durch die Markenallianz jedoch einen Partner auswählen, welcher mindestens einen Communication Channel fit aufweist. So könnte sich beispielsweise die Erhöhung des Bekanntheitsgrades einer Marke oder eine Neuprodukteinführung durch die Verlosung des eigenen Markenproduktes im Rahmen des Mobile Gewinnspiels mit einer einen Communication Channel fit aufweisenden Hauptmarke als geeignete Marketingstrategie herausstellen.

Aber nicht nur der Communication Channel fit der Hauptmarke, sondern auch eine positive Einstellung der Rezipienten zu dieser sollte gegeben sein. Die Einstellung zur Hauptmarke hat den zweitstärksten Einfluss darauf, wie die gemeinsame MMK bewertet wird. Nachdem der Communication Channel fit der Hauptmarke festgestellt wurde, sollte die Nebenmarke im zweiten Schritt also überprüfen, ob eine positive Einstellung zur Hauptmarke seitens der Zielgruppe besteht, bevor sie sich für den Zusammenschluss entscheidet.

Für den spezifischen Fall des Mobile Gewinnspiels hat sich im Rahmen dieser Studie sowohl die Einstellung zur Partnermarke als auch der Communication Channel fit der Partnermarke als nicht signifikant erwiesen. Folglich spielt bei der Evaluierung eines Mobile Gewinnspiels die verloste Marke eine nahezu vernachlässigende Rolle i. S. der Einstellung von Kunden zur Partnermarke. Marken, die im Rahmen ihrer Kommunikationspolitik Mobile Gewinnspiele in einer Allianz betreiben möchten, brauchen demnach hinsichtlich der Akzeptanz der MMK keine Sorge dafür zu tragen, wie die Nebenmarke von Probanden beurteilt wird. Dies erlaubt Unternehmen die Fokussierung auf unternehmensseitige Aspekte bei der Partnerselektion. Dazu zählt beispielsweise die organisationale Kompatibilität zwischen den Markenunternehmen. Ferner sind keine Imageeinbußen für die Hauptmarke durch Krisen oder Skandale der Partnermarke zu befürchten. Durch einen Zusammenschluss ergibt sich eine Kostenersparnis für die Hauptmarke, da die Promotionskosten im Normalfall auf die Allianzmitglieder aufgeteilt werden. Gleichzeitig kann die Hauptmarke von ihrer starken Dominanz innerhalb der Kampagne auf verschiedene Weise profitieren. Für eine Partnermarke könnte sich der Zusammenschluss deshalb lohnen, da neue Kundendaten erworben werden können und gleichzeitig die Präsenz in einem weiteren Kommunikationskanal gegenüber einem Alleingang möglicherweise kostengünstiger erreicht werden kann. Hinsichtlich der Partnermarke wirkt ferner dessen Communication Channel fit zwar über den Partner Purpose fit indirekt auf die Akzeptanz von MMK, allerdings wird dem Partner Purpose fit kein starker Einfluss beigemessen, so dass bezüglich des Communication Channel fit der Partnermarke an dieser Stelle auch keine konkreten Handlungsempfehlungen gegeben werden sollen. Die Erkenntnis der Irrelevanz der Partnermarke ist allerdings nicht auf jede Form des Mobile Marketing, die von mehreren Marken initiiert wird, übertragbar. Es gilt zu prüfen, ob aufgrund der spezifischen Form der Markenallianz eine der Marken bei der Wahrnehmung seitens der Nachfrager dominieren wird. Studien zum Co-Branding konnten in einigen Fällen tatsächlich der Nebenmarke im Vergleich zur Hauptmarke nur eine nachrangige Bedeutung beimessen.[573] Die völlige Belanglosigkeit der Partnermarke, die sich bei der Schätzung des MMM-Modells herausstellte, erscheint allerdings außergewöhnlich und am ehesten mit der extremen Dominanz der Hauptmarke *McDonalds* erklärbar. Die spezifische Kampagnenbeschreibung bzw. – darstellung führte vermutlich dazu, dass die Hauptmarke, die auch optisch als erstes wahrgenommen wurde, die Beurteilung komplett dominierte. Allgemein impliziert dies für das Marketingmanagement einer verlosenden Marke zum einen, dass sie sich von vornherein darüber im Klaren sein sollte, dass eine Dominanz der Hauptmarke eintreten und deswegen unter Umständen angestrebte Ziele ausbleiben könnten. Zum anderen sollte der eigene Fokus bei der Kooperation mit anderen Marken vor allem auf eine adäquate Präsentation der Marken für das Publikum gerichtet sein. Damit ergibt sich für alle beteiligten Unternehmen gleichermaßen ein Manipulationstool, mit dem sie kontrollieren können, welcher Marke eine über-

---

[573] Vgl. z. B. Baumagrth (2003), S. 385 f.

geordnete Rolle zukommen soll. Mit einer darauf ausgerichteten Kampagnengestaltung ist die Erreichung der Ziele aller beteiligten Marken möglich.

Unabhängig von der Stärke der Relevanz der Partnermarke hat sich der wahrgenommene Fit zwischen den involvierten Marken (Markenfit) als entscheidender Faktor für eine positive Beurteilung der MMK erwiesen. Da dieser der drittstärkste Einflussfaktor ist, sollten Marken in einer Allianz für eine MMK auf der Imageebene zusammenpassen bzw. eine plausible Verknüpfung miteinander aufweisen. Dieses Ergebnis steht im Einklang mit den vorangegangenen Studien zu Markenallianzen.[574] Bevor ein Zusammenschluss mit anderen Marken geplant wird, sollten daher sorgfältige Imageanalysen der beteiligten Marken durchgeführt sowie eine bedarfsorientierte und systematische Suche nach möglichen Gemeinsamkeiten in Angriff genommen werden, die für Konsumenten wahrnehmbar sind. Des Weiteren können kommunikative Bemühungen des Unternehmens zur Wahrnehmung eines Markenfit beitragen. Die Illustration einer inhaltlichen Verbindung zwischen den Marken im Werbespot oder die Unterstreichung von ähnlichen optischen oder akustischen Merkmalen, wie Logo und Slogan, könnten mögliche Optionen darstellen. Hierbei ist die Erkenntnis interessant, dass ein Werbestilfit zwischen der Werbung der Einzelmarken den Markenfit erhöht. Ist dieser Werbestilfit zufällig vorhanden, so ist dies von Vorteil. Ist er es nicht, ist dies kein Grund, den potenziellen Allianzpartner abzulehnen, da der Werbestilfit nur einen kleinen Teil des Markenfit ausmacht.

Bezüglich der Beurteilung einer MMK wurde des Weiteren die Anwendung der Averaging-Regel bestätigt. Theoretisch beurteilen Probanden Mobile Marketing Kampagnen, indem sie die einzelnen Determinanten gewichten und einen Durchschnitt der Einzelurteile bilden. Für die Marketingpraxis bedeutet dies, dass beispielsweise eine schlechte Beurteilung der wichtigsten Determinante – Communication Channel fit – unter Umständen durch eine hohe Ausprägung aller anderen Determinanten ausgeglichen werden kann. Bei der Gestaltung einer MMK ist demnach die Berücksichtigung der erwarteten Bewertung weiterer Einflussfaktoren seitens der Konsumenten besonders dann für den Erfolg der MMK entscheidend, wenn eine niedriger Communication Channel fit für die Hauptmarke erwartet wird.

---

[574] Vgl. Park/Miberg/Lawson (1991); Park/Jun/Schocker (1996); Simonin/Ruth (1998), Baumgarth (2003).

4 Empirische Überprüfung des Modells 133

Ferner lassen sich im Hinblick auf die Zielgruppe der gemeinsamen MMK weitere Implikationen ableiten. Gleich ob die anvisierte Zielgruppe der Markenallianz ein niedriges oder hohes Involvement empfindet, stets wird sie die Einstellung und den Communication Channel fit der Hauptmarke bei der Bewertung der MMK mit heranziehen. Daraus ergibt sich selbst für Marken, die einen niedriginvolvierten Kundenkreis besitzen oder einen solchen mittels Mobile Marketing ansprechen wollen (z. B. ältere Menschen), der Schluss, dass die Kompatibilität zwischen Hauptmarke und dem Mobiltelefon als Kommunikationskanal essenziell ist. Die Vermutung, dass Kunden mit geringem Interesse an Mobiltelefonen ohnehin keinen Aufwand für die Beurteilung des Communication Channel fit der Hauptmarke betreiben würden, wäre ein Trugschluss und könnte zum Misserfolg der MMK führen. Auf der anderen Seite spielt für sie bezüglich der Teilnahmeabsicht am Mobile Gewinnspiel die spezifische Markenkonstellation keine Rolle. Für den Marketingmanager gilt es in diesem Fall, die Ressourcen vermehrt z. B. in den Informationsgehalt oder in das Entertainmentpotenzial der Kampagne zu investieren, anstatt nach attraktiven Partnern zu suchen. Entgegengesetztes gilt es zu unternehmen, wenn die Kunden eine starke Affinität zu Mobiltelefonen besitzen. Um die Attraktivität der MMK zu erhöhen, sollte das Markenmanagement dann versuchen, sich mit einem Partner zusammen zu schließen, welcher mit dem Purpose assoziiert werden kann. Konsumenten, die ein starkes Involvement mit Mobiltelefonen aufweisen, treffen ihre Entscheidung in starker Abhängigkeit ihres Eindrucks von der MMK – Niedriginvolvierte hingegen gar nicht. Wenn also die Partnermarke und auch die Einstellung zu MMK keine Rolle für die Teilnahmeabsicht an der MMK spielen, so kann folglich bei einem niedriginvolvierten Kundenkreis auf hohe Investitionen für die Suche eines geeigneten Partners sowie für eine aufwendige Gestaltung der MMK verzichtet werden.

Schließlich ist hinsichtlich der Akzeptanz der MMK zu schließen, dass die beteiligten Marken in der Lage sein können, sonst zögerliche Personen zur Nutzung von mobilen Diensten zu animieren. Das persönliche Vertrauen in die Marken könnte ihre Zurückhaltung an Mobile Marketing Aktionen teilzunehmen, reduzieren, da sie seitens der vertrauenswürdigen Marken die Zusicherung des Schutzes ihrer persönlichen Daten erwarten können. Die Vermutung, dass dieser Ansporn bei zwei bekannten und positiv beurteilten Marken umso stärker ist, konnte insofern nicht bestätigt werden, als dass sich die Partnermarke als irrelevant für die Beurteilung der gemeinsamen MMK erwiesen hat. Allerdings soll an dieser Stelle klar hervorgehoben werden, dass die oben abgeleiteten Implikationen bezüglich der Relevanz der

Partnermarke der hier vorgestellten MMK spezifisch sein können. Es sollten also weitere empirische Studien durchgeführt werden, um den hier gewonnen Sachverhalt zu bestätigen und verlässliche Anhaltspunkte für die Konstellation einer MMK mit mehreren Marken zu erhalten. An diesen Punkt knüpfen die Implikationen im nächsten Kapitel an.

4.7 Implikationen für die Marketingforschung

Neben den Handlungsempfehlungen, die sich aus dem MMM-Modell für die Marketingpraxis ableiten lassen, erscheint eine Diskussion der Ergebnisse im Hinblick auf einen möglichen Erkenntnisfortschritt in der Marketingtheorie angebracht.

Wie die Ergebnisse der durchgeführten empirischen Studie dokumentieren, ist das entwickelte Ursachen-Wirkungsgefüge durchaus in der Lage, die Bedeutung von Markenallianzen für die Akzeptanz von Mobile Marketing zu erklären – so besitzt das Modell Vorhersagerelevanz für die Akzeptanz einer Mobile Marketing Kampagne. Die für den Zweck dieser Analyse entwickelten Konstrukte Communication Channel fit, Partner Purpose fit und Werbestilfit haben jeder für sich sowohl auf der Messmodell- als auch auf der Strukturmodellebene ihren signifikanten Einfluss erwiesen. Allerdings kann diesen Konstrukten allein aufgrund ihrer einmaligen empirischen Untersuchung zweifelslos keine Unfehlbarkeit zugestanden werden, so dass eine Replikation dieser Studie oder die Konstruktion ähnlicher Untersuchungen für die Stabilität der hier gewonnen Ergebnisse wichtig erscheint. Modelltechnisch könnte die Suche nach weiteren Operationalisierungsvarianten, also nach Indikatoren mit höherer Reliabilität und Validität, eine bessere Messung dieser latenten Konstrukte erlauben. Auch die Abkehr von einer globalen Abfrage, wie sie hier angewandt wurde, hin zu einem inhaltlich facettenreicheren Itemset wäre im Zuge weiterer Forschungsarbeiten zu testen.

Ferner bildet diese Untersuchung im Rahmen der Marketingforschung vor allem eine Grundlage für die spezifische Ausrichtung von Mobile Marketing Kampagnen in der Praxis, die nicht nur für Markenallianzen, sondern auch für Einzelmarken profitabel sein kann. Dazu hat vor allem der Communication Channel fit beigetragen, der sich im Rahmen dieser Studie als ein hochrelevantes Konstrukt erwiesen hat und sich nicht nur für Mobile Gewinnspiele, sondern für jede Art von Mobile Marketing generalisieren lässt. Dieses Konstrukt könnte sich unter Umständen auch zur Überprüfung der Eignung anderer Kommunikationsträger für Markenunternehmen wie Internetwebseiten, TV-Spots, etc. als geeignet erweisen. Daher gilt es,

4 Empirische Überprüfung des Modells

weitere Forschungsanstrengungen für dieses Konstrukt anzustellen. Besonders interessant erscheint die Untersuchung der Determinanten des Communication Channel fit, inwieweit sich dieser durch „explanatory links", durch die Imagekongruenz zwischen Marke und dem Mobiltelefon als Kommunikationskanal oder durch andere Faktoren erklären lässt. Eine explizite Umfrage mit dem Schwerpunkt, ob und wieso Probanden bei einer konkreten MMK einen Communication Channel fit empfinden, wäre zunächst ein Ansatzpunkt. Anschließend könnte die Anwendung dieses Konstrukts, wie oben erwähnt, auch auf andere Forschungsgebiete, die über Mobile Marketing hinausgehen, ausgedehnt werden.

Ebenso ist aus dieser Studie ein Erkenntnisfortschritt im Hinblick auf die Konstitution des Markenfit zu verzeichnen. *Baumgarth* (2003) definiert in seiner Studie zum Co-Branding fünf Determinanten des Markenfit. Diese sind Preisfit, Produktfit, emotionaler/sachlicher Markenfit sowie Markenpersönlichkeitsfit. Als sechstes Konstitutionselement des Markenfit kann nun der Werbestilfit gelten. Dieser Zusammenhang ergibt sich aus der logischen Überlegung, dass Marken von ihrer Werbung geprägt werden. Da der Werbestil Bestandteil der Werbung ist, kann von einer Wirkung des Werbestilfit auf den Markenfit geschlossen werden, was bei der Schätzung des Kausalmodells auch bestätigt werden konnte. Der Werbestilfit könnte sich vor allem bei der Untersuchung von Werbeallianzen als ein relevanter Faktor erweisen.

Darüber hinaus sind für eine bessere Varianzaufklärung des Konstrukts Interaktionsabsicht im MMM-Modell weitere Determinanten zu suchen, da dieser durch die Einstellung zur MMK nicht hinreichend erklärt wurde. Variablen wie die Preisbereitschaft, das wahrgenommene Risiko sowie der wahrgenommene Nutzen könnten dabei das MMM-Modell sinnvoll ergänzen, zumal sich die letzten beiden Faktoren bereits in einer vorausgegangenen Studie zur Akzeptanz von Mobile Marketing als signifikant erwiesen haben.[575] Mit dem Aspekt der Preisbereitschaft wäre auch eine monetäre Beurteilung des Mobile Marketing getroffen, die in Abhängigkeit der involvierten Marken variieren könnte. Im Zuge der Erweiterung des Modells wäre die Untersuchung von Spill-Over-Effekten wichtig, um die Wirkung der MMK auf die Ausgangsmarken zu beurteilen und damit u. a. die Erfüllung oder Nichterfüllung der angestrebten Ziele der Unternehmen zu beurteilen. Zur adäquaten Messung der Spill-Over-Effekte muss allerdings die entsprechende Evaluation auf einen längeren Zeitraum angelegt werden.

---

[575] Vgl. Bauer/Reichardt/Barnes/Neumann (2005).

Neben der Modellerweiterung wäre die Durchführung solcher Studien mit einer größeren Anzahl von Versuchspersonen für die Gewinnung konsistenterer Ergebnisse von Vorteil. Ferner sollte in zukünftigen Analysen zu Mobile Marketing eine Variation der Gestaltung der gleichen MMK vorgenommen und diese auf signifikante Änderungen bei der Beurteilung der MMK untersucht werden. Für die Werbepraxis wären daraus weitere hilfreiche Implikationen ableitbar. Darüber hinaus gilt es zu erforschen, ob sich die Ergebnisse dieser Studie, insbesondere der nicht eingetretene Einstellungstransfer der Partnermarke, bei unbekannten und bei mehr als zwei Ausgangsmarken einstellen. Um die Allgemeingültigkeit der Ergebnisse zu gewährleisten, wurde im Rahmen dieser Untersuchung eine Mobile Marketing Kampagne mit bekannten Marken benutzt. Indes ist für eine gesicherte Abbildung der hier postulierten Zusammenhänge an der Realität, die Modellierung mit einem nichtlinearen Ansatz auszuprobieren. Weiterhin sollten zukünftige Forschungsbemühungen an der Validierung dieses Ansatzes für andere Formen des Mobile Marketing[576] ansetzen.

---

[576] Vgl. Kapitel 2.3.3.

5 Schlussbetrachtung

Den Ausgangspunkt dieser Studie bildeten fehlende Forschungsarbeiten hinsichtlich der Synergieeffekte zweier hochaktueller Phänomene des gegenwärtigen Marketing: Markenallianzen und Mobile Marketing. Die vorliegende Analyse beschäftigte sich konkret mit der Frage, inwiefern die konsumentenseitige Akzeptanz von Mobile Marketing Kampagnen von der Beurteilung der betreibenden Marken abhängt. Im Rahmen der Markenallianz-Forschung und empirischen Untersuchungen zu Mobile Marketing ist dieser Ansatz neu und wurde erstmals im Zuge der vorliegenden Studie analysiert. Folglich lagen keine Forschungsstudien als unmittelbare Referenz für die Modellierung des zu untersuchenden Sachverhaltes vor. Vor diesem Hintergrund führten konzeptionelle Überlegungen zur Entwicklung von neuen hypothetischen Konstrukten. Als theoretische Grundlage für die Aufstellung der Wirkungsgefüge erfolgte der Rückgriff auf den Informations-Integrations-Ansatz sowie auf die Schematheorie. Das auf diese Weise generierte Hypothesensystem erfuhr eine empirische Überprüfung konkret an einem Mobile Gewinnspiel der Marken *McDonalds* und *Samsung*. Zur Modellschätzung diente der flexible PLS-Ansatz. Da dieses Konzept nach dem Wissen des Verfassers bisher weder theoretisch noch empirisch erforscht ist, wurde keine absolute Bestätigung des aufgestellten Kausalmodells erwartet. In Anbetracht dieser Tatsache kann jedoch aufgrund von acht bestätigten Hypothesen, bei insgesamt dreizehn aufgestellten, von einer alles in allem zufriedenstellenden Verifizierung des konstruierten Hypothesensystems gesprochen werden.

Die Relevanz der Untersuchung für die Unternehmenspraxis ergibt sich in erster Linie aus der Ausarbeitung wesentlicher Determinanten für die Akzeptanz der MMK und der Möglichkeit einer gezielten Einflussnahme auf diese Größe zur Steigerung der Effektivität von Mobile Marketing Aktionen. Als einflussreiche Determinanten konnten der Markenfit, die Einstellung zu den involvierten Marken, der Communication Channel fit der involvierten Marken, der Partner Purpose fit sowie der Werbestilfit identifiziert werden. Die drei letztgenannten Determinanten stellen neue Konzepte in der Marketingforschung dar. Im Zuge der Untersuchung bildete sich der Communication Channel fit der Hauptmarke (*McDonalds*) als die wichtigste Einflussgröße heraus. Folglich beurteilen Konsumenten bei der Konfrontation mit einer MMK am stärksten, inwieweit das Mobile Marketing zu der betrachteten Marke passt. Dies kann als die wichtigste Erkenntnis dieser Studie gesehen werden. Daneben kristallisieren sich die oft untersuchten Konstrukte Einstellung zur Hauptmarke und der Markenfit als wietere Bestimmungsgrößen für die Akzeptanz der MMK heraus. Das zweite neue Konstrukt Partner Purpose fit trat vor allem bei Probanden, die eine hohe Affinität zu Mobiltelefonen aufwiesen, als wesentliches Entscheidungskriterium bei der Evaluierung der MMK hervor. Speziell für einen solchen Kundenkreis stellt sich infolgedessen für den Marketingmanager die besondere Aufgabe, einen Allianzpartner zu finden, welcher mit Mobile Marketing (Purpose) eine plausible Verbindung aufweist. Weiterhin konnte für die Markenfit-Forschung mit dem Werbestilfit eine neue Einflussgröße gefunden werden.

Insgesamt gesehen liefert das Modell wertvolle Anhaltspunkte für die Beurteilung einer MMK aus der Perspektive der dahinterstehenden Marken. Anhand der Ergebnisse dieser Untersuchung konnte gezeigt werden, dass Marken die Beurteilung von MMK beeinflussen, allerdings nur in einem geringen Umfang. Dieses Ergebnis könnte allerdings fallspezifisch sein und muss nicht für alle Mobile Marketing Kampagnen zutreffen. Vor allem kann der Grund für den insgesamt geringen Einfluss der Marken in der oberflächlichen Wahrnehmung der Partnermarke liegen. Die hier erfahrene Belanglosigkeit der Partnermarke bei der Beurteilung der MMK steht im Widerspruch zu den Erkenntnissen der bisherigen Markenallianz-Forschung. Daher sind die zuvor abgeleiteten Implikationen für die Marketingpraxis in diesem Zusammenhang kritisch zu betrachten. Darüber hinaus sollten zukünftige Forschungsbemühungen verstärkt auf die Analyse weiterer Mobile Marketing Kampagnen setzen, um erstens fundierte Kenntnisse über die generelle Bedeutung von Markenkooperationen bei Mobile Marketing Kampagnen und zweitens Verständnis hinsichtlich der Hierarchie der Marken innerhalb der Allianz zu erlangen. Zudem ist eine Erweiterung des MMM-Modells mit zusätzlichen Erklärungsgrößen anzustreben, um eine bessere Aussagekraft für die Akzeptanz von Mobile Marketing Kampagnen zu erreichen. Die Notwendigkeit weiterer Untersuchungen ergibt sich aus der Tatsache, dass das Mobile Marketing aufgrund seiner Interaktivität ein großes Potenzial für das Marketing birgt und die Markenallianz als effektive Markenstrategie eine Differenzierung zur Konkurrenz erlaubt.

Literaturverzeichnis

Ajzen, I./Fishbein, M. (1970): The Prediction of Behaviour from Attitudinal and Normative Variables, in: Journal of Experimental Social Psychology, Vol. 6, S. 466-487.

Alba, J.W./Hasher, L. (1983): Is memory schematic?, in: Psychological Bulletin, Vol. 93, S. 203-231.

Alewell, K. (1974): Markenartikel, in: Bruno Tietz (Hrsg.): Handwörterbuch der Absatzwirtschaft, Stuttgart 1974, S. 1217-1227.

Anderson, N. H. (1981): Foundations of Information Integration Theory, New York 1981.

Anderson, N. H. (1982): Methods of Information Integration Theory, New York 1982.

Anderson, J. R. (1996): Kognitive Psychologie, 2. Auflage, Heidelberg 1996.

Antil, J. H. (1988): Conzeptualization and Operationalization of Involvement, in: Advances in Consumer Research, Vol. 11, S. 203-209.

Assael, H. (1993): Marketing Principles Strategy, 2. Auflage, Fort Worth 1993.

Backhaus, K./Erichson, B. /Plinke, W./Weiber, R. (2000): Multivariate Analysemethoden: eine anwendungsorientierte Einführung, 9. Auflage Berlin 2000.

Bagozzi, R. P. (1980): Causal Models in Marketing, New York 1989.

Bagozzi, R. P. (1994a): Measurement in Marketing Research: Basic Principles of Questionnaire Design, in: Bagozzi, R. P. (Hrsg.): Principles of Marketing Research, Cambridge, 1994, S. 1-49.

Bagozzi, R. P. (1994b): Structural Equation Models in Marketing Research: Basic Principles, in: Bagozzi, R. P. (Hrsg.): Principles of Marketing Research, Cambridge 1994, S. 317–385.

Bagozzi, R. P./Phillips, L. W. (1982): Representing and Testing Organizational Theories: A Holistic Construal, in: Administrative Science Quarterly, Vol. 27, S.459-489.

Bagozzi, R./Yi, Y. (1994): Advanced Topics in Structural Equation Models, in: Bagozzi, R. P. (Hrsg.): Advanced Methods of Marketing Research, Massachusetts 1994, S. 1-51.

Bartlett, F.C. (1932): Remembering. A Study in Experimental and Social Psychology, Cambridge 1932.

Bauer, H. H./Huber, F. (1997): Der Wert der Marke, Arbeitspapier Nr. 120 des Lehrstuhl für Marketing, Mannheim 1997.

Bauer, H. H./Reichardt, T./Barnes, S. J./Neumann, M. M. (2005): Driving Consumer Acceptance of Mobile Marketing. A Theoretical Framework and Empirical Study, in: Journal of Electronic Commerce Research, Vol. 6, Nr. 3, S. 181-192.

Bauer, H. H./Reichardt, T./Neumann, M. M. (2004a): Zu jeder Zeit an jedem Ort – oder über die Potenziale des Mobile Marketing, in: Direkt Marketing, Vol. 40, Nr. 10, S. 32-37.

Bauer, H. H./Reichardt, T./Neumann, M. M. (2004b): Bestimmungsfaktoren der Konsumentenakzeptanz von Mobile Marketing in Deutschland. Eine empirische Untersuchung. Institut für Marktorientierte Unternehmungsführung, Mannheim 2004.

Baumgarth, C. (2001): Co-Branding: Stars, Erfolgreiche, Flops und Katastrophen, in: Werbeforschung und Praxis, Vol. 46, Nr. 1, S. 24-30.

Baumgarth, C. (2003): Wirkungen des Co-Brandings. Erkenntnisse durch Mastertechnikpluralismus, Wiesbaden 2003.

Baumgarth, C. (2004): Co-Branding, in: Handbuch Markenführung, Komependium zum erfolgreichen Markenmanagement, Strategien – Instrumente – Erfahrungen, Band 1, 2. Auflage, Wiesbaden 2004, S. 235-259.

Baumgarth, C. /Feldmann, T. (2002): Formen und Erfolgsfaktoren des Co-Advertising, in: Weidner, L. (Hrsg.): Handbuch Kommunikationspraxis, Band 37. (Nachlieferung), Landsberg 2002, S. 1-29.

Baumgartner, H./Homburg, Ch. (1996): Applications of Structural Equation Modeling, in Marketing and Consumer Research: A Review, in: International Journal of Research in Marketing, Vol. 13, No. 2, S. 139-161.

Becker, J. (2005): Einzel-, Familien- und Dachmarken als grundlegende Handlungsoptionen, in: Esch, F.-R. (Hrsg.): Moderne Markenführung – Grundlagen- Innovative Ansätze – Praktische Umsetzungen, 4. Auflage, Wiesbaden 2005, S. 381-402.

Becker, J. (2006): Marketing Konzeption. Grundlagen des zielstrategischen und operativen Marketing-Managements. 8 Auflage, München 2006.

Behrens, G. (1996): Werbung. Entscheidung – Erklärung – Gestaltung, München 1996.

Berekoven, L. (1978): Zum Verständnis und Selbstverständnis des Markenwesens, in: o. Hrsg: Markenartikel heute. Marke, Markt und Marketing, Schriftenreihe Markt und Marketing, Wiesbaden 1978, S. 35-48.

Berekoven, L./Eckert, W./Ellenrieder, P. (2006): Marktforschung. Methodische Grundlagen und praktische Anwendung, 11. Auflage, Wiesbaden 2006.

Literaturverzeichnis

Berg, C. (2006): Werbung in Handy Games mit hervorragenden Aussichten, in: http://www.doppelklicker.de/faq/Werbung_in_Handy_Games_mit_hervorragenden_Aussichten.10814.html – abgerufen am:12.10.2007.

Bergler, R. (1963): Psychologie des Marken- und Firmenbildes, Göttingen 1963.

Biel, A.L. (2001): Grundlagen zum Markenwertaufbau, in: Esch, F.-R. (Hrsg.): Moderne Markenführung – Grundlagen. – Innovative Ansätze – Praktische Umsetzungen, 3 Auflage, Wiesbaden 2001, S.61-90.

Binsack, M. (2003): Akzeptanz neuer Produkte. Vorwissen als Determinante des Innovationserfolgs, Wiesbaden 2003.

Blackett, T./Russel, N. (1999): What is Co-Branding?, in: Blackett, T./Boad, B. (Hrsg.): Co-Branding – The Sciene of Alliance, Houndsmill 1999, S. 1-21.

Boad, B. (1999a): Co-Branding Oppurtunities and Benefits, in: Blackett, T./Boad, B. (Hrsg.): Co-Branding – The Sciene of Alliance, Houndsmill 1999, S. 22-37.

Boad, B (1999b): The Risks and Pitfalls of Co-Branding, in: Blackett, T./Boad, B. (Hrsg.): Co-Branding – The Sciene of Alliance, Houndsmill 1999, S. 38-46.

Bollen, K./Lennox, R. (1991): Conventional Wisdom on Measurement: A Structural Equation Perspective, in: Psychological Bulletin, Vol. 110, Nr. 2, S. 305-314.

Borque, L.B./Fielder, E. P. (1995): How to Conduct Self-administered and Mail Surveys, Thousand Oaks 1995.

Bortz, J./Döring, N. (2005): Forschungsmethoden und Evaluation für Human- und Sozialwissenschaftler, 3. Auflage, Springer, Heidelberg.

Bottomley, P. A./Doyle, J. R. (1996): The Formation of Attitudes Towards Brand Extensions: Testing and Generalising Aaker and Keller's Model, in: Journal of Research in Marketing Vol. 13, S. 365 – 377.

Boush, D. M./Loken, B. (1991): A Process-Tracing Study of Brand Extension Evaluation, in: Journal of Marketing Research, Vol. 28, Nr.1, S. 16-28.

Brand, A./Bonjer, M. (2002): Mobile Marketing im Kommunikations-Mix innovativer Kampagnenplanung, in: Reichwald, R. (Hrsg.): Mobile Kommunikation. Wertschöpfung, Technologien, neue Dienste, Wiesbaden 2002, S. 289-300.

Braunstein, C. (2001): Die Theorie des geplanten Verhaltens zur Erklärung der Kundenbindung – ein nicht lineares Kausalmodell, Hochschulschrift, Universität Mainz, Dissertation, 2001.

Brewer, W.-F./Nakumara, G. V. (1984): The nature and functions of schemas, in: Wyer, R. S./Srull, T. K. (Hrsg.): Handbook of Social Cognition, Vol. 1, Hillsdale 1984, S. 119-160.

Bridges, S. A. (1992): A Schema Unification Model of Brand Extensions, in: Marketing Science Institut, Report No. 92-123, Cambridge 1992.

Bridges, S./Keller , K.L./Sood, S. (2000): Communication Strategies for Brand Extensions: Enhancing Perceived Fit by Establishing Explanatory Links, in: Journal of Advertising, Vol. 29 (Winter), S. 1-11.

Bruhn, M. (1994): Begriffsabgrenzungen und Erscheinungsformen von Marken, in: Bruhn, M. (Hrsg.): Handbuch Markenartikel, Bd. 1,Schäffer –Poeschel Verlag, Stuttgart, S. 3-41.

Bruhn, M. (2000): Die zunehmende Bedeutung von Dienstleistungsmarken, in: Köhler, R./Majer, W., Heinz, W. (Hrsg.): Erfolgsfaktor Marke: neue Strategien des Markenmanagements, München 2000, S. 213-225.

Bruhn, M. (2001): Markenartikel, in: Herrmann, D. (Hrsg.): Vahlens Großes Marketing Lexikon, 2. Auflage, München 2001.

Bruhn, M. (2004): Begriffsabgrenzungen und Erscheinungsformen von Marken, in: Bruhn, M. (Hrsg.): Handbuch Markenführung. Kompendium zum erfolgreichen Markenmanagement, 2 Auflage, Band 1, Wiesbaden (2004), S. 3-49.

Bruhn, M. (2007): Kommunikationspolitik, 4. Auflage, München 2007.

Bruhn, M./Homburg, C.(2004): Gabler Lexikon Marketing, 2. Auflage, Wiesbaden 2004.

Bruns, J. (2007): Direktmarketing, 2. Auflage, Ludwigshafen 2007.

Bundesagentur (2007a): Teilnehmerentwicklung bei Mobiltelefondiensten, in: http://www.bundesnetzagentur.de/enid/408400078426726a312d67f23d071515,0/Marktbeobachtung/Mobilfunkdienste_vw.html#mobiltelefondienst_teilnehmerentwicklung, abgerufen am: 09.10.2007.

Bundesnetzagentur (2007b): SMS-Entwicklung, in: http://www.bundesnetzagentur.de/media/archive/10969.pdf, abgerufen am:10.10.2007.

Burmann, C./Meffert, H. (2005): Gestaltung von Markenarchitekturen, in: Meffert, H./Burmann, C./Koers, M. (Hrsg.): Markenmanagement: Grundfragen der identitätsorientierten Markenführung. Mit Best Practice Fallstudien, 2. Auflage, Wiesbaden 2005, S. 164-181.

Literaturverzeichnis

Chin, W. W. (2000): Frequently Asked Questions – Partial Least Squares and PLS Graph, http://disc-nt.cba.uh.edu/chin/plsfaq/plsfaq.htm - abgerufen am: 12.09.2007.

Clemens, T. (2003): Mobile Marketing: Grundlagen, Rahmenbedingungen und Praxis des Dialogmarketings über Mobiltelefone, Düsseldorf 2003.

Coyle, J. R./Thorson, E. (2001): The Effects of Progressive Levels of Interactivity and Vividness in Web Marketing Sites, in: Journal of Advertising, Vol. 30, Nr. 3, S. 65-77.

Crocker, J. (1984): A Schematic Approach to Changing Consumer's Beliefs, in: Advances in Consumer Research, Vol. 11, Nr. 1, S. 472-478.

Decker, D. (2001): Marktforschung mit dem Internet. Einsatzmöglichkeiten, Grenzen und Entwicklungspotenziale, Marburg 2001.

Dichtl, E. (1978): Grundidee, Entwicklungsepochen und heutige wirtschaftliche Bedeutung des Markenartikels, in: o. Hrsg: Markenartikel heute. Marke, Markt und Marketing, Schriftenreihe Markt und Marketing, Gabler Verlag, Wiesbaden, S. 17 -34.

Dichtl, E. (1992): Grundidee, Varianten und Funktionen der Markierung von Waren und Dienstleistungen, in: Dichtl, E./Eggers, W. (Hrsg.): Marke und Markenartikel als Instrument des Wettbewerbs, München 1992, S.2-23.

Dichtl, E./Hardrock, P./Ohlwein, M./Schellhase, R. (1997): Die Zufriedenheit des Lebensmittelhandels als Anliegen von Markenartikelunternehmen, in: Die Betriebswirtschaft, Vol. 57, S. 490-505.

Dijkstra, T. (1983): Some Comments on Maximum Likelihood and Partial Least Squares Methods, in: Journal of Econometrics, Vol. 22, S. 67-90.

Döring, N. (2003): Sozialpsychologie des Internets. Die Bedeutung des Internet für Kommunkationsprozesse, Identitäten, soziale Beziehungen und Gruppen, Band 2, 2. Auflage., Göttingen 2003.

Dufft, N./Wichmann, T. (2003): Basisreport Mobile Marketing. Einsatz, Erfolgsfaktoren, Dienstleister, in: www.berlecon.de – abgerufen am: 10.10.2007.

Dulany, D.E. (1961): Hypotheses and Habits in Verbal "Operant Conditioning", in: Journal of Abnormal Social Psychology, Vol. 63, S. 251-263.

Eagly, A. H./Chaiken, S. (1993): The Psychology of Attitudes, Forth Worth 1993.

Eggert, A./Fassot, G. (2003): Zur Verwendung formativer und reflektiver Indikatoren in Strukturgleichungsmodellen. Ergebnisse einer Metaanalyse und Anwendungsempfehlungen, Kaiserslauterer Schriftenreihe Marketing, Nr. 20, S. 1-17.

Esch, F.-R. (2001): Aufbau starker Marken durch integrierte Kommunikation, in: Esch, F.-R. (Hrsg.): Moderne Markenführung – Grundlagen – Innovative Ansätze – Praktische Umsetzungen, 3. Auflage, Wiesbaden 2001, S. 599-635.

Esch, F.-R. (2002): Strategie und Technik der Markenführung, 4. Auflage, München 2002.

Esch, F.-R./Wicke, A. (2001): Herausforderungen und Aufgaben des Markenmanagements in: Esch, F.-R. (Hrsg.): Moderne Markenführung – Grundlagen- Innovative Ansätze – Praktische Umsetzungen, 3. Auflage, Wiesbaden 2001, S. 3-55.

Ettelbrück, B./Ha, S. (2003): Mobile Marketing - Chancen und Erfolgsfaktoren des mobilen Mediums als Direktmarketing-Instrument der Zukunft, in: Keuper, F. (Hrsg.): E-Business, M-Business und T-Business. Digitale Erlebniswelten aus Sicht der Consulting-Unternehmen, S. 115-132.

Falk, R. F./Miller, N. B. (1992): A Primer for Soft Modeling, Akron 1992.

Fantapié Altobelli, C. (2007): Marktforschung. Methoden-Anwendungen-Praxibeispiele, Stuttgart 2007.

Fazio, R. H. (1990): Multiple Processes by which Attitudes guide Behavior: The Mode Model as an integrative Framework, in: Advances in Experimental Social Psychology, Vol. 23, S. 75-109.

Farquhar, P.H./Herr, P.M./Fazio, R.H. (1990): A Relational Model for Category Extensions of Brands, in: Advanced in Consumer Research, Vol. 17., S. 856-860.

Fishbein, M. (1967): Attitude and the Prediction of Behaviour, in: Fishbein, M. (Hrsg.): Attitude Theory and Measurement, New York 1967, S. 477-493.

Fishbein, M./Ajzen, I. (1975): Belief, attitude, intention, and behavior - An introduction to theory and research, Massachusetts 1975.

Fiske, S. T. (1982): Schema-triggered-Affect: Applications to Social Perception, in: Clark, M. S./Fiske, S. T. (Hrsg): Affect and Cognition. The Seventh Annual Carnegie Symposium on Cognition., New Jersey 1982, S. 55-73.

Fiske, S./Pavelchak, M. (1986): Category-Based Versus Piecemeal-Based Affective Responses-Developments in Schema-Triggered Affect, in: Surrentino, R. N./Higgens, E. T. (Hrsg.): Handbook of Motivation and Cognition, New York 1986, S. 167-203.

Fiske, S. T./Taylor, S. E. (1991): Social Cognition, New York 1991.

Fornell, C./Bookstein, F. L. (1982): Two Structural Equation Models: LISREL and PLS Applied to Consumer Exit-Voice Theory, in: Journal of Marketing Research, Vol. 19, S. 440-452.

Literaturverzeichnis 145

Fornell, C./Cha, J. (1994): Partial Least Squares, in: Bagozzi, R. P. (Hrsg.): Advanced Methods of Marketing Research, Massachusetts 1994, S. 52-78.

Fowler, F. J. (2002): Survey Research Methods, 3. Auflage, Thousand Oaks 2002.

Franzoi, S. T. (1996): Social Psychology, Dubuque, 1996.

Freter, H. /Baumgarth, C. (2005): Ingredient Branding – Begriff und theoretische Begründung, in: Esch, F.-R. (Hrsg.): Moderne Markenführung – Grundlagen – Innovative Ansätze – Praktische Umsetzungen, 4 Auflage, Wiesbaden 2005, S. 456–480.

Friese-Greene, N. (2004): Siemens Mobile Phones – Co-Branding aus der Perspektive der Mobilfunkindustrie, in: Meffert, H./Backhaus, K./Becker, J. (Hrsg.): Co-Branding – Welche Potenziale bietet Co-Branding für das Markenmanagement?, Münster 2004, S. 40-50.

Gerken, G. (1994): Die fraktale Marke. Eine neue Intelligenz der Werbung, Düsseldorf 1994.

Gollob, H. F./Lugg, A. M. (1973): Effect of Instruction and Stimulus Presentation on the Occurrnce of Averaging Responses in Impression Formation, in: Journal of Experimental Psychology, Vol. 98, S. 217-219.

Gröppel, A. (1994): Die Dynamik der Betriebsformen des Handelns - Ein Erklärungsversuch aus Konsumentensicht, in: Forschungsgruppe Konsum und Verhalten (Hrsg.): Konsumentenforschung, München 1994, S. 379-397.

Gujarati, D. N. (2003): Basis Econometrics, 4. internationale Auflage, New York 2003.

Hadjicharalambous, C. (2006): A Typology of Brand Extensions: Positioning Cobranding As a Sub-Case of Brand Extensions, in: The Journal of American Academy of Business, Vol. 10, No.1, Cambridge 2006, S. 372-377.

Hahn (2002): Segmentspezifische Kundenzufriedenheitsanalyse, Wiesbaden 2002.

Haig, M. (2002): Mobile Marketing: The Message Revolution, London 2002.

Hamilton, D. L./Huffman, L. J. (1971): Generality of Impression-Formation Processes for Evaluative and Nonevaluative Judgements, in: Journal of Personality and Social Psychology, Vol. 20, S. 200-207.

Hamlin, R.P./Wilson, T. (2004): The Impact of Cause Branding on Consumer Reactions to Products: Does/Product 'Fit' Really Matter?, in: Journal of Marketing Management, Vol. 20, S. 663 - 681.

Hätty, H. (1989): Der Markentransfer, Heidelberg 1989.

Haugtvedt, C. P./Petty, R. E./Cacioppo, J. T./Steidley, T. (1988): Personality and Ad Efectiveness: Exploring the Utility of Need for Cognition, in: Advances in Consumer Research, Vol. 15, S. 209-212.

Hem, L. E./Lines, R. /Gronhaug, K. (2000): Factors Influencing Perceived Similarity Betweeen Established Brands and Brand Extensions, in: Proceedings of the 29th EMAC Conference , Rotterdam (CD-ROM).

Hendrick, C. (1968): Averaging Versus Summation in Impression Formation, in: Perceptional and Motor Skills, Vol. 27, S. 1295-1302.

Herrmann, C. (1999): Die Zukunft der Marke, Frankfurt 1999.

Hildebrandt, L./Homburg, C. (1998): Die Kausalanalyse. Ein Instrument der empirischen betriebswirtschaftlichen Forschung, Stuttgart 1998.

Hill, S./Lederer, C. (2001): The infinite asset. Harvard Business School Publishing Corporation, Boston 2001.

Höfner, B./Lippert, I./Malley, R./Rehfus, T. (2002): Mobile Marketing – Dialog, in: http://www.ddv.de/downloads/download_0228.pdf, abgerufen am: 14.10.2006.

Holland, H. (2004): Direktmarketing, München 2004.

Holland, H./Bammel, K. (2006): Mobile Marketing. Direkter Kundenkontakt über das Handy, München 2006.

Homburg, C./Baumgartner, H. (1998): Beurteilung von Kausalmodellen. Bestandsaufnahme und Anwendungsempfehlungen, in: Hildebrandt, L./Homburg, C. (Hrsg.): Die Kausalanalyse. Ein Instrument der empirischen betriebswirtschaftlichen Forschung,
Stuttgart 1998, S. 343- 369.

Homburg, C./Giering, A. (1998): Konzeptualisierung und Operationalisierung komplexer Konstrukte – Ein Leitfaden für die Marketingforschung, in: Hildebrandt, L./Homburg, C. (Hrsg.): Die Kausalanalyse. Ein Instrument der empirischen betriebswirtschaftlichen Forschung, Stuttgart, S.112 – 146.

Homburg, C./Hildebrandt, L. (1998): Die Kausalanalyse: Bestandsaufnahme, Entwicklungsrichtungen, Problemfelder, in: Hildebrandt, L./Homburg, C. (Hrsg.): Die Kausalanalyse. Ein Instrument der empirischen betriebswirtschaftlichen Forschung, Stuttgart 1998, S. 15-43.

Homburg, C./Pflesser, C. (2000): Strukturgleichungsmodelle mit latenten Variablen: Kausalanalyse, in: Herrmann, A./ Homburg, C. (Hrsg): Marktforschung, Methoden, Praxisbeispiele, 2. Aufl., Gabler, Wiesbaden, S. 633-659.

Hovland, C.I./Rosenberg, M.J. (1960): Summary and Further Theoretical Issues, in: Hovland, C.I./Rosenberg, M.J. (Hrsg.): Attitude organization and change: An analysis of Consistency among Attitude Components, New Haven 1960, S. 198-232.

Huber, F. (2004): Erfolgsfaktoren von Markenallianzen: Analyse aus der Sicht des strategischen Markenmanagements, Wiesbaden 2004.

Huber, F.; Herrmann, A.; Kressmann, F.; Vollhardt, K. (2005): Zur Eignung von kovarianz und varianzbasierten Verfahren zur Schätzung komplexer Strukturgleichungsmodelle, Wissenschaftliches Arbeitspapier Nr. F1, Center of Market-Oriented Product and Production Management, Universität Mainz.

Huber, F.; Herrmann, A.; Meyer, F.; Vogel, J.; Vollhardt, K. (2007): Kausalmodellierung mit Partial Least Squares – Eine anwendungsorientierte Einführung, Wiesbaden 2007.

Hulland, J. (1999): Use of Partial Least Squares (PLS): in Strategic Management Research: A Review of Four Recent Studies, in: Strategic Management Journal, Vol. 20, S. 195-204.

Hychert, R./Sydow, U./Weller, U. (2007): Bundesnetzagentur - Jahresbericht 2006, in: http://www.bundesnetzagentur.de/media/archive/9009.pdf, abgerufen am: 13.10.2007.

Ingerl, R./Rohnke, C. (1998): Markengesetze. Gesetze über den Schutz von Marken und sonstigen Kennzeichen, München 1998.

Interbrand (2006): Best Global Brands 2006, in: http://www.ourfishbowl.com/images/surveys/BGB06Report_072706.pdf, abgerufen am 26.05.2007.

Janiszewski, C./Kwee, L./Meyvis, T. (2001): Brand Alliances: The Influence of Brand Partners on the Strength of Brand Associations, in: http://bear.cba.ufl.edu/janiszewski/workingpapers/brand.pdf, abgerufen am: 20.08.2007.

James, D. (2005): Guilty Through Association: Brand Association Transfer to Brand Alliances, in: Journal of Consumer Marketing, Vol. 22, Nr. 1, S. 14-24.

Jarvis, C. B./MacKenzie, S. B./Podsakoff, P. M. (2003): A Critical Review of Construct Indicators and Measurement Model Misspecifications in Marketing and Consumer Research, in: Journal of Consumer Research, Vol. 30, September, S. 199-218.

Jarz, E. M. (1997): Entwicklung multimedialer Systeme-Planung von Lern- und Masseninformationssystemen, Wiesbaden 1997.

Jöreskog, K. G./Sörbom, D. (1993): LISREL 8: Structural Equation Modeling with the SIMPLIS Command Language, Chicago 1993.

Juhasz, M. (2007): Mobile Marketing – näher geht's nicht, in: http://www.marketing-boerse.de/Fachartikel/details/Mobile-Marketing---näher-geht's-nicht/5948, abgerufen am: 13.10.2007

Kapferer, J.-N. (1992): Die Marke – Kapital des Unternehmens, Landsberg 1992.

Kapferer, J.-N. (1997): Strategic Brand Management. Creating and Sustaining Brand Equity Long Term, 2. Auflage., UK 1997.

Keller, K. A./Aaker, D. A. (1992): The Effects of Sequential Introduction of Brand Extensions, in: Journal of Marketing Research, Vol. 29, Nr.1, S. 35-50.

Kelz, A. (1989): Die Weltmarke,Wissenschaftliche Schriften: Reihe 2, Betriebswirtschaftliche Beiträge, Bd. 122, Idstein 1989.

Kloss, I. (2007): Werbung-Handbuch für Studium und Praxis, 4. Auflage, München 2007.

Köhler, R./Majer, W./Wiezorek, H. (2001): Erfolgsfaktor Marke: neue Strategien des Markenmanagements, München 2001.

Koncz, J. (2005): Markenallianzen in der Werbung. Eine empirische Analyse der Wirkung ausgewählter Kooperationsformen zwischen bekannten Marken, Shaker Verlag, Aachen.

Koo, C.-Y./Quarterman, J. /Flynn, L. (2006): Effect of Perceived Sport Event And Sponsor Image Fit on Consumers' Cognition, Affect, and Behavioural Intentions, in: Sport Marketing Quarterly, Vol. 15, S. 80-90.

Kroeber-Riel, W./Weinberg, P. (2003): Konsumentenverhalten, 8. Auflage, München 2003.

Kuhn, J. (2004): Kommerzielle Nutzung mobiler Anwendungen. Ergebnisse der Delphi-Studie „Mobile Business", Dissertation, Regensburg 2003.

Lafferty, B. A. (2007): The Relevance of Fit in a Cause-Brand Alliance when Consumers evaluate Corporate Credibility, in: Journal of Business Research, Vol. 60, S. 447-453.

Lange, F. (2000): Do Brands of A Feather Flock Together? Some Exploratory Findings on the Role of Individual Brands in Brand Constellation Choice, in: Journal of Consumer Behaviour, Vol. 4, Nr. 6, S. 463-473.

Leitherer, E. (1956): Das Markenwesen der Zunftwirtschaft, in: Der Markenartikel, Vol. 18, S. 685-707.

Lindemann, J. (1999): Creating Economic Value Creation Through Co-Branding, in: Blackett, T./Boad, B. (Hrsg.): Co-Branding – The Sciene of Alliance, Houndsmill 1999, S. 97-111.

Lingenfelder, M./Kahler, B./Wieseke, J. (2004): Herstellermarken, in: Bruhn, M. (Hrsg.): Handbuch Markenführung. Kompendium zum erfolgreichen MArkenmanagement, 2 Auflage, Band 1, Wiesbaden 2004, S. 51-74.

Link, J. (2003): M-Commerce: Die stille Revolution hin zum Electronic Aided Acting, in: Link, J. (Hrsg): Mobile Commerce. Gewinnpotenziale einer stillen Revolution, Berlin 2003, S. 1-39.

Lippert, I. (2002): Mobile Marketing, in: Gora, W./Röttger-Gerigk, S. (Hrsg.): Handbuch Mobile-Commerce, Berlin 2002, S. 135-146.

Lohmöller, J.-B. (1989): Latent Path Modeling with Partial Least Squares, Heidelberg 1989.

Loken, B./John, D.R. (1993): Diluting Brand Beliefs: When Do Brand Extensions Have a Negative Impact, in: Journal of Marketing. Vol. 57, Nr. 3, S. 71-84.

Kiesow, P. (2006): Co-Branding. Ziele, Chancen und Nutzen von Markenallianzen, Saarbrücken 2006.

Kölmel, B. (2003): Location Based Services, in: Pousttchi, K./Turowski, K. (Hrsg.): Mobile Commerce – Anwendungen und Perspektiven. Proceedings zum 3. Workshop Mobile Commerce, Bonn 2033, S. 88-101.

Koschnick, W.J. (1997): Lexikon Marketing. A-L.2. Auflage, Stuttgart 1997.

Kotler, P./Bliemel, F. (2001): Marketing Management: Analyse, Planung und Verwirklichung, 10.Auflage, Stuttgart 2001.

Kroeber-Riel, W./Weinberg, P. (2003): Konsumentenverhalten, 8. Auflage, Franz, München 2003.

LaPiere, R. T. (1934): Attitudes Versus Actions, in: Social Forces, Vol. 13, S. 230-237. Nachdruck in: Fishbein (1967), S. 26-31.

Maas, J. (1996): Visuelle Schemata in der Werbung-Grundlagen und Anwendungen in einem computergestütztem Suchsystem zu Bildideenfindung, Dissertation, Aachen 1996.

MacKenzie, S. B./Lutz, R. J. (1989): An Empirical Examination of the Antecedents of Attitude Toward the Ad in an Advertising Pretesting Context, in: Journal of Marketing, Vol. 53 (April), S. 48-65.

Mäder, R. (2005): Messung und Steuerung von Markenpersönlichkeit. Entwicklung eines Messinstruments und Anwendung in der Werbung mit prominenten Testimonials, Wiesbaden 2005.

Mahnik, N./Mayerhofer, W. (2006): Erfolgsfaktoren von Markenerweiterungen, Wiesbaden 2006.

Mandler, G. (1982): The Structure of Value: Accounting for Taste, in: Clark, M. S./Fiske, S. T. (Hrsg): Affect and Cognition. The Seventh Annual Carnegie Symposium on Cognition., New Jersey 1982, S. 3-33.

Mayer, H. (1993): Werbepsychologie, 2 Auflage, Stuttgart 1993.

Medin, D. L. (1989): Concepts on Conceptual Structure, in: American Psychologist, S: 1469-1481.

Medin, D. l./Shoben, E. L. (1988): Context and Structure in Conceptual Combination, in: Cognitive Psychology, Vol. 20, S. 158-190.

Meffert, H. (2000): Marketing, 9. Auflage, Wiesbaden 2000.

Meffert, H./Burmann, C. /Koers, M.(2002): Stellenwert der Gegenstand des Markenmanagements, in: Meffert, H. /Burmann, C./Koers, M. (Hrsg.): Markenmanagement: Grundfragen der identitätsorientierten Markenführung. Mit Best Practice Fallstudien, Wiesbaden 2002, S. 3-13.

Meffert, H./Burmann, C. (2002): Wandel in der Markenführung – von instrumentellen zum identitätsorientierten Markenverständnis, in: Meffert, H. /Burmann, C./Koers, M. (Hrsg.): Markenmanagement: Grundfragen der identitätsorientierten Markenführung. Mit Best Practice Fallstudien, Wiesbaden 2002, S. 17-30.

Mellerowicz, K. (1963): Markenartikel. Die ökonomischen Gesetze ihrer Preisbildung und Preisbindung, 2. Auflage, München 1963.

Meyers-Levy, J./Louie, T. A./Curren, M.T. (1994): How does the Congruity of Brand Name Affect Evaluations of Brand Name Extensions? in: Journal of Applied Psychology, Vol. 79, Nr. 1, S. 46-53.

Meyers-Levy, J./Tybout, A. M. (1989): Schema Congruency as a Basis for Product Evaluation, in: Journal of Consumer Research, Vol. 16, S. 39-53.

Mervin, C./Rosch, E. (1981): Categorisation of Natural Objects, in: Annual Reviews in Psychology, Vol. 32, S. 89-115.

Mitchell, A. A. (1986): The Effect of Verbal and Visual Components of Advertisements on Brand Attitudes and Attitude Toward the Advertisement, in: Journal of Consumer Research, Vol. 13 (June), S. 12-24.

Möhlenbruch, D./Schmieder, U.-M. (2002): Mobile Marketing als Schlüsselgröße für Multichannel-Commerce, in: Silberer, G./Wohlfahrt, J./Wilhelm, T. (Hrsg.): Mobile Commerce. Grundlagen, Geschäftsmodelle, Erfolgsfaktoren, Wiesbaden 2002, S. 67-89.

Literaturverzeichnis 151

Muhr, C. (2007): Mobile Marketing. Wenn das zweimal piepst, in: salesBusiness, Vol. 16, Nr. 6, S. 36-37.

Müller-Hagedorn, L. (1986): Das Konsumentenverhalten – Grundlagen für die Marktforschung, Wiesbaden 1986.

Müller-Hagedorn (1998): Der Handel, Stuttgart 1998.

Müller-Hagedorn, L./Schuckel, M. (2003): Einführung in das Marketing, 3. Auflage, Stuttgart 2003.

Murphy, G. L./Medin, D. L. (1985): The Role of Theories in Conceptual Coherence, in Psychological Review, Vol. 92, S. 289-315.

Nieschlag, R./Dichtl, E./Hörschgen, H. (2002): Marketing, 19. Auflage, Berlin 2002.

Nike (2007): http://www.nike.com/europerunning/?ref=http://www.nike.com&l=de_DE#train|plus, abgerufen am: 02.06.2007

Nijssen, E./Uijl, R./Bucklin, P. (1995): The Effect of Involvement on Brand Extension, in: Proceedings of the 24th Annual EMAC Conference, S. 867-870.

Nisbett, R./Ross, L. (1980): Human Inference: Strategies and Shortcomings of Social Judgement, New Jersey 1980.

Ohlwein, M. (1999): Märkte für gebrauchte Güter, Wiesbaden 1999.

Osgood, C./Suci, G. J./Tannenbaum, P. H. (1957): The Measurement of Meaning, Chicago

o.V. (2005): Interaktives Handy-TV wird zum Umsatztreiber für mobile Datendienste, in: http://www.boozallen.de/presse/pressemitteilungen/archiv/archiv-detail/4055562, abgerufen am: 10.10.2007.

o.V. (2006): MMS – Fakten und Details zur Weiterentwicklung der SMS, in: http://www.telespiegel.de/html/mms_-_fakten_und_details.html, abgerufen am: 13.10.2007.

o.V. (2007a): Mobile E-Mails bald Massenphänomen?, in: Direkt Marketing, Vol. 42, Nr. 9, S. 49.

o.V. (2007b): Mobile Marketing Association veröffentlicht EMEA Mobile Advertising Richtlinien, in: http://www.press1.de/ibot/db/press1.Theda_1190718337.html, abgerufen am: 10.10.2007.

Palupski, R./Bohmann, B. A. (1994): Co-Promotions, in: Marketing- ZFP, Heft 4, IV Quartal, S. 257-264.

Park, C.W./Jun, S. Y./Shocker, A. D. (1996): Composite Branding Alliances: An Investigation of Extension and Feedback Effects, in. Journal of Marketing Research, Vol. 33 (Nov.), S. 453 - 466.

Park, C.W. /Milberg, S./Lawson, R. (1991): Evaluation of Brand Extensions: The Role of Product Feature Similarity and Brand Concept Consistency, in: Journal of Consumer Research, Vol. 18 (Sept.), S. 185-193.

Pavelchak, M. (1989): Piecemeal and Category-Based Evaluation: An Idiographic Analysis, in: Journal of Personality and Social Psychology, Vol. 56, S. 354-363.

Pepels, W. (2000): Marketing. Lehr- und Handbuch. 3. Auflage, Wien 2000.

Peracchio, L. A./Tybout, A. M. (1996): The Moderating Role of Prior Knowledge in Schema Based Product Evaluation, in: Journal of Consumer Research, Vol. 23, S. 177-192.

Percy, L./Rossiter, J. R./Elliott, R. (2001): Strategic Advertising Management, Oxford 2006.

Petty, R.E./Cacioppo, J. T. (1984): Communication and Persuasion, New York 1984.

Pousttchi, K./Wiedermann, D. G. (2006): A Contribution to Theory Building for Mobile Marketing: Categorizing Mobile Marketing Campaigns through Case Study Research, in: http://mpra.ub.uni-muenchen.de/2925/01/MPRA_paper_2925.pdf, abgerufen am: 14.10.2007.

Prem, K. P. (2007): Werbung auf dem Handy: Deutschland liegt beim Mobile Marketing im internationalen Vergleich zurück, in: http://idw-online.de/pages/de/news191645 - abgerufen am: 14.10.2007.

Priemer, V. (2000): Bundling im Marketing. Dissertation, Frankfurt 2000.

Rao, A. R. /Ruekert/R. W. (1994): Brand Alliances as Signals of Product Quality, in: Sloan Management Review, Vol. 36, S.87 -97.

Reddy, S. K./Holak, S. L./Bhat, S. (1994): To Extend or not to Extend: Success Determinants of Line Extensions, in: Journal of Marketing Research, Vol. 31, No. 2, Special Issue of Brand Management, S. 243-262.

Reichwald, R./Fremuth, N./Ney, M. (2002): Mobile Communities – Erweiterung von Virtuellen Communities mit mobilen Diensten, in: Reichwald, R. (Hrsg.): Mobile Kommunikation. Wertschöpfung, Technologien, neue Dienste, Wiesbaden 2002, S. 521-537.

Reichwald, R./Meier, R. (2002): Generierung von Kundenwert mit mobilen Diensten, in:

Reichwald, R. (Hrsg.): Mobile Kommunikation. Wertschöpfung, Technologien, neue Dienste, Wiesbaden 2002, S. 209-230.

Reichwald, R./Meier, R./Fremuth, N. (2002): Die mobile Ökonomie - Definition und Spezifika, in: Reichwald, R. (Hrsg.): Mobile Kommunikation. Wertschöpfung, Technologien, neue Dienste, Wiesbaden 2002, S. 3-16.

Reinecke, J. (1997): AIDS-Prävention und Sexualverhalten: Die Theorie des geplanten Verhaltens im empirischen Test, Opladen 1997.

Rosch, E. (1975): Cognitive Representations of Semantic Categories, in: Journal of Experimental Psychology, Vol. 104, S. 192-233.

Rosch, E./Mervis, C. B. (1975): Family Resemblances: Studies in the Internal Structure of Categories, in: Cognitive Psychology, Vol. 7, S. 192-233.

Rosch, E./Mervis, C. B./Johnson, D. M./Boyes-Braem, P. (1976): Basic Objects in Natural Categories, in: Cognitive Psychology, Vol. 8, S. 382-439.

Rösch, B. (2006): Auf dem Weg zu Mobile Marketing 2.0, in: http://www.onetoone. de/downloads/themadesmonats/2006/OtO_0706_Mobile_Market ing.pdf, aberufen am: 01.10.2007.

Rumelhart, D. E. (1980): Schemata: The Building Blocks of Cognition, in: Spiro, R.J./Bruce, B. C./Brewer, W. F. (Hrsg.): Theoretical Issues in Reading Comprehension, Hillsdale 1980, S. 33-58.

Rumelhart, D.E. (1984): Schemata and the Cognitive System, in: Wyer, R. S./Srull, T.K (Hrsg.): Handbook of Social Cognition, Vol. 1, Hillsdale 1984, S. 161-188

Rumelhart, D. E./Ortony, A. (1977): The Representation of Knowledge in Memory, in Anderson, R. C./Spiro, R. J. (Hrsg.): Schooling and the Acquisition of Knowledge, New Jersey 1977, S. 99-136.

Salzig, C. (2007): Mobile Marketing – Trends und Entwicklungen, Hemmnisse und Chancen, in: http://www.marketing-boerse.de/Fachartikel/details/Mobile-Marketing-%96-Trends-und-Entwicklungen-Hemmnisse-und-Chancen/7424, abgerufen am: 15.10.2007.

Samu, S./Krishnan, H. S. /Smith, R. E. (1999): Using Advertising Alliances for New Product Introduction: Interactions Between Product Complementarity and Promotional Strategies, in: Journal of Marketing, Vol. 63 (Jan.), S. 57-74.

Sander, M. (1994): Die Bestimmung und Steuerung des Wertes von Marken. Eine Analyse aus Sicht des Markeninhabers, Heidelberg 1994.

Sander, M. (2000): Die Rolle von Global Brands im internationalen Wettbewerb, , in: Köhler, R./Majer, W., Heinz, W. (Hrsg.): Erfolgsfaktor Marke: neue Strategien des Markenmanagements, München 2000, S. 189 -203.

Sattler, H. (2001): Markenpolitik, Kohlhammer, Stuttgart 2001.

Scheer, A./Feld, T./Göbl, M./Hoffmann, M. (2001): Das mobile Unternehmen, in: Information Management & Consulting, Vol.16, Nr.2, S. 7-15.

Schmich, P./Juszcyk, L. (2001): Mobile Marketing-Verlust der Privatspäre oder Gewinn für Verbraucher?, in: Kahmann, M. (Hrsg.): Report Mobile Marketing. Neue Wege zum mobilen Kunden, Düsseldorf 2001, S. 77-98.

Schönborn G./Molthan K. M. (2001): Marken Agenda. Kommunikationsmanagement zwischen Marke und Zielgruppe, Kriftel 2001.

Schwarz, T. (2002): Permission Marketing im Mobile Commerce, in: Silberer, G./Wohlfahrt, J. /Wilhelm, T. (Hrsg.): Mobile Commerce. Grundlagen, Geschäftsmodelle, Erfolgsfaktoren, Wiesbaden 2002.

Schweiger, G./Schrattenecker, G. (2001): Werbung: Eine Einführung, 5. Aufl., Stuttgart 2001.

Schulze, P. M. (2000): Strukturgleichungsmodelle mit beobachteten Variablen, in: Herrmann, A./Homburg, C. (Hrsg): Marktforschung – Methoden, Anwendungen, Praxisbeispiele, 2. Auflage, S. 609 – 632.

Schulze, P. M. (2007): Beschreibende Statistik, 6 Auflage, München 2007.

Seel, N. M. (2003): Psychologie des Lernens, 2. Auflage, München 2003.

Seebold, E. (2002): KLUGE Etymologisches Wörterbuch der deutschen Sprache, 24. Auflage, Berlin 2002.

Seyffert, R. (1966): Werbelehre: Theorie und Praxis der Werbung, Band 2, Stuttgart 1966.

Sherif, M./Cantril, H. (1947): The Psychology of Ego-Involvements: Social Attitudes and Identifications, New York 1947.

Simonin, B. L./Ruth, J. A. (1998): Is a Company Knowm by the Company it Keeps? Assessing the Spillover Effects of Brand Alliances on Consumer Brand Attitudes, in: Journal of Marketing Research, Vol. 30 (Feb.), S. 30-42.

Simonin, B. L./Ruth, J. A. (2003): "Brought to you by Brand A and Brand B"- Investigating Multiple Sponsors' Influence on Consumers' Attitudes toward Sponsored Events, in: Journal of Advertising, Vol. 32, Nr. 3, S. 19-30.

Six, B. (1980): Das Konzept der Einstellung und seine Relevanz für die Vorhersage des Verhaltens, in: Petermann, F. (Hrsg.): Einstellungsmessung, Einstellungsforschung, Göttingen 1980, S. 55-84.

Smit, M. (1999): Ingredient Branding, in: Blackett, T./Boad, B. (Hrsg.): Co-Branding – The Sciene of Alliance, Houndsmill 1999, S. 66-81.

Smith, R. A. (1989): The Role of Situational Involvement in Consumer's Attitude Polarization, in: Journal of Business and Psychology, Vol. 3, Nr. 4, S. 439-446.

Smith, D. C./Parl, C. W. (1992): The Effects of Brand Extensions on Market Share and Advertising Efficiency, in: journal of Marketing Research, Vol. 29, Nr.3, S. 296-313.

Sommer, R. (1998): Psychologie der Marke: die Marke aus der Sicht des Verbrauchers Frankfurt 1998.

Son, M./Hahn, M./Kang, H. (2006): Why Firms do Co-Promotions in Mature Markets?, in: Journal of Business Research, Vol. 59, S. 1035-1042.

Starsetzki, T. (2001): Rekrutierungsformen und ihre Einsatzbereiche, , in: Theobold, A./Dreyer, M./Starsetzki, T. (Hrsg.): Online –Marktforschung. Theoretische Grundlagen und praktische Erfahrungen, 2. Auflage, Wiesbaden, S. 41-54

Stayman, D. M./Alden, D. L./Smith, K. H. (1992): Some Effects of Schematic Processing on Consumer Expectations and Discomformation Judgements, in: Journal of Consumer Research, Vol. 19, S. 240-255.

Steinle, M. (2007): Erfolgsversprechend: Mobile Marketing. Immer und überall in Kontakt, in: Direkt Marketing, Vol. 43, S.42.

Sujan, M. (2001): Consumer Knowledge: Effects on Evaluation Strategies Mediating Consumer Judgments, in: Journal of Consumer Research, Vol. 12 (June), S. 31-42.

Sujan, M./Bettman, J. R. (1989): The Effects of Brand Positioning Strategies on Consumers' Brand and Category Perceptions: Some Insight From Schema Theory, in: Journal of Marketing Research, Vol. 26, S. 454-467.

Taylor, S. E./Crocker, J. (1981): Schematic Bases of Social Information Processing, in: Higgins, E. T./Herman, C.P./Zanna, M.P. (Hrsg.): Social Cognition, The Ontario Symposium Vol. 1, Hillsdale, S. 89-134.

Tergan, S-O. (1986): Modelle der Wissensrepräsentation als Grundlage qualitativer Wissensdiagnostik, Opladen 1986.

Thurstone, L. L. (1928): Attitudes can be measured, in: American Journal of Sociology, Vol. 33, S. 529-554.

Töpfer, A (1992): Strategische Marketing- und Vertriebsallianzen, in: Bronder, C./Rudolf, P. (Hrsg.): Wegweiser für strategische Allianzen. Meilen- und Stolpersteine bei Kooperationen, Wiesbaden 1992.

Triandis, H.C. (1975): Einstellungen und Einstellungsänderungen, Weinheim 1975.

Trommsdorff, V. (1998): Konsumentenverhalten, 3. Auflage, Stuttgart 1998.

Trommsdorff, V. (2002): Konsumentenverhalten, 4. Auflage, Stuttgart 2002.

Trommsdorff, V./Bleicker, U./Hildebrandt, L. (1980): Nutzen und Einstellung, in: Wirtschaftswissenschaftliches Studium, Vol. 9, S. 269-276.

Turowski, K./Pousttchi, K. (2003): Mobile Commerce. Grundlagen und Techniken, Berlin 2003.

Tversky, A. (1977): Features of Similarity, in: Psychological Review, Vol. 84, Nr. 4, S. 327-329.

Varadarajan, P. R./Rajaratnam, D. (1986): Symbiotic Marketing Revisited, in: Journal of Marketing, Vol. 50, Nr.1, S. 7-17.

Walchli, S. B. (1996): The Effects of Between Partner Congruity on Consumer Evaluation of Cobranded Products, Dissertation, Evanston 1996.

Waldmann, M. R. (1990): Schema und Gedächtnis. Das Zusammenwirken von Raum und Ereignisschemata beim Gedächtnis für Alltagssituationen, Heidelberg 1990.

Wallbaum, M./Pils, C. (2002): Technologische Grundlagen des Mobile Commerce, in:
Teichmann, R./Lehner, F. (Hrsg.): Mobile Commerce. Strategien, Geschäftsmodelle,
Fallstudien, Berlin 2002, S. 51-109.

Wamser, C. (2003): Die wettbewerbsstrategischen Stoßrichtungen des Mobile Commerce, in: Link, J. (Hrsg): Mobile Commerce. Gewinnpotenziale einer stillen Revolution, Berlin 2003, S. 65-93.

Wicker, A. W. (1969): Attitudes versus Actions: The Relationship of Verbal and Overt Behavioural Responses to Attitude Objects, in: Journal of Social Issues, Vol. 25, S. 41-78.

Wold, H. (1966): Estimation of Principal Components and Related Models by Iterative Least Squares, in: Krishnaiah, P.R. (Hrsg.): Multivariate Analysis: Proceedings of an International Symposium Held in Dayton, New York 1966, S. 391-420.

Wirtz, B. W. (2005): Integriertes Direktmarketing. Grundlagen-Instrumente-Prozesse, Wiesbaden 2005.

Wohlfahrt, J. (2002): Wireless Advertising, in: Silberer, G./Wohlfahrt, J./Wilhelm, T. (Hrsg.): Mobile Commerce. Grundlagen, Geschäftsmodelle, Erfolgsfaktoren, Wiesbaden 2002, S. 245-263.

Wriggers, S. (2006): Markterfolg im Mobile Commerce. Faktoren der Adoption und Akzeptanz von M-Commerce-Diensten, Wiesbaden 2006.

Yi, Y. (1990): The Effects of Contextual Priming in Print Advertisements, in: Journal of Consumer Research, Vol. 17 (Sept.), S. 215-222.

Zaichkowsky, J.L. (1985): Measuring the Involvement Construct, in: Journal of Consumer Research, Vol. 12, S. 341-352.

Wessels, M. G. (1994): Kognitive Psychologie, 3. Auflage, München 1994.

Zerr, K. (2001): Online –Marktforschung – Erscheinungsformen und Nutzungspotenziale, in: Theobold, A./Dreyer, M./Starsetzki, T. (Hrsg.): Online –Marktforschung. Theoretische Grundlagen und praktische Erfahrungen, 2. Auflage, Wiesbaden 2001,S. 7-26.

Zimbardo, P. G. (2004): Psychologie, 16. Aufl., Berlin 2004.

Zobel, J. (2001): Mobile Business und M-Commerce: Die Märkte der Zukunft erobern, München 2001.